PANINI BOOKS

**FIVE NIGHTS AT FREDDY'S von Scott Cawthon**

**Romane**

Band 1: Die silbernen Augen
ISBN 978-3-8332-3519-1

Band 2: Durchgeknallt
ISBN 978-3-8332-3616-7

Band 3: Der vierte Schrank
ISBN 978-3-8332-3781-2

Band 4: Fazbear Frights 1 – In die Grube
ISBN 978-3-8332-3948-9

Band 5: Fazbear Frights 2 – Fass!
ISBN 978-3-8332-4020-1

Band 6: Fazbear Frights 3–1:35 AM
ISBN 978-3-8332-4021-8

Band 7: Fazbear Frights 4 – Noch ein Schritt
ISBN 978-3-8332-4087-4

Band 8: Fazbear Frights 5 – Wenn das Kaninchen zweimal klopft
ISBN 978-3-8332-4191-8

Band 9: Fazbear Frights 6 – Der Schwarze Vogel
ISBN 978-3-8332-4267-0

Band 10: Tales from the Pizzaplex 1 – Lallys Spiel
ISBN 978-3-8332-4403-2

**Comics**

Graphic Novel 1: Die silbernen Augen
ISBN 978-3-7416-2001-0

Graphic Novel 2: Durchgeknallt
ISBN 978-3-7416-3556-4

Graphic Novel 3: Der vierte Schrank
ISBN 978-3-7416-3805-3

**Nähere Infos und weitere spannende Romane unter www.panini.de**

# #1 LALLYS SPIEL

Von Scott Cawthon, Kelly Parra
& Andrea Waggener

Ins Deutsche übertragen
von Andreas Kasprzak

**Bibliografische Information der Deutschen Nationalbibliothek**
Die Deutsche Nationalbibliothek verzeichnet diese Publikation in der Deutschen Nationalbibliografie; detaillierte bibliografische Daten sind im Internet über hiip://dnb.d-nb.de abrufbar.

Amerikanische Originalausgabe: „Five Nights at Freddy's: Tales from the Pizzaplex #1 – Lally's Game" by Scott Cawthon, Kelly Parra, and Andrea Waggener published in the US by Scholastic Inc., New York, 2022.



Deutsche Ausgabe: Panini Verlags GmbH, Schloßstr. 76, 70176 Stuttgart.

Geschäftsführer: Hermann Paul
Head of Editorial: Jo Löffler
Head of Marketing: Holger Wiest (email: marketing@panini.de)
Presse & PR: Steffen Volkmer

Übersetzung: Andreas Kasprzak
Lektorat: Karin Weidlich
Umschlaggestaltung: tab indivisuell, Stuttgart
Satz und E-Book: Greiner & Reichel, Köln
Druck: GGP Media GmbH, Pößneck
Printed in Germany

YDFIVE010

ISBN 978-3-8332-4403-2
1. Auflage, Oktober 2023

Auch als E-Book erhältlich:
ISBN 978-3-7569-9981-1

**Findet uns im Netz:**
**www.paninicomics.de**

**PaniniComicsDE**

# INHALT

# DER SCHUTZENGEL

Die Nacht war kalt. Regentropfen prasselten auf die Straße wie winzige Schrotkugeln. Das rot-blaue Blitzen des Krankenwagen-Blaulichts geisterte über den feuchten Asphalt und das Wrack des Wagens, der sich förmlich um einen umgestürzten Baum gewickelt hatte.

„Komm schon, Junge", flüsterte Jack, der Rettungssanitäter. „Bleib bei mir!" Regentropfen liefen ihm übers Gesicht, während er mit beiden Händen rhythmisch auf den Brustkorb des Teenagers drückte.

„Bereit!", rief Dave, sein Partner.

Jack hob die Arme, als Dave dem Jungen einen Stromstoß ins Herz jagte. Der Körper des Jugendlichen zuckte auf der nassen Straße.

Jack begann erneut, dem Jungen eine Herzdruckmassage zu verpassen. „Komm schon, Kleiner! Komm zu uns zurück!"

„Immer noch kein Puls, Jack. Es ist zu spät. Wir müssen das melden."

„Nur noch einmal! Komm schon, Junge!"

Sie versuchten von Neuem, den Jungen wiederzubeleben, aber ohne Erfolg.

„Verflucht!“ Jack lehnte sich zurück und wischte sich mit dem Handrücken Regen und Schweiß von der Nase. „Gib’s durch.“ Nach einem Moment des Bedauerns deckte Jack den Jungen mit einer Plane zu. Dann stand er auf und sammelte sich einen Augenblick. Es war immer schmerzhaft, wenn jemand starb, der noch so jung war.

Er hörte, wie ein Stein über den Boden schlidderte.

Jacks Kopf schwang in Richtung des dunklen Gebüschs, das sich hinter dem Baum abzeichnete. *War da jemand? Vielleicht ein Tier?* Dummerweise konnte er durch den dichten Regenvorhang nichts erkennen. Er massierte kurz seine rechte Schulter, hob den Notfallkoffer auf und wandte sich von dem Leichnam ab. „Lass uns zusammenpacken. Den Rest kann der Rechtsmediziner regeln.“

„Also hat der Junge es nicht geschafft?“, fragte Officer Manor ihn auf dem Rückweg zum Krankenwagen.

Jack schüttelte den Kopf. „Diesmal nicht.“

„Zu schade. Diese Straße ist ohnehin schon gefährlich, ganz zu schweigen bei so einem Unwetter.“

„Als ob ich das nicht wüsste. Ich war schon oft genug hier …“ Jacks Stimme brach ab, während er die Tasche in den Wagen stellte.

Officer Manor deutete mit dem Lichtkegel seiner Taschenlampe nach vorn in die Finsternis. „Und dann ausgerechnet hier, so nah am Friedhof. Schlechtes Karma, schätze ich.“

„Bloß ein Zufall“, sagte Jack.

Da fiel ihm eine plötzliche Bewegung ins Auge. Jack kniff die Augen zu Schlitzen zusammen, um in dem Regen besser sehen zu können, und wandte seine Aufmerksamkeit der Leiche zu. Inmitten des prasselnden Regens zeichnete sich eine dunkle Silhouette ab. Beugte sich da jemand über den Toten?

Für den Bruchteil einer Sekunde sträubten sich seine Nackenhaare. Dann schüttelte er das Gefühl ab und blinzelte, um sicherzugehen, dass seine Augen ihm keinen Streich spielten.

Da war jemand. Kleinwüchsig, schlank, zart. Die Gestalt lehnte sich über den Körper des toten Jungen und vollführte eine Handbewegung, rauf und runter. Dann wurde ihm klar, was er da sah.

*Ein Messer!*

Jack trat vor. „Hey! Weg von ihm!"

Die finstere Gestalt sprang auf; langes, feuchtes Haar bedeckte ihr Gesicht. Licht spiegelte sich auf der Waffe, und dann schnellte etwas aus der Hand des Schattens. Im nächsten Moment rannte die kleine Silhouette davon, zurück in den Schutz des Gestrüpps.

„Was ist los, Jack?", fragte Officer Manor und spähte in die Dunkelheit.

Jack deutete auf den Busch. „Da war jemand! Hat sich über die Leiche gebeugt! Es, äh, war ein a-anderes Kind, glaub ich. Vielleicht ein Mädchen."

Officer Manor setzte sich in Bewegung und ließ den Strahl seiner Taschenlampe hin und her schweifen. Dann kam er zurück, mit einem mürrischen Ausdruck auf den Lippen. „Bist du sicher, dass du noch ein Kind gesehen hast, das hier rumspaziert, Jack? Wie lang war deine Schicht heute?"

Jack zuckte mit den Schultern. „Zu lang. Ich könnte wirklich etwas Schlaf gebrauchen."

„Vielleicht hätte ich das mit dem Friedhof besser für mich behalten. Hat dich offenbar auf komische Gedanken gebracht. Geister und so. Das war nur so dahingesagt, weißt du?“

Jack ging zum Leichnam des Jungen zurück und holte den letzten Notfallkoffer. Vielleicht hatte er sich das Ganze wirklich bloß eingebildet.

Dann bewegte sich die Plane.

Jack sprang erschrocken zurück. *„Heilige Scheiße, Dave – der lebt noch!“*

„Was?!“

„Der Junge! Er hat sich bewegt! Hol die Trage!“

„Bist du sicher?“

„Ja, verdammt! Schwing die Hufe!“

Jack riss die Plane von dem Jungen. Er sah das blutverschmierte Gesicht des Teenagers, der hustete und gierig nach Atem rang.

Der Junge stöhnte. „H-Hilfe …“

Jack holte hastig das Sauerstoffgerät hervor und stülpte dem Jungen die Atemmaske über den Mund. „Alles okay, Junge. Ganz ruhig. Schön atmen. Du hattest einen Unfall. Wir bringen dich ins Krankenhaus. Da werden sie sich gut um dich kümmern. Erinnerst du dich daran, was passiert ist?“

Der Junge nickte schwach.

„Scheint, als wärst du bei dem Regen ein bisschen zu schnell unterwegs gewesen. Hast dich ziemlich übel um den Baum gewickelt. Halte durch, Kleiner! Dass du noch lebst, ist ein echtes Wunder!“

Jessica schob den feuchten Wischmopp über den Boden des Krankenhausflurs. *Hin und her. Hin und her.* Diese Worte erinnerten sie an irgendwas von früher … Sie wusste bloß nicht mehr genau, woran.

*Irgendwas aus der Vergangenheit.*

Ein Schauder durchlief sie. Ihre Hände, die den Stiel des Mopps hielten, zitterten. Sie packte fester zu, damit das Zittern aufhörte. Sie realisierte, wie die Krankenhausmitarbeiter an ihr vorbeigingen. Sie realisierte, wie sie sie ansahen. Sie neigte ihren Kopf nach vorn, sodass ihr dickes, schwarzes Haar ihr Gesicht größtenteils verbarg wie ein Vorhang. Sie wollte nicht gesehen werden. Sie wollte nicht, dass irgendjemand sie bemerkte. Niemand wechselte mehr Worte mit ihr als unbedingt notwendig, und sie selbst redete auch mit keinem, wenn sie nicht musste. Jeden Tag nach der Schule kam sie her, um ihre Arbeit zu machen und im Kindertrakt des Hospitals den Boden zu feudeln. Mittlerweile hatte sie sich an den Gestank der Desinfektionsmittel und den trostlosen Geruch der Kranken gewöhnt. Sie lauschte auf das Gemurmel des Personals. Sie hörte das Piepsen der medizinischen Geräte, an denen die jungen Patienten angeschlossen waren. Sie registrierte die unterschiedlichen Schritte, die sie auf dem harten Fliesenboden vernahm. Manchmal leise, leichte Schritte, manchmal das Klicken von Absätzen oder das Stampfen kräftigerer Menschen. Bisweilen waren die Schritte gehetzt; andere Male ohne Eile. Sie kannte jedes einzelne Kind in dem Krankenhausflügel. Wenn sie die Böden wischte, hörte sie oft Weinen und geflüsterte Unterhaltungen.

„Der Arzt sagt, du machst dich großartig, Brian! Du isst

besser. Die Behandlung schlägt gut an. Das ist toll, mein Sohn!", drang eine Frauenstimme aus dem Krankenzimmer in Jessicas unmittelbarer Nähe.

„Ja, schätze schon", brummte Brian.

„Lass dich nicht unterkriegen, Kumpel", sagte ein Mann. „Dir geht's im Handumdrehen wieder besser. Und dann geht's ab nach Hause. Dann kannst du wieder in deinem eigenen Bett schlafen."

„Ich glaube, ich habe etwas mehr Appetit."

„Das ist schön, zu hören", sagte die Frau.

„Wann kann ich nach Hause?"

„Ich hoffe, schon sehr bald", entgegnete der Mann. „Und wenn's so weit ist, holen wir dir deine Lieblingspizza von Freddy's Mega-Pizzaplex! Denn das müssen wir dann natürlich feiern. Na, wie klingt das?"

„Ziemlich cool", sagte Brian. Der Mann lachte. „Das ist mein Junge!"

„Bri", meldete sich die Frau wieder zu Wort. „Was sind denn das für komische Metallspäne auf deiner Brust?"

„Hm?"

„Sieh mal, Harry. Was ist das? Meine Güte, was ist denn das hier für ein Krankenhaus?"

„Keine Ahnung. Sieht aus wie winzige Stückchen Silber", sagte der Mann. „Ganz ruhig, Jane. Ich bin sicher, dafür gibt's 'ne vernünftige Erklärung. Die kümmern sich hier gut um ihn, das hast du selbst gesagt. Er sieht heute schon viel besser aus!"

„Ich weiß, aber … Schwester Macy!", rief die Frau durch die halb offen stehende Tür. „Schwester Macy! Könnten Sie bitte mal herkommen?"

„Natürlich, Mrs. Ramon“, sagte Schwester Macy. „Ist mit Brian alles in Ordnung?“

„Ja … Aber was ist das für seltsames Zeug auf ihm? Ich will nicht, dass er irgendwelchen Dingen ausgesetzt ist, die ihn vielleicht noch kränker machen.“

„Hmm … Keine Ahnung, was das ist.“ Die Schwester betrat den Raum, sah sich Brians Brust an und wischte die merkwürdigen Metallstückchen fort. „Ich glaube nicht, dass das irgendwas zu bedeuten hat, Mr. und Mrs. Ramon. Ich sorge dafür, dass hier sauber gemacht und das Bett neu bezogen wird.“

„Ich will aber auf keinen Fall, dass er Putzmitteln oder irgendwas anderem ausgesetzt wird, das seiner Genesung schaden könnte!“, wandte die Frau ein.

„Natürlich nicht, Mrs. Ramon“, entgegnete Schwester Macy beschwichtigend. „Keine Sorge, das würden wir niemals zulassen.“

Jessica schob den Wischmopp langsam durch den Gang.

*Hin und her. Hin und her.*

„Die ist irgendwie seltsam“, flüstert ein Krankenpfleger Schwester Macy zu, während sie gemeinsam einen Medikamentenwagen bestückten.

„Hmm? Du meinst Jessica? Na ja, sie ist sehr still. Bleibt für sich. Macht nie Probleme.“ Schwester Macy zuckte mit den Schultern. „Ist doch nichts falsch dran.“

„Sie ist so zart. Fast zerbrechlich. Als könnte ein Windhauch sie umpusten. Hat immer die Haare in ihrem hübschen Gesicht.“ Er erschauderte. „Ich find’s echt unheimlich, wie sie hier rumschleicht. Das ist doch nicht normal.

Klar, offensichtlich ist sie lebendig, aber irgendwie auch *nicht*."

Schwester Macy schüttelte den Kopf. „Du guckst zu viele Horrorfilme, Colin."

„Was denkst du wohl, wie diese Typen auf all diese gruseligen Filmideen kommen? Die sehen irgendwas, das ihnen eine Scheißangst einjagt, und schreiben dann darüber."

„Ich wette, mit vierzehn warst du ziemlich schräg drauf."

„Hier geht's aber nicht um mich. Abgesehen davon *rede* ich mit den Leuten. Neulich wollte ich sie irgendwas fragen und sie guckte mich nur an und blinzelte, als würde ich Chinesisch sprechen oder so."

Schwester Macy seufzte. „O Colin …"

*Klapper.*

In diesem Moment fiel hinter ihnen etwas zu Boden. Beide erschraken.

Colin stieß ein kindliches Kreischen aus.

Als Schwester Macy nach unten schaute, sah sie eine rostige Blechdose auf den Fliesen liegen.

Sie runzelte die Stirn. „Komisch", murmelte sie. „Wo kommt die denn her?" Sie warf einen Blick nach links und nach rechts und stellte fest, dass Jessica nicht weit von ihnen entfernt den Boden feudelte.

„Ähm, Jessica? Würd's dir was ausmachen, diese Dose aufzuheben und wegzuschmeißen? Keine Ahnung, wo die herkommt. Ist vermutlich von einem Essenswagen gefallen oder so. Ich werde denen sagen, dass sie besser auf ihren Müll achtgeben sollen."

Jessica nickte stumm, schlurfte – den Mopp hinter sich

herziehend – zu der Stelle hinüber, wo die Dose lag, hob sie auf und warf sie in den nächsten Abfalleimer.

„Danke. Oh, und Jessica?"

Jessica hob langsam den Kopf; dabei teilte sich ihr Haar wie ein Theatervorhang, um den Blick auf ihre zarten Gesichtszüge freizugeben. Ihre Augen waren dunkel. *Waren die sonst nicht hellbraun?*, wunderte sich Schwester Macy.

Auf ihrer linken Wange hatte sie einen winzigen Schönheitsfleck, doch ihre Haut schien etwas von dem rosigen Schimmer verloren zu haben, den sie sonst besaß. Ihre Lippen waren voll und fein geschwungen. Ihr Antlitz war schmal und unglaublich hübsch. Sie hätte mühelos ein Fotomodel sein können.

„Du leistest hier wirklich gute Arbeit." Schwester Macy schenkte ihr ein kleines Lächeln.

Jessica lächelte auch, und für einen Moment schienen sich ihre ausdruckslosen Züge aufzuhellen.

„Das freut mich", sagte Jessica leise, doch in ihren Augen spiegelte sich diese *Freude* nicht wider.

„Ich wette, du bist deiner Familie daheim eine große Hilfe. Hilfst du deiner Mom oder deinem Dad bei der Hausarbeit?"

Schwester Macy verfolgte, wie Jessica nur knapp nickte und sich dann abwandte, um weiter den Korridor zu wischen.

„Ich sag's doch: gruselig", raunte Colin.

Aber Schwester Macy winkte bloß ab. „Ach, halt die Klappe! Sie ist bloß ein junges Mädchen und du ein erwachsener Mann. Schätze, wenn sie auf dich losginge, könntest du es durchaus mit ihr aufnehmen."

Colin erschauderte. „Sei dir da mal nicht so sicher."

Und obgleich Schwester Macy Colin bloß aufziehen wollte, musste sie sich insgeheim eingestehen, dass es ihr fast das Herz gebrochen hatte, Jessica in ihre dunklen Augen zu sehen, auch wenn sie nicht die geringste Ahnung hatte, warum.

In ihrer Pause besuchte Jessica die Krankenhauskapelle. In dem Raum hielten sich gerade keine kummervollen Familienangehörigen auf. So mochte sie es am liebsten, nämlich wenn sie die Kapelle ganz für sich allein hatte. Das kam zwar nur selten vor, aber wenn, dann war es friedlich und still und sie konnte in Ruhe beten. Sie fuhr mit der Hand sanft über die Lehnen der Holzbänke, die den Mittelgang zum Altar säumten, und setzte sich in die erste Reihe. Vorn in der Kapelle hing ein großes Holzkreuz an der Wand. Sie roch die frischen weißen Blumen, die auf beiden Seiten des Raums in Vasen standen. Drei Reihen kleiner Kerzen warteten darauf, angesteckt zu werden. Aus einem Lautsprecher dudelte leise Instrumentalmusik.

Sie zog die dicke Silberkette, die sie um den Hals trug, unter ihrem Pullover hervor, streifte sie über ihren Kopf und legte den Anhänger in ihre Handfläche. Einst hatte der Anhänger die Form eines ganzen Herzens besessen, viel größer und dicker. Jetzt war das Schmuckstück kaum noch so groß wie eine Mondsichel, ungefähr so breit wie ihr Daumen, mit groben Kratzern auf einer Seite.

*Fast geschafft.*

Sie umfasste den Anhänger fest mit beiden Händen und schloss die Augen.

*Bitte hilf mir, Gutes zu tun und weiterhin meine Aufgabe zu erfüllen. Bitte hilf mir, etwas zu bewirken. Bitte hilf mir, anderen zu helfen, die krank sind. Schenk mir die Kraft, meine Fehler wiedergutzumachen. Gib mir den Mut, das Richtige zu tun.*

*Danke –*

„Hallo, junges Fräulein. Alles okay mit dir?"

Jessica blinzelte und hörte auf zu beten. Sie hatte gar nicht gehört, dass jemand die Kapelle betreten hatte, doch als sie zur Seite schaute, sah sie den Priester neben der Bank stehen. Er trug einen schwarzen Anzug mit weißem Kragen. Sein Haar war dunkel mit grauen Strähnen, mit dichten Brauen über freundlichen braunen Augen. Wenn er lächelte, bildeten sich um seine Augen herum winzige Fältchen.

„Es geht mir gut", entgegnete sie leise.

„Ich bin Vater Jeremiah. Ich hab dich schon öfter hier gesehen. Darf ich fragen, wie du heißt?"

„Jessica." Sie senkte den Blick und rieb mit ihrem Daumen über den Anhänger.

„Kann ich dir vielleicht irgendwie helfen, Jessica?"

Jessica schüttelte den Kopf. „Nein, vielen Dank."

Vater Jeremiah nahm auf der Bank gegenüber von ihr Platz. „Du siehst blass aus, Jessica. Fühlst du dich nicht wohl? Kann ich dir vielleicht irgendwas bringen? Einen Snack? Etwas Wasser? Möchtest du dich ein paar Minuten hinlegen?"

„Alles bestens. Ich glaube … wenn ich arbeite, mache ich offenbar einen fitteren Eindruck."

„Arbeiten?"

„Hier im Krankenhaus, im Kinderflügel. Ich helfe dabei, die Böden sauber zu halten.“ *Hin und her. Hin und her.* „Schwester Macy sagt, ich leiste gute Arbeit“, fügte sie hinzu.

Und sie hoffte tatsächlich, dass sie gute Arbeit leistete. Dieser Job war die perfekte Gelegenheit, denen näherzukommen, die ihre Hilfe brauchten. Dort draußen, in der Außenwelt, begegnete sie nur selten anderen, die krank waren. Von dem Autounfall letzte Nacht hatte sie bloß zufällig erfahren. Ein „Wunder“ hatten einige es genannt, dass der Junge den Crash überlebt hatte. Sie hatte das grässliche, schrille Quietschen der Reifen gehört, das brutale Krachen, als das Auto gegen den Baum donnerte. Bei dem heftigen Regen hatte es einige Zeit gedauert, dorthin zu gelangen. Sie hatte beobachtet, wie der Krankenwagen eintraf und die Sanitäter versuchten, den Jungen zu retten. Ihnen war das nicht gelungen. Aber ihr schon.

Sie war froh, dass sie dort gewesen war, um zu helfen. Allerdings musste sie vorzeitig aufhören, um nicht erwischt zu werden. Sie durfte nicht zulassen, dass das jemals geschah.

„Ah, ja. Ich kenne Schwester Macy. Eine sehr fürsorgliche Person.“ Vater Jeremiah nickte. „Ich bin sicher, sie hat recht. Du leistest gewiss gute Arbeit.“ Er räusperte sich. „Weißt du, Jessica, manche Leute kommen hierher und bitten mich, sie bei ihren Gebeten zu unterstützen. Oder ich höre mir ihre Sorgen und Nöte an und versuche, ihnen Trost und Beistand zu spenden. Unseren Kummer und unsere Probleme mit anderen zu teilen, hilft uns dabei, loszulassen. Sorgt dafür, dass die Bürde, die auf unseren Seelen und Herzen lastet, ein bisschen leichter wird.“

„Wie schön“, war alles, was Jessica dazu sagte.

Sie hatte das Gefühl, dass sie selbst gerade dabei war, loszulassen, und zwar etwas sehr Wichtiges in ihrem Leben. Sie hatte ihre Gedanken noch nie zuvor mit jemandem geteilt, weil niemand imstande sein würde, wahrhaft zu verstehen, was sie durchmachte.

„Falls du jemals den Wunsch verspüren solltest, mit jemandem zu reden: Ich bin fast jeden Tag hier und habe stets ein offenes Ohr. Ich freue mich immer, wenn ich helfen kann, egal wie.“

Jessica nickte, doch sie hielt den Blick gesenkt, während sie mit ihrem Daumen weiter über den Anhänger rieb.

„Was ist das denn für ein hübsches Schmuckstück?“, fragte Vater Jeremiah. „Scheint, als würde es dir viel bedeuten.“

Jessica rieb einfach weiter mit dem Daumen über den Anhänger und schwieg.

Nach einem Moment sagte Vater Jeremiah sanft: „Friede sei mit dir, Jessica.“ Und ließ sie allein.

Nachdem sie noch einige Sekunden länger gebetet hatte, streifte Jessica die Kette wieder über ihren Kopf und stand von der Bank auf. Dann ging sie in eine der Personaltoiletten des Krankenhauses, wie sie es jeden Tag tat, wenn sie hier war, verriegelte die Tür und betrachtete sich in dem kleinen Spiegel über dem Waschbecken. Sie musterte die dunklen Ringe unter ihren Augen und ihre blasse, zarte Haut. Einige mochten sie vielleicht hübsch finden, doch die Wahrheit war, dass sie mit jedem Tag zerbrechlicher aussah. Früher hatte sie sich nichts sehnlicher gewünscht, als schön zu sein. Jetzt fühlte sie, wie ihr Körper mit jedem

Kind, dem sie half, mit jedem Kratzer auf dem Anhänger schwächer wurde.

Sie trug ein schwarzes Sweatshirt, schwarze Hosen und sogar schwarze Turnschuhe. Schwarz war keine positive Farbe, die die Leute dazu einlud, sie anzusprechen. Schwarz hielt die anderen von ihr fern. Und es half ihr, sich vor Augen zu führen, dass sie nicht hier war, um das Leben zu genießen. Sie musste sich auf ihre Aufgabe konzentrieren.

Sie holte Abdeckpuder aus ihrer Hosentasche hervor. Sie klappte den Deckel des Döschens auf, rieb mit dem Schwämmchen über das Pulver und tupfte ihr Gesicht damit ab. Das hübsche, weiche Beige ließ sie gleich viel frischer wirken. Nachdem sie den Puder wieder weggesteckt hatte, kniff sie sich in die Wangen, um ein bisschen mehr Farbe zu bekommen. Ihre Augenlider waren von Natur aus dunkel und dick und ihre Lippen voll und hübsch.

Wenn sie früher gelächelt hatte, hatten die Leute ihr Lächeln meist nicht erwidert. Niemand hatte sich dafür interessiert, was sie zu sagen hatte. Jessica hatte das Gefühl gehabt, dass bestimmte Dinge wichtig waren, zum Beispiel, dass man gut aussah, dass man Markenkleidung trug, dass man die coolsten Freunde hatte oder dass man mit den süßesten Typen rumhing, doch mittlerweile wusste sie, dass nichts davon so wichtig war, wie sie mal dachte.

Jetzt war alles anders. Jetzt lächelte sie nie mehr, es sei denn, es ging nicht anders.

Jessica verließ die Toilette und kehrte zu ihrer Arbeit zurück. Die Abendbeleuchtung war an, gedämpfter als am Tage, und das Gewusel des Personals war weniger geworden. Als sie den Wischmopp und den Rolleimer aus der Abstellkammer nahm, hörte sie, dass irgendwo in der Nähe Zeichentrickfilme im Fernsehen liefen. Jessica stellte den Mopp beiseite und folgte den Geräuschen zum Zimmer eines neuen Patienten. In dem Bett lag ein kleiner Junge mit braunem Haar, zusammengerollt auf der Seite. Er schlief und hielt dabei einen grünen Stoffelefanten im Arm. Er war allein.

Jessica warf einen Blick hinter sich und stellte fest, dass niemand in ihre Richtung sah. Sie huschte lautlos in den Raum, streifte die Kette über ihren Kopf und umklammerte den Anhänger. Dann holte sie ihr Klappmesser aus ihrer Gesäßtasche und klappte die Klinge auf.

Wenn jetzt jemand hereinkam, würden sie denken, sie wollte dem Jungen etwas antun. Dabei dachte sie nicht einmal im Traum daran, irgendjemandem zu schaden. Nein, sie wollte ihm auf eine Art und Weise helfen, zu der nur sie allein fähig war. Sie hatte nie irgendwem davon erzählt, dass es ihre Aufgabe war, den Kranken zu helfen. Andere würden das nicht verstehen. Sie hatte es ja selbst nicht verstanden, bis sie den Schock ihres Lebens bekommen hatte. Seitdem war sie nicht mehr das Mädchen, das sie einst gewesen war.

Neben dem Bett des kleinen Jungen stehend, begann Jessica, mit ihrem Taschenmesser an dem Anhänger herumzuschaben. Kleine Silbersplitter rieselten auf den schlafenden Jungen herab. Während sie an dem Metall kratzte, schien sich ihre Brust zusammenzuziehen, als läge ein unsichtbares Band darum. Ihr Pulsschlag verlangsamte sich und ihr Atem ging zusehends flacher. Diese Dinge, diese

Reaktion ihres Körpers, verriet ihr, dass sie diesem kleinen Jungen dabei half, zu genesen.

Als sie das Gefühl hatte, genug getan zu haben, hängte sie sich die Kette wieder um den Hals, verstaute den Anhänger unter ihrem Pullover, klappte die Klinge ein und steckte das Taschenmesser wieder weg. Der kleine Junge schlug blinzelnd die Augen auf und sah sie mit seinen blauen Augen neugierig an.

„Bist du ein Engel?“, fragte er im Flüsterton.

„Nein“, gab sie, ebenfalls flüsternd, zurück. „Ich bin kein Engel. Schlaf wieder ein.“

„Aber ich bin nicht müde.“

Jessicas Lippen zuckten. „Also, ich finde, du siehst verdammt müde aus. Ich wette, wenn du die Augen zumachst und Schäfchen zählst, schläfst du schnell wieder ein, um die Ruhe zu bekommen, die du brauchst, um gesund zu werden.“

Er rümpfte die Nase. „Schafe? Wieso Schafe?“

„Okay, was möchtest du denn stattdessen zählen?“

„Ich glaub, ich will … Elefanten zählen. Ich mag grüne Elefanten.“

„Na, dann zähl Elefanten. Nur zu. Schließ die Augen und fang an zu zählen.“

Der kleine Junge machte die Augen zu und sagte: „Ein grüner Elefant. Zwei grüne Elefanten. Drei …“ Bald war er wieder eingeschlafen.

Jessica wandte sich zum Gehen – und geriet fast ins Straucheln, als eine Woge der Schwäche über sie hinwegspülte. Irgendetwas schlidderte über den Fußboden. Sie hielt sich am Türrahmen fest, um sich abzustützen, und wartete, bis der Schwindel nachließ. Sie leckte sich über ihre feuchten Lippen. Dann sah sie unmittelbar neben der Tür eine rostige Antriebsfeder liegen. Ihre Augen wurden groß. Sie hob die Feder hastig auf und verließ das Zimmer, um ihre Arbeit für heute Abend zu Ende zu bringen.

In ihrem Wissenschaft-und-Technik-Kurs an der West Wilson Highschool saß Jessica allein an einem Arbeitstisch. Obwohl sie ohnehin am liebsten für sich blieb, schien das sowieso automatisch zu passieren, als wäre das irgendein schräges Naturgesetz. Niemand wagte es, neben dem seltsamen Mädchen zu sitzen, das nur selten etwas sagte und in ihrer ganz eigenen Welt zu leben schien. Sie war erschöpft und müde. Mrs. Willoughby schwafelte einschläfernd von irgendeinem neuen Projekt, und wenn Jessica es zuließ, konnte sie in Gedanken abschweifen, zu einem anderen Ort, fernab dieser Realität. Sie war sich nicht sicher, warum sie überhaupt noch weiter zur Schule ging. Vielleicht einfach, um die Fassade aufrechtzuhalten. Ihr altes Leben lag mittlerweile weit hinter ihr. Eigentlich hatte sie hier gar nichts mehr verloren, abgesehen davon, dass sie keine ungewollte Aufmerksamkeit erregen wollte, indem sie die Schule schwänzte oder auch nur schlechte Noten bekam.

Sie wäre zudem wunderbar ohne Gerüche nach Parfüm, Schweiß und Junkfood zurechtgekommen, die sie jeden Tag umgaben. Ohne den langweiligen Unterricht, das Teenagergeschwätz und die aufdringlichen Blicke von Lehrern und Mitschülern. Ganz zu schweigen von dem ungeheuerlichen Lärmpegel, der in der Schule herrschte: stapfende

Füße, Geschrei, zuknallende Spindtüren, laute Musik, Gefluche, Geheule und Gelächter. So viel *Krach.* So viele Erinnerungen an Jugendliche in ihrem Alter, die *normal* waren, die Freunde hatten, die üblichen Probleme Heranwachsender und eine Familie, die sie liebte, auch wenn ihnen meist nicht einmal klar war, wie dankbar sie für all diese Dinge sein konnten.

Früher hatte Jessica auch ein Zuhause. Sie hatte eine Familie. Sie hatte alles, was man sich nur wünschen konnte. Und dann, eines Tages, hatte sie die falsche Wahl getroffen und alles verloren. Wenn es etwas gab, das Jessica in ihrem Leben gelernt hatte, dann, dass man einige Entscheidungen nicht ungeschehen machen konnte. Dann blieb einem nichts anderes übrig, als irgendwie weiterzumachen, so gut man eben konnte. Genauso, wie sie es tat.

„Seht mal, da ist das gruselige Mädchen", flüsterte eine Schülerin hinter ihr. Jemand kicherte.

„Sie sagt fast nie was. Was stimmt nicht mit ihr?", wollte ein anderes Mädchen wissen.

„Sie ist wie eine Schaufensterpuppe, so selten, wie sie sich bewegt."

„Mark Johnson sagt, sie schleicht auf dem Friedhof rum!"

„O mein Gott – wie ein verfluchter Zombie! Wer hätte gedacht, dass es hier auf der West Wilson High Untote gibt?"

Jessica sagte kein einziges Wort. Sie hatte das alles schon etliche Male gehört. *Zombie-Girl. Schwarze Hexe. Schaufensterpuppe. Untote.* Obwohl sie ihr Bestes gab, um keine Aufmerksamkeit auf sich zu ziehen, tat sie es trotzdem. Allerdings eine andere Art von Aufmerksamkeit als früher.

Sie war zum Ziel von fiesen Gerüchten, Spott und manchmal auch Streichen geworden. Sie war eine Außenseiterin. Ein Mädchen, dem die anderen meist aus dem Weg gingen, wenn sie durch die Schulflure ging oder mittags in der Cafeteria saß. Aber das war ihr ganz recht. Je mehr ihre Mitschüler sie mieden, desto einfacher war es, sich aus dieser Highschool-Realität auszuklinken.

Die Mädchen flüsterten noch eine Weile, bevor sie irgendetwas Kleines am Hinterkopf traf und zu Boden fiel.

Gelächter brandete auf. Auch einige der anderen Schüler, die um sie herumsaßen, lachten.

Jessica glättete mit der Hand ungerührt ihr Haar.

„Mädels!“, schalt Mrs. Willoughby sie. „Gibt es irgendein Problem?“ Für eine Lehrerin war Mrs. Willoughby vergleichsweise jung. Sie trug eine Brille mit dunklem Gestell und band ihr schwarzes Haar häufig zu einem Pferdeschwanz. Sie gehörte zu den Lehrern, die beim Sprechen viel gestikulieren, und war erpicht darauf, die Klasse zum Mitmachen zu bewegen. Allerdings schien sie Jessica mehr oder minder zu ignorieren.

Eins der Mädchen räusperte sich. „Kein Problem, Mrs. Willoughby.“

„Das will ich hoffen. Ich wette, ihr Mädels würdet lieber mit euren Freundinnen beim Lunch sitzen, als mir heute beim Aufräumen des Wissenschaftslabors zu helfen.“

„Absolut. Alles bestens, Mrs. Willoughby.“

„Danke, zu gütig. Könnte ich jetzt vielleicht fortfahren, ohne ständig *rüde* unterbrochen zu werden?“

„Ja, Mrs. Willoughby“, antworteten die Mädchen unisono.

Am Tisch neben ihr hob ein Junge den Radiergummi auf, der von Jessicas Kopf abgeprallt war, und warf ihn zurück zu den Mädchen. „Echt erwachsen“, murmelte er.

„Was hat der für 'n Problem?“, raunte eins der Mädchen verärgert.

„Er ist neu hier. Er weiß noch nichts über Zombie-Girl.“

Jessica warf dem Jungen einen Seitenblick zu und schaute dann weg. Er war tatsächlich neu an der Schule.

„Okay, Klasse, jeder sucht sich einen Partner“, verkündete Mrs. Willoughby und klatschte in die Hände. „Aber achtet darauf, jemanden auszuwählen, von dem ihr wisst, dass ihr zusammen eure Arbeit erledigt kriegt, statt einfach mit irgendwem rumzualbern so wie letztes Mal. Dieses Projekt macht fünfzig Prozent eurer Quartalsnote aus, darum empfehle ich euch dringend, damit gut abzuschneiden.“

Jessica blinzelte. *Sich einen Partner suchen?* Hatte sie irgendwas verpasst?

Der neue Junge stand auf und kam zu ihrem Tisch herüber. „Hi“, sagte er. „Wollen wir bei diesem Projekt zusammenarbeiten?“

Jessica schluckte schwer. Vermutlich blieb ihr gar nichts anderes übrig. Schließlich war es ja nicht so, als würde sie noch ein anderes Angebot bekommen. Deshalb nickte sie.

Er ließ sich auf den freien Stuhl neben ihr sinken. „Ich bin Robert.“

„Jessica.“

„Diese Sache dürfte ziemlich cool werden, hm?“

Jessica nickte langsam, auch wenn sie nicht so genau wusste, was sie von alldem halten sollte. Sie hatte nicht richtig aufgepasst. Robert war sportlich, hatte honigblondes Haar, haselnussbraune Augen und braun gebrannte Haut. Er trug ein blassblaues T-Shirt mit Kragen und verwaschene Jeans. Um sein rechtes Handgelenk war ein geflochtenes Lederarmband geschlungen. Er war genau die Art Junge, von dem sie sich in ihrem alten Leben die größtmögliche Beachtung gewünscht hätte.

Jetzt wäre sie am liebsten unsichtbar gewesen.

„Wir sind gerade aus der Stadt hergezogen", fuhr er fort. „Mein Dad ist Ingenieur und hat hier einen neuen Job gekriegt. Er war ganz aufgeregt, als ich ihm erzählt hab, dass ich diesen Kurs belege." Robert strich sich mit einer Hand sein Haar zurück.

„Bist *du* deswegen auch aufgeregt?" Ihre eigenen Worte ließen Jessica zusammenzucken. Was tat sie da? Sie wollte sich doch aus allem raushalten und für sich bleiben!

„Ja, so was macht mir Spaß, weißt du? Dinge zu bauen. Trotzdem hab ich bislang noch nie an so einem Kurs wie diesem teilgenommen."

Jessica nickte. Früher fand sie auch, dass es Spaß machte, Dinge zu bauen.

„Diese Mädchen haben sich kindisch benommen", sagte er leise und mit einem Schulterzucken. „An meiner alten Schule gab es auch solche Mädchen. Aber ich hab mich nie mit denen abgegeben. Die sind einfach gemein zu allen, ohne jeden Grund. Schätze, sie selbst halten sich für total cool, aber … na ja, das sind sie nicht."

„Ist mir egal."

Er zog die Augenbrauen hoch. „Wirklich? Ist ja cool. Die meisten würden das anders sehen." Dann lächelte er. „Ich kann immer noch nicht glauben, dass wir unseren eigenen Mini-Roboter bauen."

Jessicas Blick schweifte in die Ferne. „Ja. Echt klasse."

Nach Unterrichtsschluss saß Jessica an einem Tisch auf dem Schulhof und wartete auf Robert. Sie hatten einige Kursstunden darauf verwendet, das Roboter-Projekt zu planen, und beschlossen, einen rollenden Mini-Roboter zu bauen, der imstande war, Gegenstände auf dem Rücken zu tragen, und mittels Fernbedienung gesteuert wurde. Das Kniffligste daran war, dass sie irgendwie dafür sorgen mussten, dass sich die Transportfläche auf und ab bewegen ließ. Robert hatte ein altes ferngesteuertes Auto auseinandergenommen, um an die Bauteile zu kommen, die sie brauchten, damit ihr Roboter so funktionierte, wie sie es sich vorstellten.

Robert ließ einen Pappkarton auf den Tisch fallen, was Jessica erschrocken zusammenzucken ließ. Er holte sein altes ferngesteuertes Auto aus dem Karton.

„Ich hab Mrs. Willoughby gefragt, wie viel davon wir für unseren Roboter verwenden können. Sie gab mir eine Liste, was wir nehmen dürfen und was nicht." Robert reichte Jessica einen Zettel. Heute trug er ein blassgelbes Hemd und graue Jogginghosen. Jessica war wie üblich ganz in Schwarz gekleidet.

Sie nahm die Liste von ihm entgegen. „Wir müssen Ersatz für die Komponenten besorgen, die wir austauschen müssen."

„Ja, schon klar. Was machst du nachher? Mrs. Willoughby will, dass wir so viele Bauteile wie möglich wiederverwenden, anstatt neue zu kaufen. Wie wär's, wenn wir zum Schrottplatz gehen und sehen, was wir dort finden?"

Jessica blinzelte ein paarmal hastig. „Äh …"

„In jedem Fall brauchen wir ein paar Triebfedern. Etwas, mit dem sich die Transportfläche bewegen lässt. Vielleicht noch ein paar alte Verkabelungen und Schaltbäume."

„Ich … Ich kann nicht", stammelte sie.

„Was?" Robert sah sie mit einem leichten Stirnrunzeln an.

„Ich kann da nicht hin. Ich … Ich muss ins Krankenhaus. Arbeiten. Hatte ich völlig vergessen."

Robert zuckte mit den Schultern. „Na, dann gehen wir eben ein andermal. Wir haben noch genug Zeit."

„*Nein*", sagte Jessica mit ein bisschen zu viel Nachdruck. Sie spürte, wie ihr Inneres zu zittern anfing. Sie begann hastig, ihr Notebook in ihrem Rucksack zu verstauen. „Ich muss los."

Robert starrte sie überrascht an. „*Jetzt?* Ich dachte, wir wollen an unserem Projekt arbeiten? Wir hatten uns doch auf einen Zeitplan geeinigt. Wenn wir rechtzeitig fertig werden wollen, sollten wir uns daran halten."

„Ich kann heute nicht. Morgen. Geh du zum Schrottplatz, okay? Das ist einfach nicht so meins."

„Alles klar. Ist für das Projekt, weißt du. Ist ja nicht so, als würd ich's cool finden, auf Schrottplätzen rumzuhängen. Ähm, alles okay mit dir?" Er griff nach ihrem Handgelenk, doch Jessica zog ihren Arm so heftig weg, als wäre sie gestochen worden. „Bist du krank oder so? Siehst ein bisschen blass aus."

„Ich fühl mich nicht so gut."

„Soll ich dich nach Hause begleiten? Wäre kein Problem. Ich kann mit dir mitgehen. Vielleicht wär's besser, wenn du jetzt nicht allein bist."

„Nein. Ich brauch keine Hilfe, okay? Wir sehen uns morgen." Sie schnappte sich ihren Rucksack, sprang auf und eilte mit großen Schritten davon. Sie fühlte sich schwach, so, als würde sie jede Sekunde umkippen. Doch sie schaffte es, das Schulgelände zu verlassen und sich draußen auf der Straße an einen Baum zu stützen.

Sie umklammerte mit zitternden Fingern ihren Anhänger und schloss die Augen. Ihr Atem ging schnell und abgehackt.

*Alles wird gut.*

Nach ein paar Sekunden hatte Jessica sich schließlich wieder so weit unter Kontrolle, dass sie ruhiger atmen konnte. Sie leckte sich über die trockenen Lippen. Sie hatte keine Ahnung, was über sie gekommen war. Eigentlich hatte sie längst gelernt, ihre Emotionen zu kontrollieren oder sie zumindest vor anderen verborgen zu halten. Sie durfte nicht zulassen, dass sie noch einmal so von ihren Gefühlen übermannt wurde! Das machte sie zu angreifbar, zu verletzlich, und wenn sie verletzlich war, konnte sie nicht klar denken. Sie machte sich auf den Weg zum Friedhof. Der Wind blies zusehends stärker und zerwühlte ihr Haar. In den letzten Monaten hatte sich der Friedhof zu so etwas wie ihrer Zuflucht entwickelt. Es war ein ruhiger, friedvoller Ort.

Wann immer sie den Friedhof besuchte, blieb sie häufig stehen, um die Inschriften der Grabsteine zu lesen und sich so mit den Seelen vertraut zu machen, die hier zur Ewigen Ruhe gebettet waren. Sie fragte sich, wie wohl ihr eigenes Grab aussehen und was auf ihrem Stein stehen würde.

Allerdings war die Wahrscheinlichkeit groß, dass sie niemals eine Beisetzung bekam.

Während sie zwischen den Gräbern entlangspazierte, kehrten ihre Gedanken zurück zu Robert. Um ehrlich zu sein, war sie zuvor noch nie einem Jungen begegnet, der so freundlich und vertrauensvoll war. Wenn sie nicht aufpasste, würde sie vermutlich anfangen, ihn zu *mögen* – und das war momentan einfach nicht drin. In ihrem alten Leben hätte sie sich womöglich für eine richtige Freundschaft öffnen können, vielleicht sogar für mehr.

Aber das alles hatte sich an dem Tag geändert, an dem sie sich entschieden hatte.

Und seitdem gab sie jeden Tag ihr Bestes, um diesen Fehler wiedergutzumachen.

Sie hatte jetzt eine Aufgabe. Darauf musste sie sich konzentrieren.

Sie ging weiter zu den ältesten Familiengrüften, die ganz hinten lagen. Dort, versteckt zwischen den anderen Grabstätten, befand sich ein kleines, steinernes Mausoleum mit dunklen Buntglasfenstern. Vertrocknete Ranken bedeckten das Dach und hingen, durchzogen von weißen Spinnweben, an den Seiten des Bauwerks herab. Sie packte die rostige Klinke und stemmte ihren Fuß gegen die Unterseite der Tür, um sich mit aller Kraft dagegen zu stemmen. Die schwere Tür schwang mit einem Quietschen auf und kratzte über den Boden. Im hineinfallenden Sonnenlicht tanzten Staubpartikel. Sie holte ihre kleine Taschenlampe hervor, trat ein und schob die Tür hinter sich wieder zu, bis sie von Dunkelheit umgeben war. Sie schaltete die Taschenlampe aus und ging zur Rückseite der kleinen Kammer, wobei sie an den toten Angehörigen einer Familie namens Holloway vorbeikam. Dann bog sie um eine Ecke und gelangte zu einem kleinen „Sitzbereich“ aus Stein. Sie hatte ihr Versteck von so vielen Spinnweben befreit, wie sie konnte. Da die Grabstellen in diesem Teil des Totenackers über hundert Jahre alt waren, hielt sich der Friedhofsgärtner von hier fern.

Sie kniete sich auf ihren Schlafsack und holte ein Päckchen Streichhölzer hervor, um die drei gelben Kerzen anzuzünden, die daneben standen. Sie ließ ihren Rucksack fallen und setzte sich auf den Schlafsack mit dem Kissen. Hier konnte sie sich endlich ein bisschen entspannen. Hier sah sie niemand. Hier urteilte niemand über sie. Hier konnte sich niemand über sie oder ihr Verhalten wundern.

Fürs Erste war sie in Sicherheit.

Neben ihr stand eine Reisetasche mit ihren üblichen schwarzen Klamotten. Darauf lag eine kleine Kulturtasche mit etwas Make-up, einer Haarbürste, einer Zahnbürste und Toilettenartikeln. Sie führte ein einfaches Leben. Minimalistisch. Aus ihrem alten Leben hatte sie bloß eine Sache behalten. Sie langte in die Tasche, holte eine weiße Hasenpfote daraus hervor und ließ sie an der kurzen Kette von ihrem Finger baumeln. Früher hatte sie sie immer bei sich getragen, wohin sie auch ging, überzeugt davon, dass die Pfote ihr Glück brachte. Doch das glaubte sie heute nicht mehr. Ja, mehr noch, sie war nicht sicher, ob es so was wie

Glück überhaupt *gab*. Aber die Hasenpfote war eine kleine Erinnerung daran, wer sie einmal gewesen war und niemals wieder sein würde.

Sie legte sich auf den Schlafsack, um sich vor der Arbeit noch ein wenig auszuruhen.

Während Jessica ihren Mopp schwang, bemerkte sie, dass Schwester Macy im Schwesternzimmer leise vor sich hin summte. Sie wirkte ziemlich unbekümmert. Unbekümmert auf eine seltsame Art und Weise. Aber wenn Jessicas Leben heutzutage etwas war, dann seltsam.

Was ihr ungleich mehr Sorgen bereitete, war ohnehin die Abgeschlagenheit, die jede Zelle ihres Körpers peinigte. Ihre Hände, die den Stiel des Wischmopps umklammert hielten, waren zittrig, und obwohl sie sich ohne Hast bewegte, war sie todmüde. Diese überwältigende Erschöpfung schien sie von Tag zu Tag regelmäßiger zu überkommen. Früher war sie mal so stark. Jetzt sehnte sie sich häufig nach der Zeit zurück, als der Herz-Anhänger noch ganz und sie selbst voller Energie gewesen war.

Das war der Preis dafür, dass sie sich die letzten paar Nächte über um die Patienten gekümmert hatte.

Sie griff mit einer unsteten, unsicheren Hand nach dem Anhänger unter ihrem Pullover. Er war definitiv noch kleiner geworden, noch dünner.

Ein furchtsamer Schauder lief ihr Rückgrat hinab. Sie hob das Kinn. *Du schaffst das*, sagte sie sich. Mit so viel Kraft, wie sie irgendwie aufbringen konnte, schob sie den Mopp weiter vorwärts.

*Hin und her. Hin und her.*

„Hi, Jessica! Ein wunderschöner Tag, oder?“, säuselte Schwester Macy; eine blonde Locke wippte vor ihrer Stirn, als sie zu ihr herüberkam. Sie trug bei der Arbeit immer Schwesternkittel in Orange, Blau, Grün oder Violett und darunter T-Shirts oder Pullover, auf die manchmal lustige Figuren oder Tiere aufgedruckt waren. Heute hatte sie auf ihrem Oberteil Katzen, die alberne Fratzen schnitten. Ihr Lächeln war freundlich, und obwohl Jessica ihr Bestes tat, Abstand zu wahren, hatte Schwester Macy diese besondere, einnehmende Energie, die andere zu ihr hinzog.

Jessica nickte.

„Willst du wissen, warum heute so ein wunderschöner Tag ist?“, fragte Schwester Macy.

Jessica blieb stehen und schaute sie erwartungsvoll an.

„Der Gesundheitszustand der meisten unserer Patienten in diesem Trakt hat sich in den letzten Tagen merklich verbessert!“, erklärte sie mit einem strahlenden Lächeln. „Sie essen. Manche lächeln sogar. Meistens ist diese Station von einer tiefen Traurigkeit erfüllt, die wie eine schwarze Wolke über allem liegt. Aber heute nicht! Heute ist ein guter Tag! Es wird gelächelt, die Kinder essen ihre Mahlzeiten auf und die Schmerzen haben nachgelassen – es ist wie ein Wunder! Wie Magie. Bei meiner Arbeit muss man für jede Gnade dankbar sein, die einem zuteilwird, Jessica. Vergiss das nicht.“

*Für jede Gnade dankbar sein, die einem zuteilwird.*

Das gefiel Jessica. Sie würde diesen Rat beherzigen.

Schwester Macy sah Jessica in die Augen. „Wie fühlst du dich heute, Jessica?“

Jessica wandte den Blick ab. „Gut.“

„Das ist schön. Gibt's irgendwas Neues in deinem Leben? Was macht die Schule?"

Jessica packte den Mopp fester. „Alles beim Alten. Alles bestens."

„Freut mich, zu hören. Tja, die Pflicht ruft. Bis später."

Jessica schaute ihr nach, wie sie davonging, um sich um einen ihrer Patienten zu kümmern. Obwohl sie Schwester Macy mochte, wurde es immer schwieriger, ihren direkten Fragen nach ihrem Privatleben auszuweichen.

Dann sah sie, wie die Krankenschwester plötzlich mitten auf dem Flur stehen blieb. „Himmel, was ist das hier nur für ein Chaos? Ständig dieser Müll. Jessica, hier liegt eine alte Gabel auf dem Boden. Würd's dir was ausmachen, dich darum zu kümmern? Erst diese seltsamen Metallspäne und jetzt das …"

Verflucht. Sie hatte noch einen übersehen. „Okay", entgegnete Jessica.

Sie ging langsam zu der alten Gabel hinüber und hob sie auf.

„Eine Gabel? Echt jetzt?", murmelte sie leise. Dann verdrehte sie die Augen und warf die Gabel in den Müll.

In diesem Moment bemerkte sie die neue Patientin, eine Teenagerin ungefähr in ihrem Alter. Sie lag mit Kopfhörern im Bett. Sie hatte rotes Haar und winzige Sommersprossen auf den Wangen. Sie spielte gedankenverloren mit ihrem Handy herum. Auf ihrem Nachttisch standen drei leere Wackelpuddingbecher.

Jessica schob ihren Wischeimer näher an das Krankenzimmer heran und das Mädchen bemerkte sie.

Sie nahm ihre Kopfhörer ab. „Hey", sagte sie zu Jessica.

„Hi“, sagte Jessica.

„Arbeitest du hier?“

Jessica nickte.

Das Mädchen runzelte die Stirn. „Warum verbringst du deine Freizeit mit kranken Kindern?“

*Weil ich ihnen helfen will.*

Stattdessen sagte sie: „Es ist ’n Job.“

„Wie heißt du?“, fragte das Mädchen.

„Jessica.“

„Ich bin April. Ich wurde heute früh eingeliefert. Irgendwie schlägt die Behandlung bei mir diesmal nicht richtig an. Vermutlich siehst du hier ständig Kids wie mich, hm?“

„Manchmal“, sagte Jessica.

„Macht dir das alles überhaupt nichts aus?“ Sie deutete mit dem Arm um sich herum.

Jessica schüttelte den Kopf. „Nein, warum? Sollte ich dich deshalb irgendwie anders behandeln als sonst?“

„Nö. Aber viele Leute tun das. Du glaubst gar nicht, wie oft die Menschen mich mitleidig oder betrübt und manchmal auch voller Angst anschauen. Als könnten sie selbst krank werden, wenn sie zu lange in meiner Nähe sind. Du dagegen … In deinen Augen sehe ich nichts davon.“

Sie sahen einander noch einige Sekunden an. Dann sagte Jessica: „Ich muss wieder an die Arbeit.“

„Okay. Aber, ähm, du kannst gerne wieder vorbeikommen. Bedauerlicherweise werd ich noch ’ne ganze Weile hier sein. Und Wackelpudding essen.“

Jessica nickte und schob ihren Putzeimer weiter.

„Ich hab ein paar Antriebsfedern, Drähte, ein paar Schrauben und Metalllamellen. Was hältst du von diesem Tablett als Transportfläche? Ist zwar schon alt, aber ziemlich cool, oder?“, sagte Robert zu Jessica, als sie sich an einen der Arbeitstische im Klassenraum setzten. „Hat genau die richtige Größe für den Mini-Bot.“

Jessica musterte schweigend die Sachen, die Robert vom Schrottplatz mitgebracht hatte. Am liebsten hätte sie den ganzen rostigen Müll vom Tisch gefegt. Stattdessen saß sie vollkommen reglos da wie eine Statue. Unbewegt. Emotionslos. So, als würde der Anblick des alten Schrotts ihr nicht das Geringste ausmachen.

„Bist ziemlich wortkarg heute“, stellte Robert fest.

Jessica schaute ihn an, sah die Neugierde in seinem Blick und schaute weg. „Das Material ist genau richtig.“

„Klasse. Nach neulich dachte ich schon, ich hab vielleicht irgendwas falsch gemacht. Dass du nicht mehr meine Partnerin sein willst oder so. Kann ja sein.“ Er zuckte mit den Schultern. „Allerdings wäre es zeitlich ziemlich knapp, sich jetzt noch einen neuen Projektpartner zu suchen.“

„Nein, alles okay. Ich sagte doch, dass ich mich nicht so gut fühle.“ Sie zwang sich, ihre Hand zu öffnen, die sie unter dem Tisch zur Faust geballt hatte, und deutete auf das Tablett. „Das hat genau die richtige Größe. Gute Arbeit.“

„Ja, finde ich auch.“ Robert strich mit einer Hand sein Haar zurück. „Ich bin total happy, dass ich das gefunden hab. Unser Roboter wird so cool, Jess! Du wirst sehen.“

Als sie ihren alten Spitznamen hörte, den ihre besten Freunde früher benutzt hatten, erstarrte Jessica. Sie spürte, wie sich in ihrer Kehle ein Kloß bildete, und schluckte schwer. Ihr war nicht klar gewesen, um wie viel schwieriger es sein würde, sich in der Schule mehr einzubringen und bei diesem Projekt mit Robert zusammenzuarbeiten. Es kostete sie fast ihre gesamte Willenskraft, auf ihrem Platz sitzen zu bleiben, statt aufzuspringen und die Flucht zu ergreifen. An die Vergangenheit erinnert zu werden und mitanzusehen, wie immer mehr davon in die Gegenwart sickerte, war das Letzte, was sie wollte.

Mrs. Willoughby kam mit ihrem Notizblock zu ihrem Tisch hinüber, um sich ihre Fortschritte anzusehen. „Sehr schön, Robert und Jessica! Ihr habt eure Bauteile alle rechtzeitig beisammen. Ich mag euren Einsatz!“ Sie ließ ihren Blick über die Baupläne schweifen, die sie zusammengestellt hatten. „Sieht aus, als kämt ihr bei eurem Roboter gut voran. Gute Arbeit, ihr zwei! Ich schlage vor, ihr beginnt in den nächsten paar Tagen damit, den Roboter zu bauen, und dann schauen wir weiter.“

„Okay“, entgegnete Robert mit einem Lächeln.

Jessica nickte bloß.

„Wie fühlst du dich mit diesem Projekt, Jessica?“, fragte Mrs. Willoughby sie geradeheraus.

Jessica zögerte. Normalerweise vermied Mrs. Willoughby es, mit ihr zu reden. „Ähm, es macht mir Spaß. Ich denke, unser Roboter wird ziemlich gut“, erwiderte sie unbeholfen.

„Wie gefällt es dir, mit Robert zusammenzuarbeiten?“

Jessica warf Robert einen raschen Seitenblick zu und studierte dann wieder angestrengt die Bauteile auf dem Tisch. „Gut“, murmelte sie. „Er ist ein guter Partner.“

„Genau wie Jessica“, warf Robert ein. „Sie gibt sich wirklich große Mühe, mir mit dem Design zu helfen und dafür zu sorgen, dass wir im Zeitplan bleiben."

„Dann freue ich mich, dass alles bestens ist", sagte Mrs. Willoughby mit einem knappen Lächeln. „In ein paar Tagen würde ich mir gern eure Fortschritte ansehen. Macht weiter so!"

Mrs. Willoughby ging weiter zum nächsten Tisch, und Jessica spürte, wie sich ihre verkrampften Schultern ein wenig entspannten.

Robert rieb sich die Hände. In seinen Augen leuchtete Begeisterung. „Also, fangen wir an, Jess!"

Jessica sah zu, wie Robert einige Komponenten für das Grundgerüst des Mini-Bots bereitlegte. Ihr war durchaus bewusst, dass sie bislang noch keine Anstalten gemacht hatte, ihm zu helfen. Er hatte vier Metalllamellen auf der Tischplatte platziert, die sie miteinander verbinden würden, um das Gehäuse des Roboters zu bilden. Drei der Metallteile waren schon alt und stammten offensichtlich vom Schrottplatz. Das vierte hingegen sah aus wie neu und frisch aus dem Laden.

*Na los, nimm eins*, ermahnte sie sich. Doch sie brachte es einfach nicht über sich. Die gebrauchten Teile waren dreckig und alt und voller Rost und Schmieröl und erinnerten sie an Dinge, die sie lieber vergessen wollte. Doch sie wusste, dass sie dem nicht ewig aus dem Weg gehen konnte. Sie konnte Robert die ganze Arbeit an ihrem Mini-Roboter nicht allein machen lassen. Das wäre nicht fair gewesen.

Distanziertheit war ihre beste Verteidigung. Manchmal kam sie sich vor wie ein Opossum, wenn es um Gefühle ging. Fühlte sich ein Opossum bedroht, verfiel es in einen katatonischen Zustand. Jessica ging es im Hinblick auf ihre Emotionen ganz ähnlich. Wenn sie stark war, schaffte sie es, gelang es ihr, ihr aufgewühltes Inneres abzuschotten, bis die Gefahr vorüber war. Doch gerade jetzt war sie das Opossum.

Ihre Abneigung gegen diesen Schrott hielt sie gefangen.

Tatsächlich war sie praktisch innerlich gefroren, bis es ihr endlich gelang, ihre Gefühle wieder unter Kontrolle zu kriegen.

Langsam streckte sie die Hand nach den schmutzigen Metalllamellen aus. Sie fühlte den kalten Stahl unter ihren Fingern und zog eins der Stücke zu sich heran. Sie starrte das Metall an, während sie es in den Händen drehte und die verrosteten Ränder studierte.

Sie konnte alles berühren, das vom Schrottplatz stammte, ohne dass es ihr irgendwas ausmachen würde. Sie würde dadurch keinen Schaden nehmen. Und es würde auch keinen Einfluss auf ihre Gefühle haben. Sie legte das Metallstück wieder hin, wischte die Finger an ihrem Hosenbein ab und atmete tief aus.

*Geschafft.*

Schwester Macy überprüfte Billys Vitalwerte. Die Farbe war in seine Wangen zurückgekehrt und er hatte mittlerweile richtigen Appetit, was ihn wiederum mit neuer Energie erfüllte.

„Du machst dich großartig, Billy!“, versicherte sie ihm. „Du isst all deine Mahlzeiten auf und nimmst artig deine Medizin, wie ein großer Junge.“

„Ich *bin* ein großer Junge!“, erklärte er und ließ ein Spielzeugflugzeug über ihren Arm hinwegsausen.

„Ja, das bist du.“

„Hey, Schwester Macy, wann kommt der Engel wieder?“

„Der Engel?“, fragte Schwester Macy neugierig.

„Ja, der Engel, der dafür gesorgt hat, dass ich mich besser fühle.“

„Ach ja? Wie hat der Engel das denn gemacht?“

„Sie besuchte mich in der Nacht, und dann ging's mir sofort besser. Keine Ahnung, wie sie das gemacht hat. Vielleicht war's Magie. Ich mag sie. Ich will sie wiedersehen!“

„Wow, das ist ja cool. Scheint, als hättest du einen Schutzengel, Billy.“

Billy hob triumphierend seine kleinen Fäuste. „Ich hab einen Schutzengel. Yeah!“

Als er im Bett herumhüpfte, rieselten winzige Metallflocken auf seine Decke.

Schwester Macy starrte die Silberspäne bestürzt an. Was war das für ein Zeug? Sie fegte sie hastig von Billys Decke. „Ja, du bist ein echter Glückspilz! Wie wär's, wenn ich später noch mal nach dir sehe und dir etwas Pudding bringe? Na, wie hört sich das an?“

„Lecker! Schoko, bitte.“

„Sollst du kriegen“, entgegnete sie. „Ich bin bald zurück.“

In diesem Moment ertönte draußen vor Billys Zimmer ein lautes Klappern.

Schwester Macy zuckte erschrocken zusammen. „Was zum Teufel …?“

Sie verließ das Zimmer und entdeckte auf dem Boden mitten im Flur – ein Teil von einem Autoauspuff? Frust und Verärgerung stiegen in ihr auf. „Also, langsam wird's albern. Was soll das? Wer spielt uns hier solche Streiche?" Sie sah, dass Jessica ganz in der Nähe feudelte. „Jessica, hast du gesehen, wer das fallen gelassen hat?"

Jessicas Augen wurden groß. „Ähm, nein. Ich hab sonst niemanden hier im Gang gesehen."

„Tja, irgendwer hält sich jedenfalls für unwahrscheinlich witzig, aber lustig ist daran *gar nichts*", sagte sie, laut genug, dass der Übeltäter sie hören konnte. „*Darum sollte dieses Theater lieber aufhören!* Bitte, Jessica, sei so gut, schnapp dir ein paar Handschuhe und schmeiß das in den Müll. Der Boden hier muss jederzeit so sauber wie irgend möglich sein. Wenn die von ganz oben unserer Station einen Überraschungsbesuch abstatten und hier diesen Schrott rumliegen sehen, kriegen wir gewaltigen Ärger."

Jessica nickte und eilte zur Abstellkammer.

Schwester Macy blickte finster drein. Sie hatte auf den anderen Stationen angerufen und mit ihren Kolleginnen dort gesprochen, aber von denen hatte noch keine irgendwelchen Metallschrott in ihrem Trakt gefunden. Aus irgendeinem Grund passierte das bloß auf der Kinderstation. Sie beschloss, einen Rundgang durch die Station zu machen, um sicherzugehen, dass bei den Patientenzimmern alles in Ordnung war. Sie ging einen Korridor entlang – und entdeckte tatsächlich zwei fettverschmierte Schrauben auf dem Fußboden! *Widerlich.*

Schwester Macy biss die Zähne zusammen. Sobald sie dahintergekommen war, wer hierfür verantwortlich war, würde sie diesem Jemand eine ordentliche Standpauke halten, darüber, wie gefährlich es war, hier einfach Metallgegenstände auf dem Boden liegen zu lassen. Schließlich konnte jemand darüber stolpern. Ganz zu schweigen davon, wie unhygienisch so was für die Patienten hier war. Wenn sie den Übeltäter erwischte, war es vielleicht gar nicht so verkehrt, ihn dem Sicherheitspersonal zu übergeben. Das würde diesem Schwachkopf dann garantiert eine Lehre sein! Sie streifte die Gummihandschuhe über, die sie in der Tasche hatte, hob die Schrauben auf und ging weiter, bis sie kurz darauf auf eine kleine, verrostete Blechdose stieß. Sie sammelte auch die Dose ein, konnte aber immer noch nirgends jemanden sehen. Im nächsten Moment stellte sie fest, dass sie sich geradewegs vor dem Eingang der Krankenhauskapelle befand.

*Ist der Übeltäter vielleicht da drin?*, fragte sie sich. Sie warf den Schrott zusammen mit den schmutzigen Handschuhen in einen Mülleimer neben der Tür und trat ein, um von friedvoller Musik empfangen zu werden. In der Mitte der Bankreihen saß eine alte Frau, aber Schwester Macy konnte sich beim besten Willen nicht vorstellen, dass sie der Witzbold war, den sie suchte.

Sie ging weiter vor, bis zur ersten Sitzreihe, und sah sich nach potenziellen Verdächtigen um, die sich hier vielleicht irgendwo versteckten, aber da waren keine.

„Hallo", sagte Vater Jeremiah hinter ihr.

Schwester Macy machte erschrocken einen Satz und drückte sich beim Umdrehen die Hand vor die Brust. „Hallo, Vater", sagte sie leise. „Tut mir leid. Ich hatte Sie gar nicht gesehen."

Er zog seine buschigen Augenbrauen hoch. „Wie geht es Ihnen heute, Schwester Macy?“

„Mir geht’s bestens, Vater. Und Ihnen?“

„Alles okay. Wollen Sie zu mir?“

Sie schickte sich an, zu nicken, doch dann spürte sie, wie ihr Gesicht von der Flunkerei ganz heiß wurde. „Nun, um ehrlich zu sein, suche ich nach jemandem, der uns auf der Kinderstation immer wieder Streiche spielt und irgendwelchen Schrott rumliegen lässt.“

„Hm. Ich hoffe, bislang ist nichts Ernstes passiert?“

„Noch nicht. Aber dabei wird es vielleicht nicht bleiben, darum muss ich dem ein Ende machen. Allerdings habe ich bislang nicht den geringsten Schimmer, wer dahintersteckt.“

„Ich bin sicher, Sie finden es bald heraus.“

Sie nickte. „Ich hoffe es. Ach, übrigens, Vater, wir haben auf unserer Station eine neue Patientin, ein junges Mädchen namens April. Es wäre schön, wenn Sie sie besuchen und sie in Ihre Gebete einschließen könnten. Sie könnte ein bisschen Aufmunterung brauchen.“

„Danke, dass Sie mir das erzählen. Das mache ich. Und wie geht’s unserer Freundin Jessica?“

Schwester Macy lächelte. „Oh, Sie kennen Jessica? Es geht ihr gut, denke ich. Sie ist uns eine große Hilfe.“

Der Geistliche runzelte nachdenklich die Stirn. „Um ehrlich zu sein, mache ich mir ein bisschen Sorgen um sie. Sie ist so still. Ich habe unlängst für sie gebetet. Sie kommt ziemlich oft her.“

„Das ist nett von Ihnen, Vater. Und, ja, ich sorge mich auch um sie.“

„Ich glaube, sie könnte eine Freundin gebrauchen."

Schwester Macy nickte. „Gut möglich."

Vater Jeremiah lächelte. „Wie auch immer, Friede sei mit Ihnen, Schwester Macy. Einen schönen Tag noch."

„Danke, Vater. Ihnen auch."

„Ich hoffe, Sie finden den Übeltäter. Aber wenn Sie ihn haben, gehen Sie nicht zu hart mit ihm oder ihr ins Gericht, in Ordnung? Schließlich hat alles, was wir tun, einen Grund, auch wenn die anderen ihn nicht kennen. Jeder von uns hat seine Geschichte."

„Ja, Vater. Ich werd's mir merken."

Schwester Macy seufzte und wollte gerade wieder zu ihrer Arbeit zurückkehren, als sie mit dem Fuß gegen etwas trat. Sie bückte sich, um den Gegenstand aufzuheben.

Als sie sah, worum es sich dabei handelte, kniff sie die Augen zu schmalen Schlitzen zusammen. Es war ein rostiges Schloss.

Jessica saß auf einem Stuhl in der Werkstatt von Roberts Vater, während Robert im Innern des Mini-Roboters einige Drähte verlötete. Sie musste zugeben, dass sie die Werkstatt echt großartig fand. Eine Wand war mit Regalen voller sorgsam beschrifteter Kästen bedeckt. An der Wand gegenüber stand eine Werkbank. Und in der Mitte des Raums gab es einen Arbeitstisch, auf dem Robert gerade herumhantierte. Sie stand mit einer Schutzbrille im Gesicht auf der anderen Seite des Tisches. Eigentlich war ihr nicht wohl bei dem Gedanken gewesen, sich bei Robert zu Hause mit ihm zu treffen. Das war einfach zu persönlich, zu intim. Aber Jessica wusste, dass sie zusammenarbeiten mussten, um den Mini-Roboter zu vollenden, und der nächste Schritt bestand darin, die internen Bauteile des Bots und den Arm zusammenzulöten, der dafür sorgte, dass man das Tablett, das ihnen als Transportfläche diente, auf und ab bewegen konnte.

Robert schaltete den Lötkolben aus und schob die Schutzbrille nach oben. „Ich glaub, ich hab's hingekriegt. Weißt du, Jess, wir sollten uns so langsam mal einen Namen für unseren Mini-Bot überlegen."

Sie schob ihre Schutzbrille hoch zu ihrer Stirn. „Also, ich finde Mini-Bot völlig in Ordnung."

Obwohl Jessica das nicht scherzhaft meinte, gluckste Robert. „Mini-Bot. MB, hm?"

„Ja. Und wir könnten ihm eine Nummer geben, so was wie Mini-Bot 5000."

Robert zog eine Grimasse. „Nicht besonders originell."

„Roboter müssen nicht immer supereinfallsreich sein. Manchmal bestehen sie aus nichts weiter als altem Schrottplatzkram." Mit einem Mal wurde Jessica von einer gewaltigen Schwermut übermannt, von großer Traurigkeit, und sie ballte die Hände zu Fäusten. Sie hatte wirklich gedacht, sie hätte den Kummer und den Schmerz über ihr Dilemma mittlerweile überwunden und hätte sich mit ihrer Lage abgefunden. Doch in letzter Zeit überkamen sie in den sonderbarsten Momenten tiefgreifende Emotionen. Warum jetzt? Was hatte sich verändert?

„Es geht nicht immer darum, womit alles beginnt, Jess. Manchmal ist es viel entscheidender, was du mit all den Teilen machst, wenn du sie erst mal hast."

Jessica runzelte die Stirn.

„Das hat mein Dad mal zu mir gesagt, und irgendwie ist das bei mir hängen geblieben. Ich hatte dir ja erzählt, er ist Ingenieur. Er machst ständig irgendwas Neues aus alten Bauteilen."

„Klopf, Klopf", sagte Roberts Mutter, als sie die Werkstatt betrat. Sie hielt ein Tablett mit Brownies und zwei Gläsern Milch in den Händen. „Ich dachte, ihr hart arbeitenden Ingenieure könnt vielleicht etwas Treibstoff für die grauen Zellen gebrauchen." Sie hatte honigblondes Haar, genau wie Robert, aber sie war kleiner und ihr Gesicht war sanfter. Jessica fiel auf, dass sie dasselbe freundliche Lächeln besaßen. Seine Mom stellte das Tablett auf die Werkbank.

„Danke, Mom", sagte Robert.

Da Jessica das Gefühl hatte, auch irgendwas sagen zu müssen, sagte sie: „Ja, vielen Dank."

„Ich hoffe, du magst Brownies und Milch, Jessica. Hast du irgendwelche Allergien?"

„Nein, hab ich nicht."

„Gut. Dann lasst es euch schmecken", sagte sie. „Ich freu mich schon darauf, euren fertigen Mini-Roboter zu sehen!"

Roberts Mom ging wieder. Robert schnappte sich das Tablett und brachte es zu ihrem Tisch. Er stellte es ab, nahm einen Brownie und biss ab. „Die sind echt super", sagte er beim Kauen. „Meine Mom ist 'ne großartige Bäckerin. Probier einen!"

Doch Jessica zögerte, einen zu nehmen. Sie sah zu, wie Robert seinen Brownie herunterschlang und dann mit einigen Schlucken Milch nachspülte. Um ehrlich zu sein, hatte sie Brownies früher geliebt. Sie waren ihre absolute

Lieblingsleckerei. Doch mittlerweile aß sie sie nicht mehr. Sie verzichtete absichtlich darauf, Süßes zu essen oder irgendwas, das sie an ihr altes Leben erinnerte. Sie fand, dass sie so was nicht mehr verdiente.

„Komm schon, ich weiß genau, dass du einen Brownie willst!“, neckte Robert sie.

Jessica legte ihren Kopf schief. „Ich schätze … gegen einen ist nichts einzuwenden.“

„Darfst du keinen Zucker essen oder so?“

„Ähm, so was Ähnliches.“ Jessica nahm sich einen Brownie. Sie konnte den Kakao und die Butter riechen. Sie nahm einen kleinen Bissen und schloss die Augen. Der Brownie schmeckte himmlisch!

„O mein Gott! Das ist echt gut“, murmelte sie und genoss die süße Köstlichkeit.

„Ich sagte doch, die sind super! Backen ist eins von Mamas Hobbys“, sagte Robert. „Ähm, weißt du, Jess, du hast mir eigentlich noch gar nichts über dich selbst oder deine Familie erzählt. Was machen deine Eltern so?“

Jessica blinzelte. „Du hast mich nie danach gefragt.“

„Na ja …“

„Und ich rede auch nicht gern über persönliche Dinge“, unterbrach sie ihn, in dem Versuch, dem Gespräch über ihre Familie so zu entgehen. Stattdessen biss sie erneut von dem wundervollen Brownie ab.

Er lächelte. „Als ob ich das nicht wüsste. Du bist nicht wie die anderen Mädchen.“

„Stimmt. Und das hat nichts damit zu tun, dass ich hochnäsig oder eingebildet bin. Ich weiß einfach, dass ich … anders bin. Sonderbar.“

„Ich würde dich nicht als sonderbar bezeichnen. Ich meine, viele andere Mädchen, die ich kenne, reden am liebsten über sich selbst. Manchmal zu viel. Die machen jede Menge Drama. Du gehst die Dinge anders an. Ganz in Ruhe. Das ist schön."

Jessica wusste nicht, was sie darauf erwidern sollte.

„Wie auch immer", fuhr er fort und räusperte sich. „Du weißt ja, dass ich hier neu bin und nicht viele Freunde habe."

„Ja."

„Hast du von dem Schulball gehört, der demnächst stattfindet?"

Sie nickte. „Ja. Aber ich bin noch nicht in der Elften."

„Ich schon."

Jessica sah ihm in die Augen, und Robert schien zu erröten. Er fuhr sich nervös mit einer Hand durchs Haar. „Also, ich hab mich gefragt, ob du vielleicht … na ja … mit mir da hingehen würdest?"

„Was?"

„Zum Schulball. Ich dachte, es könnte Spaß machen, wenn wir da zusammen hingehen."

Jessica starrte ihn überrascht an. Der halb aufgegessene Brownie in ihrer Hand war schlagartig vergessen. Sie war vollkommen sprachlos. Sie hatte sich so bemüht, sich in der Schule zurückzuziehen, auf Abstand zu gehen, sich von ihren Mitschülern fernzuhalten, sich so unsichtbar zu machen, wie es irgend ging. Und jetzt hatte sie einen neuen Jungen kennengelernt, der sie komischerweise nicht für sonderbar hielt und mit ihr auf den Ball gehen wollte, wie ganz normale Teenager.

„Ist in einer Woche“, sagte er hastig, um das Schweigen zwischen ihnen zu durchbrechen. „Weißt du, ob du da arbeiten musst? Vielleicht kannst du deine Schicht ja verschieben?“

„Ähm …“

Seine Wangen wurden rot. „Ich meine, falls du überhaupt Lust hast, mit mir hinzugehen. Vielleicht hat dich ja schon jemand anders gefragt – “

Wer würde Zombie-Girl schon zum Schulball einladen? „Niemand hat mich gefragt.“

Robert lächelte. „Okay, dann … Was sagst du, Jess? Würdest du gern mit mir zum Ball gehen?“

An diesem Abend eilte Jessica in die Krankenhauskapelle. Ihr Herz hämmerte wie wild. Zum ersten Mal seit sehr langer Zeit geriet ihre Entschlossenheit, ihre Aufgabe um jeden Preis zu erfüllen, ins Wanken, so, als könnte sie die Ziellinie nicht mehr richtig sehen.

Und das war absolut kein gutes Gefühl.

Sie setzte sich in die erste Reihe und starrte blicklos in die Ferne. Sie wusste nicht, was sie tun sollte. Sie hatte Roberts Haus Hals über Kopf verlassen und ihm gesagt, sie müsste erst mal gucken, ob sie an diesem Tag freibekommen konnte. Sie würde ihm Bescheid geben.

Dann war sie schnurstracks in die Kapelle gekommen, in der Hoffnung auf göttliche Führung.

Sie streifte die Kette über ihren Kopf, umklammerte den Anhänger mit den Händen und schloss die Augen.

*Bitte, hilf mir, zu erkennen, was ich tun soll. Bitte, leite mich. Ich hätte nie gedacht, dass so was passieren würde.*

*Ich hatte einen Plan, aber jetzt haben sich die Dinge geändert. Ich hab mein Bestes getan, für mich zu bleiben und das Richtige zu tun. Und jetzt … scheint alles auseinanderzufallen.*

„Soll ich mit dir beten, Jessica?", fragte Vater Jeremiah neben ihr.

Jessica schluckte. „Keine Ahnung. Ich meine … Wenn Sie wollen."

Vater Jeremiah nahm neben ihr Platz. Einige Sekunden saßen sie schweigend da.

„Ich weiß nicht, was ich machen soll", sagte Jessica schließlich zu Vater Jeremiah und starrte auf ihren Anhänger hinab. „Ich dachte immer, dieser Anhänger schenkt mir Kraft. Genug, dass ich den kranken Kindern hier ein bisschen davon abgeben kann, damit es ihnen besser geht. Ich dachte, ich hätte diesen Job aus einem bestimmten Grund bekommen. Um anderen zu helfen. Um Wiedergutmachung für eine schlechte Entscheidung zu leisten, die ich in der Vergangenheit getroffen habe. Aber jetzt … ändern sich die Dinge … und ich frage mich, ob es okay ist, mir selbst wieder positive Dinge zuzugestehen, wieder selbst ein bisschen von meinem Leben zu haben? Ein wenig Normalität. Aber ich bin mir nicht sicher, ob das okay ist. Doch das Schlimmste daran ist, dass ich mir so sicher war, auf dem richtigen Weg zu sein."

„Warum hast du das Gefühl, du hast nichts Gutes im Leben verdient, Jessica?"

„Wegen der Vergangenheit." Ein Zittern durchlief ihren Körper. *Die Vergangenheit. Die Vergangenheit. Die grässliche Vergangenheit.* „Ich … Ich hab einfach die falsche

Entscheidung getroffen. Ich meine, dadurch bin ich zu dem geworden, was ich bin. Ich hab alles aufgegeben. Dafür sollte es doch eigentlich einen guten Grund geben, richtig? Und jetzt hätte ich gern eine Winzigkeit davon zurück. Nichts Großes, echt nicht. Bloß eine Winzigkeit, für mich selbst. Ist das denn zu viel verlangt?"

Jessica blickte auf ihren Anhänger hinab. Mittlerweile war er sehr schmal. Es war kaum noch etwas davon übrig. War es schon zu spät, um eine Gegenleistung zu erbitten? Verdiente sie die überhaupt? Warum hatte sie auf diese Frage selbst keine Antwort?

„Natürlich nicht. Wenn wir uns für andere aufopfern, müssen wir auch offen sein, dafür etwas zu *bekommen*. Geben wir zu viel, geraten wir aus dem Gleichgewicht und dann kann es passieren, dass wir krank oder traurig werden. Anderen zu helfen, ist ein großes Geschenk, das stimmt. Aber an uns selbst zu denken, ist genauso wichtig. Gott liebt all seine Kinder und möchte, dass alle froh und glücklich sind, und Freude und Liebe erfahren."

Zum ersten Mal schaute Jessica ihm direkt in die Augen. „Ist das wirklich wahr? Warum sind Sie da so sicher?"

Vater Jeremiah hob die Augenbrauen. „Weil ich tief in meinem Herzen weiß, dass es so ist."

Vater Jeremiah sah zu, wie Jessica langsam aufstand und hinausging, den Kopf traurig gesenkt. *Armes Kind*, dachte er. Er wünschte, er hätte ihr eine größere Hilfe sein können. Doch die Erfahrung hatte ihn gelehrt, dass er nicht jeden retten konnte. Er konnte bloß sein Bestes tun, um sie zu leiten und ihnen den rechten Weg zu weisen. Er wollte sich gerade erheben, als er zufällig nach unten schaute und auf dem Boden eine kleine Metallscheibe mit gezackten Rändern liegen sah. Er hob den Gegenstand auf und musterte ihn. Offenbar eine Art Zahnrad. *Seltsam*, dachte er.

Stirnrunzelnd schaute er zu der Tür hinüber, durch die Jessica gerade hinausgegangen war.

Jessica kehrte auf die Kinderstation zurück. Die Lampen waren bereits für den Abend gedämpft. Sie konnte das Piepsen von medizinischen Apparaten und das Pumpen der Beatmungsgeräte hören. Die meisten Kinder schliefen schon. April dagegen war noch wach.

„Komm ruhig rein, Jessica", rief April ihr zu. „Ich seh dich!"

Dabei hatte Jessica extra versucht, sich so unauffällig wie möglich zu verhalten. Offensichtlich hatte sie damit in letzter Zeit ziemliche Probleme.

Sie betrat Aprils Krankenzimmer. „Hi."

„Wo ist dein Mopp?", wollte April wissen.

„Noch in der Abstellkammer."

Einen Moment lang herrschte Schweigen zwischen ihnen.

„Ich hab Leukämie, falls du dich fragst, warum ich hier bin", klärte April sie auf. „Blutkrebs." Sie hatte dunkle Ringe unter den Augen, genau wie Jessica, bloß, dass sie ihre mit Make-up kaschiert hatte. „Demnächst fällt mir wieder das Haar aus. Zum Glück seh ich mit Glatze ziemlich gut aus."

Jessica antwortete nicht.

„Du bist sehr hübsch", sagte April und musterte sie.

„Erzähl mir was über deine Schule. Über dein Leben. Ich war die letzten paar Jahre immer nur sporadisch in der Schule. Hab viel Stoff verpasst. Mittlerweile reden meine Freunde kaum noch mit mir. Sie wissen nicht, was sie sagen sollen. Sie glauben, ich will nicht hören, wie viel Spaß sie haben, aber das stimmt nicht. Ich würd's gern hören. Früher hab ich Basketball gespielt. Ich bin 'ne echte Sportskanone. Oder war's jedenfalls mal. Ich würde echt alles dafür geben, wieder über den Platz zu laufen und Körbe zu versenken … Jetzt kann ich davon bloß noch träumen. Also, erzähl mir was über dich. Bitte. Hilf mir, ein Teil deiner Welt zu sein, und wenn auch nur für ein paar Minuten."

Jessica umklammerte den Anhänger, der um ihren Hals baumelte, und schob ihn an der Kette hin und her. Ihr war bewusst, dass sie kein richtiges Leben hatte. Oder jedenfalls nicht das, was sie sich wünschte. Aber wenn es April half, ein wenig davon zu berichten, wie wundervoll ihr Leben einst war, würde sie's versuchen.

Jessica lehnte sich an die Wand und erzählte ihr von Robert und dem Mini-Roboter. Sie erzählte ihr, wie nett und freundlich er im Gegensatz zu den meisten anderen zu ihr war. Dass ihr Projekt mittlerweile zur Hälfte fertig war und dass er sie gerade erst gefragt hatte, ob sie mit ihm zum Schulball gehen würde.

April hörte ihr lächelnd zu und stellte hin und wieder eine Frage. Besonders verzückt war sie von Robert und dass er Jessica gefragt hatte, ob sie mit ihm zum Schulball gehen wolle.

„Vielleicht gehe ich irgendwann auch auf den Ball", sagte April. „Träumen darf man ja, richtig?"

„Ich gehe hin“, sagte Jessica. „Wenn du mir versprichst, weiter daran zu glauben.“

„Ich sehe alles schon genau vor mir. Ich bin vollständig geheilt. Mein Haar ist voll und gesund. Ich glaube, ich trage ein hellrosa Kleid, oder ein grünes, mit passenden Schuhen. Ich würde mit einem netten Jungen hingehen, so wie deinem Freund Robert. Ich würde den ganzen Abend tanzen und mit meinen Freunden lachen. Vielleicht gehör ich sogar zum Ballkomitee. Anschließend fahren wir dann alle noch woanders hin, zum Strand oder so. Wir sitzen um ein kleines Lagerfeuer herum und sprechen über unsere Träume. Der Mond und die Sterne leuchten auf uns herab, und vielleicht gibt der Junge mir seinen Mantel, weil mir ein bisschen kalt ist. Dann, wenn wir allein sind und ringsum alles ganz still ist, küsst er mich, dort unter den Sternen. Es ist die beste Nacht meines Lebens …“

Jessica konnte sich das alles auch vorstellen, bloß dass *sie* anstelle von April beim Schulball die beste Nacht ihres Lebens hätte. Jessica ertappte sich dabei, dass sie sich danach sehnte, etwas so Wundervolles und gleichzeitig so Normales zu erleben, wie April es gerade beschrieben hatte.

„Jetzt bin ich müde.“ April ließ sich nach hinten in ihr Kissen sinken und schloss die Augen. „Wir reden ein andermal weiter, Jessica, okay?“

„Okay.“ Während sie April ansah, hielt sie ihren Anhänger fest umklammert. *Ich kann ihr helfen*, dachte sie. Aber war sie dazu bestimmt, *jedem* zu helfen? *Konnte* sie überhaupt jedem helfen? Vater Jeremiahs Worte kamen ihr in den Sinn.

*Anderen zu helfen, ist ein großes Geschenk, das stimmt. Aber an uns selbst zu denken, ist genauso wichtig.*

Trotzdem lasteten die Schuldgefühle schwer auf Jessicas Schultern, als sie lautlos in den dunklen Flur hinaushuschte.

Nach der Schule trafen sich Jessica und Robert zu einem ersten Testlauf ihres Mini-Roboters. Robert meinte, er wolle den Roboter gern an einem möglichst ruhigen Ort ausprobieren, damit die anderen Schüler sie nicht dabei nervten. Daraufhin schlug Jessica den Friedhof vor. Es war ein sonniger Tag und abgesehen von einigen wenigen Besuchern hatten sie den Gottesacker praktisch für sich.

„Du hattest recht. Hier ist es wirklich ziemlich ruhig", sagte Robert, als er sich umschaute.

„Ja, beinahe friedlich", entgegnete Jessica, während sie ihn zu einem fast verwaisten Bereich des Parkplatzes führte.

„Wie hast du diesen Ort gefunden?", wollte er wissen.

Jessica blinzelte. „Ähm. Na ja …"

Seine Augen wurden groß. „Oh, kennst du etwa jemanden, der hier begraben liegt? Himmel, das tut mir leid!"

„Oh. Nein. Keine Sorge", sagte sie hastig, da sie keine Erklärung dafür hatte, die er verstanden hätte. „Lass uns einfach loslegen."

Der kleine Roboter war aus verschiedenen Metallteilen vom Schrottplatz zusammengeschweißt. Die restlichen Bauteile hatten sie im Elektroladen gekauft. Außerdem trug er ein flaches Tablett als Transportfläche auf dem Rücken. Der Arm bestand aus miteinander verschraubten Aluröhren, in denen auch die Drähte verliefen. Zwar war der Bot noch nicht angemalt und hatte auch noch keinen richtigen Namen, aber für einen ersten Testlauf reichte es.

Robert setzte den Mini-Roboter auf den Boden und stellte eine Limonadendose auf das Tablett auf seinem Rücken.

„Okay, Jess, dies ist unser erster Test des Mini-Bots 5000!“, verkündete Robert.

Jessicas Augen weiteten sich. „Du hast ihn so genannt, wie ich vorgeschlagen hab? Sagtest du nicht, der Name ist nicht originell genug?“

„Ja, aber eine bessere Bezeichnung haben wir nicht. Und MB braucht einen Namen. Also heißt er Mini-Bot 5000. Bereit, dir ein paar Notizen zu machen?“

Wann immer Jessica in letzter Zeit mit Robert zusammen war, der stets so freundlich und gütig zu ihr war oder solch nette Dinge machte, wie, ihren Namen für den Mini-Bot zu übernehmen, wurde sie von einer Wärme erfüllt, die sie so nicht kannte. Sie konnte sich beim besten Willen nicht daran erinnern, jemals so etwas empfunden zu haben. Vielleicht war es auch einfach schon so lange her, dass sie es schlichtweg vergessen hatte. Sie hatte keine Ahnung, ob das gut oder schlecht war, aber eins wusste sie mit Sicherheit: Es fühlte sich gut an!

Sie nickte. „Notebook. Check.“

„Okay, schalte den Mini-Bot 5000 jetzt ein. Aktiviere die Fernsteuerung. Los geht's!“ Robert schob den Stick der Fernsteuerung nach vorn. Einen Moment lang geschah nichts. Dann ruckte der Mini-Bot unvermittelt ein paar Zentimeter vor und rollte los!

„Ja!“, rief Robert. „Er funktioniert!“

Jessica lächelte, während die Begeisterung darüber, etwas Neues erschaffen zu haben, über sie hinwegspülte. „Wir haben's tatsächlich geschafft!"

„Okay, jetzt kommt der ultimative Test …" Robert drückte einen Knopf auf der Fernbedienung, und das Tablett glitt langsam nach oben. Dann betätigte er den Knopf erneut, und das Tablett fuhr wieder nach unten.

„In Ordnung!", sagte er aufgeregt. „Der Arm funktioniert ebenfalls!"

Robert manövrierte den Mini-Bot 5000 nach rechts und dann nach links und dann einmal im Kreis herum, um vor seinen Füßen zu stoppen, unmittelbar bevor – völlig überraschend – ein Rad abfiel. Der Mini-Bot 5000 kippte zur Seite. Die Limonadendose fiel runter und rollte ein Stück über den Boden.

Sie starrten das Rad an, das über den Parkplatz kullerte. Dann fingen sie an zu lachen.

„Das haben wir im Handumdrehen repariert", sagte er und lächelte Jessica an. „Unser erster Testlauf des Mini-Bot 5000 war jedenfalls ein voller Erfolg! Wir sind echt ein tolles Team, Jess!"

Jessica nickte. „Ja." Sie atmete tief durch. „Und, Robert?"

„Hm?"

In ihrem Bauch flatterte etwas. „Ich würde gern mit dir zum Schulball gehen."

Roberts Grinsen wurde noch breiter. „Im Ernst? Cool!" Er war ganz aus dem Häuschen. „Dann besorge ich morgen in der Mittagspause die Karten. Wenn du willst, kann ich dich für den Ball zu Hause abholen –"

„Ähm, nein. Mir ist es lieber, wir treffen uns dort. So ist es für mich am einfachsten."

„Bist du sicher?"

„Ja."

„Oh, okay. Na dann. Wir können ja hinterher was essen gehen, wenn du magst. Ich bin neu hier und kenne mich noch nicht so aus, aber wenn du ein Lieblingsrestaurant hast, können wir da gern hin."

„Vielleicht."

„Sag mir einfach so bald wie möglich, welche Farbe dein Kleid hat. Dann versuche ich, den Smoking darauf abzustimmen, wenn's irgendwie geht. Hängt natürlich davon ab, was im Verleih noch verfügbar ist."

*Die Farbe ihres Kleides?* „Oh. Okay."

„Okay! Hey, das ist klasse, Jess! Das wird lustig! Wie wär's? Erweist du Mini-Bot 5000 die Ehre und baust dieses Rad wieder an?" Er hielt ihr den Steckschlüssel hin.

Jessica schenkte ihm ein kleines Lächeln und nahm den Schlüssel entgegen. „Klar."

Schwester Macy sah Jessica dabei zu, wie sie den Fußboden feudelte. Irgendwas war definitiv anders als sonst. Jessicas Blick schweifte in unsichtbare Ferne. Sie rührte sich kaum. Normalerweise hielt das Mädchen den Kopf gesenkt und tat ihr Bestes, dass niemand sie bemerkte. Heute jedoch schien es, als wäre sie in Trance.

Schwester Macy erinnerte sich an das, was Vater Jeremiah zu ihr gesagt hatte.

*Ich glaube, sie könnte eine Freundin gebrauchen.*

„Jessica. Alles okay?", fragte Schwester Macy sie.

„Brauchst du eine Pause? Wie wär's mit etwas Wasser? Du könntest dehydriert sein."

Jessica blinzelte. „Nein danke. Mir geht's gut."

„Bist du sicher?"

Jessica nickte.

„Wenn du Hilfe brauchst, egal wobei, scheu dich nicht, zu fragen, in Ordnung?"

Jessica starrte sie einen Moment lang an, und Schwester Macy fürchtete schon, Jessica hätte vergessen, was sie sagen wollte, als sie schließlich blinzelte und erklärte: „Ich gehe zum Schulball!"

Schwester Macy lächelte, freudig überrascht. „Das ist großartig! Und wer ist der Glückliche?"

„Sein Name ist Robert. Er ist mein Wissenschaftskurspartner."

„Ich wette, du bist total aufgeregt!"

Jessica antwortete nicht.

„Beschäftigt dich vielleicht noch etwas anderes?", fragte Schwester Macy sie. Sie wünschte, sie hätte gewusst, was im Kopf dieses Mädchens vorging.

„Ich war noch nie auf dem Ball. Ich weiß nicht, was mich dort erwartet. Und ich hab keine Ahnung, was für ein Kleid ich tragen soll."

Schwester Macy sah Jessica voller Mitgefühl an. Im ersten Moment wollte sie sie fragen, ob ihre Mom oder ihr Dad dabei nicht helfen konnten. Oder vielleicht ihr Bruder, ihre Schwester oder irgendein Verwandter? Doch sie fürchtete, dass solch persönlichen Fragen in diesem verletzlichen Moment dafür sorgen würden, dass Jessica wieder dichtmachte. Zwar wusste sie nichts über Jessicas Familienverhältnisse, aber selbst ohne ihre Erfahrung als Krankenschwester wäre ihr klar gewesen, dass Jessica psychisch labil war und vermutlich ihre Gründe dafür hatte, dass sie so verschlossen war. Eine Aura der Traurigkeit umgab sie, die niemals vollends zu verschwinden schien. Schwester Macy wusste, dass die Kinder, die sie hier versorgten, häufig unter schweren Traumata litten. Und Schwester Macy verspürte seit jeher diesen natürlichen Drang, anderen zu helfen, vor allem, wenn es sich um Kinder handelte. Jessica mochte vielleicht keine Patientin sein, aber es war nur allzu offensichtlich, dass das Mädchen Hilfe benötigte.

„Brauchst du mit dem Kleid vielleicht ein bisschen Unterstützung?", fragte sie schließlich sanft.

Jessica starrte einen Augenblick zu Boden. Dann sah Schwester Macy, wie sie zaghaft nickte. Es fiel Jessica offenkundig extrem schwer, um Hilfe zu bitten, und Schwester Macy wurde ganz warm ums Herz, weil das Mädchen ihr so vertraute, dass sie es trotzdem tat.

„Ich helfe dir wirklich gern, Jessica! Ich hab in Kürze eine ganze Stunde Mittagspause. Wie wär's, wenn wir nachher ins Kaufhaus gehen und wir zusammen ein Kleid für sich aussuchen? Na, wie hört sich das an?"

„Das wäre … toll."

„Okay. Dann sag ich dir Bescheid, wenn ich so weit bin."

Jessica stand in einem eng geschnittenen, knöchellangen, fliederfarbenen Kleid im Ankleidebereich eines Kaufhauses vor dem Spiegel. In das Muster des Kleides waren blasse Blumen eingearbeitet. Der Stoff fühlte sich weich auf ihrer Haut und unter ihren Fingern an, als sie mit der

Hand über ihre Hüfte strich. Sie konnte sich nicht entsinnen, jemals ein so weiches Kleid getragen zu haben. Vor diesem hatte sie ein paar andere anprobiert, in allen möglichen Farben: rosa, weiß, blau, gelb, rot und schwarz. Kurze Kleider und lange. Schulterfrei oder mit schmalen oder breiten Trägern. Bauschige und gerade geschnittene. Kleider, die schimmerten oder glitzerten. Am liebsten hätte sie schwarz genommen, aber Schwester Macy hatte sie davon überzeugt, stattdessen lieber etwas Farbiges zu probieren. Jessica hatte überhaupt nicht auf das Preisschild geschaut. Allerdings hatte sie kaum etwas von dem Geld ausgegeben, das sie im Krankenhaus verdiente, darum hatte sie genügend Rücklagen, um das Kleid und die Schuhe zu bezahlen.

„Du siehst wunderschön aus, Jessica!", sagte Schwester Macy fröhlich.

Jessica musterte sich selbst im Spiegel. Sie hatte in letzter Zeit ziemlich abgenommen, aber sie war immer noch hübsch, mit hohen Wangenknochen und vollen Lippen. Ihr Haar war dicht und glänzend. In dem Kleid wirkten ihre Schultern und ihre Arme zart und grazil. Im Spiegel sah sie, wie sich ihre Lippen zu einem feinen Lächeln verzogen, und einen kurzen Moment lang hätte sie fast glauben können, dass sie bloß ein ganz gewöhnliches Mädchen war, dass sich ein Kleid kauft, um mit einem Jungen zum Schulball zu gehen, den sie genauso sehr mochte, wie er sie. Dass ihr Leben stinknormal war. Und perfekt.

„Ich glaube, das gefällt mir", sagte sie lächelnd.

„Mir auch. Jetzt brauchen wir bloß noch ein passendes Paar Schuhe."

Das alles kam Jessica vor wie ein Märchen. Doch tief in ihrem Innern wusste sie, dass es vermutlich nicht lange dauern würde, bis dieser Traum zerplatzte und alles wieder so war wie zuvor. Sie hatte Vater Jeremiah gefragt, ob es okay war, dass sie sich ausnahmsweise mal etwas Schönes gönnte, etwas, das *ihr selbst* guttat, und *er* war der Meinung, dass das in Ordnung war. In ihren Augen repräsentierte Vater Jeremiah das Leben und den Tod und die Vergebung. Er musste wissen, was richtig war und was falsch … oder nicht? In diesem Moment fühlte Jessica sich unsicher und verletzlich. Und das waren Empfindungen, die sie überhaupt nicht mochte.

Schwester Macy kam mit einem Paar fliederfarbener Schuhe zu ihr herüber. „Was hältst du von denen?"

Jessica schlüpfte hinein und war schlagartig sechs Zentimeter größer. „Sie passen."

„Sie passen nicht nur, sie sind perfekt! Du wirst auf dem Ball wunderschön aussehen, Jessica, und du wirst einen unvergesslichen Abend haben! Kannst du mit den Schuhen laufen?"

Jessica versuchte, zu gehen, und fühlte sich dabei ein wenig unbeholfen. „Uff. Ist gar nicht so einfach, wie es immer aussieht. Ich hab schon viele Frauen mit hochhackigen Schuhen gesehen … aber die gehen damit ganz normal."

Schwester Macy giggelte. „Als die das erste Mal solche Schuhe getragen haben, ging's denen genauso wie dir. Mit etwas Übung hast du den Dreh in Nullkommanichts raus. Denk einfach dran, dass es völlig normal ist, dass dir ein bisschen die Füße wehtun, besonders nach dem Tanzen.

Frag mich bitte nicht, warum wir diese Dinger tragen und uns selbst quälen. Aber unsere Füße sehen hübsch darin aus, findest du nicht?"

„Doch. Schon."

Jessica schaute Schwester Macy im Spiegel an, während die ihr Tipps und Ratschläge gab, wie man in diesen Schuhen richtig ging. Schwester Macy war immer nett zu ihr gewesen, so, wie sie nett zu all ihren Patienten war. Im Gegensatz zu den meisten anderen Leuten im Krankenhaus, die Jessica mieden, versuchte Schwester Macy immer, sich mit ihr zu unterhalten, und jetzt war sie hier, um Jessica zu helfen, wenn sie es am meisten brauchte. Früher, in ihrem alten Leben, hätte Jessica sie womöglich als richtige Freundin betrachtet, und wäre sie ein normales Mädchen gewesen, hätte sie sich gewünscht, Krankenschwester zu werden, um dann genauso zu sein wie Schwester Macy. Sie bewunderte sie für ihre positive Einstellung und dafür, wie sie sich um ihre Patienten kümmerte. Anderen eine Freude zu machen, die ernsthaft krank waren, war ein Geschenk, genau wie Vater Jeremiah es gesagt hatte.

„Ich wette, deine Familie wird das Kleid lieben, das du ausgesucht hast", sagte Schwester Macy und suchte im Spiegel Jessicas Blick.

„Äh", war alles, was Jessica über die Lippen kam, während sie angestrengt versuchte, sich eine Erwiderung darauf einfallen zu lassen. Sie nahm an, gewöhnliche Eltern hätten sich gefreut, ihre Tochter in einem hübschen Ballkleid zu sehen. Aber das würde bei Jessica nicht passieren. Sie mühte sich, irgendwas zu sagen, doch ihr Verstand war wie leer gefegt.

Eine Verkäuferin kam zu ihnen in den Ankleideraum und blieb stehen. „Wow, Ihre Tochter sieht wunderschön aus! Ist das für den Schulball?"

Jessica und Schwester Macy sahen einander im Spiegel an, und Jessica hatte nicht die geringste Ahnung, was sie darauf entgegnen sollte. Stattdessen blickte sie einfach auf ihre Schuhe hinunter, während ihr Haar wie ein Vorhang ihr Gesicht verbarg.

„Ja, sie ist wunderschön, nicht wahr?", sagte Schwester Macy dann plötzlich. „Ja, das Kleid ist für den Ball, und es ist absolut perfekt! Wir nehmen das Kleid und die Schuhe. Definitiv!"

Jessica hob den Kopf und blinzelte erstaunt. Sie fragte nicht nach, warum Schwester Macy der Verkäuferin nicht gesagt hatte, dass sie nicht ihre Mom war. Vermutlich, weil das letztlich keine große Rolle spielte. Manchmal kosteten Erklärungen zu viel Energie. Es war besser, andere einfach das sehen zu lassen, was sie sehen wollten.

Während Jessica sich weiter im Spiegel betrachtete, ließ sie zu, dass zum ersten Mal seit langer Zeit so etwas wie Hoffnung in ihr aufkeimte. Der Schulball und alles, was dazugehörte, würden perfekt werden!

Nach ihrer Schicht wünschte Schwester Macy sich nichts mehr, als eine leckere, warme Mahlzeit, während sie sich eine ihrer Lieblingsfernsehsendungen anschaute. Doch das würde noch ein bisschen warten müssen. Seit sie mit Jessica das Kleid für den Schulball gekauft hatte, war mittlerweile eine gute Woche vergangen. Seitdem rang sie mit sich selbst, was sie tun sollte. Sollte sie Jessica in Ruhe lassen und sich um ihren eigenen Kram kümmern – oder sollte sie die Initiative ergreifen und dem Mädchen helfen?

Letztlich entschied sie sich dafür, die Initiative zu ergreifen.

Schwester Macy studierte Jessicas Bewerbungsunterlagen, die sie beim Krankenhaus eingereicht hatte, und versuchte, ihre Schuldgefühle darüber zu verdrängen, dass sie auf diese Weise die Privatsphäre des jungen Mädchens verletzte – vom Datenschutz ganz zu schweigen. Sie las Jessicas Adresse und gab sie in den GPS-Routenplaner ihres Smartphones ein, um sich den Weg zu Jessicas Zuhause anzeigen zu lassen.

Sie sagte sich, dass sie nur deshalb mehr über die Familie der Jugendlichen erfahren wollte, um Jessica gezielt helfen zu können. Das hier war bloß zu Jessicas Bestem. Vielleicht konnte sie mit ihren Eltern oder ihrem Erziehungsberechtigten reden. Ihnen ihre Bedenken im Hinblick auf Jessicas Gesundheitszustand und ihr Verhalten erläutern. Sie womöglich sogar wissen lassen, dass Jessica psychologische Hilfe brauchte.

Jessica war ein tolles Mädchen. Für so etwas wie den Schulball verdiente sie die Unterstützung ihrer Familie. Sie verdiente jemanden, der auf sie aufpasste. Sie verdiente es, glücklich zu sein!

Schwester Macy wusste, dass Jessica in Bezug auf ihr Privatleben irgendwas verschwieg, aber sie war sich nicht sicher, was. Ja, sie neigte dazu, ihre Nase in Dinge zu stecken, die sie eigentlich nichts angingen, aber genau *das* war es auch, was sie zu einer so guten Krankenschwester machte.

Sie machte sich mit den Fakten vertraut, um ihren Patienten besser helfen zu können, und bei Jessica war es nichts anderes. Wenn Schwester Macy jemandem begegnete, der Hilfe brauchte, dann versuchte sie, zu helfen.

Besonders, wenn dieses arme Mädchen gezwungen war, ihre ältere Kollegin darum zu bitten, ihr dabei zu helfen, ein Kleid für den Schulball auszusuchen. Wo waren ihre Mutter oder ihr Vater oder wer immer ihr Erziehungsberechtigter war? Warum hatte eine Vierzehnjährige niemanden, an den sie sich wenden konnte? Das war einfach nur traurig und Schwester Macy konnte das nicht einfach auf sich beruhen lassen.

Einige Minuten später fuhr sie durch ein älteres Stadtviertel. Einige der Straßenlaternen waren durchgebrannt und sie sah, dass viele der Häuser ziemlich heruntergekommen und verwahrlost waren. Einige Fenster waren mit Brettern vernagelt und Garagentore mit Graffiti besprüht.

*„Jetzt rechts einbiegen auf die Cemetery Lane"*, verkündete ihr Routenplaner.

Schwester Macy bog rechts ein. Der Abend war klar und über der Stadt schienen die Sterne am Himmel. Sie fuhr am Friedhof vorbei, ließ ihren Blick über die dunklen Grabsteine schweifen und spürte, wie ein Schauder ihr Rückgrat hinabkroch. *Das arme Mädchen wohnt an einem Friedhof*, wurde ihr klar. Ein Stück weiter, am Ende der Straße, stand das letzte halbverfallene Haus des Blocks.

*„Ihr Ziel befindet sich zu Ihrer Linken."*

Schwester Macy hielt am Randstein und parkte ihren Wagen. Sie stieg aus und klickte auf das Knöpfchen am Autoschlüssel, um die Türen zu verriegeln. Sie atmete tief durch und zog ihren Mantel gegen die Abendkälte enger um ihren Hals. Sie würde Jessica und ihrer Familie einfach erklären, dass sie sich Sorgen um das Mädchen machte und sichergehen wollte, dass es ihr gut ging. Dann würde sie darum bitten, unter vier Augen mit ihrem Erziehungsberechtigten sprechen zu dürfen, und ausführen, warum sie sich sorgte. Sie hatte in keiner Weise die Absicht, Jessica in Verlegenheit zu bringen.

Sie ging über den rissigen Gartenweg zur Vordertür. Die Außenbeleuchtung war trüb, aber durch die Vorhänge konnte sie sehen, dass drinnen Licht brannte. Am Haus und an der Tür blätterte die Farbe ab.

Schwester Macy klopfte.

Sie hörte einen kleinen Hund bellen, dann Schritte. Kurz darauf schwang die Tür auf.

Eine alte Frau mit Brille stand im Türrahmen. Sie hatte Lockenwickler im Haar und keine Zähne; das erkannte Schwester Macy an der Art und Weise, wie sie ihre Lippen schürzte. Ihre Haut war blass und faltig. Sie trug einen ausgebleichten, fleckigen Morgenmantel in der Farbe grauer Gewitterwolken.

„Ja?“, sagte die alte Frau, während sie Schwester Macy durch ihre dicken Brillengläser mit skeptisch zusammengekniffenen Augen musterte.

„Hallo, ich bin Schwester Macy – “

„Eine Krankenschwester? Danke, aber ich brauch keine Kontrolluntersuchung. Hab erst neulich eine machen lassen. Still jetzt, Pipsy!“, sagte sie alte Frau zu dem kleinen bellenden Hund.

„Oh, nein. Sie missverstehen mich. Ich arbeite mit Jessica zusammen. Sind Sie ihre Großmutter?" Jetzt war Schwester Macy vollkommen klar, warum Jessica nicht die familiäre Unterstützung hatte, die die brauchte. Wenn sie bei ihrer Oma lebte, musste sie sich höchstwahrscheinlich um diese alte Dame kümmern, statt umgekehrt.

„Was haben Sie gesagt? Ich hab mein Hörgerät nicht drin, und ohne hör ich nicht mehr so gut wie früher."

Schwester Macy beugte sich weiter vor. „*Jessica.* Ist sie da? Könnte ich mit Ihnen über *Jessica* sprechen?"

„Jessi-ca? Ich kenn keine Jessi-ca."

Schwester Macy blinzelte verwirrt. Sie trat einen Schritt zurück, um einen Blick auf die Hausnummer zu werfen. „Ähm, das hier ist doch Cemetery Lane Nr. 333?"

„Ja. Aber Sie haben offensichtlich die falsche Adresse. Hier gibt's keine Jessi-ca. So, jetzt will ich aber weiter meine Fernsehshows sehen. Und kaufen tu ich auch nichts!"

„Tja, dann … Entschuldigen Sie die Störung. Keine Ahnung, was –"

Die alte Frau schlug ihr die Tür vor der Nase zu. Eine Sekunde später erlosch das Verandalicht.

Schwester Macy seufzte frustriert. „Wo zur Hölle steckst du, Jessica?"

Jessica war von völliger Finsternis umgeben. Abgesehen von ihrem eigenen Atem war es vollkommen still. Es war kalt – eine klamme Kälte, die sie bis auf die Knochen durchdrang. Sie zitterte. Sie strich über ihre bloßen Arme und dann über ihre Kleidung. Sie fühlte den Stoff ihres Ballkleids unter ihren Fingern. *Warum trage ich mein Ballkleid?*, fragte sie sich. Wo war sie überhaupt? Sie streckte ihre Hände vor sich aus und versuchte, sich vorzutasten, aber vor und hinter sich konnte sie nicht das Geringste erkennen.

Furcht spülte über sie hinweg. Sie war irgendwo im Nirgendwo.

War sie im Schlaf gestorben? War das hier das Jenseits?

Befand sie sich womöglich in so einer Art Zwischenwelt?

Doch dann wurde ihr klar, dass sie nicht gestorben sein konnte. Ihre Zeit war noch nicht gekommen. Sie musste immer noch den Schulball besuchen. Sie musste immer noch April helfen. Sie langte nach dem Anhänger und umklammerte das Metall, das sich stets warm anfühlte, wenn sie es berührte. Die Kette hing nach wie vor um ihren Hals.

Mit langsamen, zögerlichen Schritten begann sie, sich vorwärts zu bewegen. Sie wusste nicht, wie lange sie sich so vortastete. Ihr kam es wie eine Ewigkeit vor.

Wie aus dem Nichts hörte sie schließlich ein Scharren. War das ein Schritt? Eine Bewegung?

„Hallo?“, flüsterte sie. „Ist da wer? Bitte, wenn da jemand ist, sagen Sie irgendwas! Ich hab Angst! Ich kann nichts sehen. *Bitte.* Ich weiß nicht, was ich tun soll.“

Keine Antwort.

Sie leckte sich über ihre trockenen Lippen, während sie sich weiter vorwärts bewegte. War da eine Wand? Oder womöglich eine Tür?

Irgendwo in ihrer Nähe ertönte ein weiteres Geräusch. Metall kratzte über Metall.

Jessica erstarrte, als ihr allmählich dämmerte, wo sie sich befand. *Nein!*

Das Geräusch erklang von Neuem, aber diesmal direkt hinter ihr.

Ein eiskalter, grausiger Schauder lief ihr Rückgrat hinab.

Jessica rannte los.

Sie lief, so schnell sie konnte, und wedelte dabei wild mit den Armen um sich herum. Jede Sekunde rechnete sie damit, mit irgendwas zusammenzustoßen.

Schwere metallische Schritte stapften hinter ihr her. Schnell, viel zu schnell.

*So nah. So nah!*

Sie blinzelte, in dem Versuch, dass ihre Augen sich an die Dunkelheit gewöhnten, aber sie konnte trotzdem immer noch nichts erkennen.

Trotz der Kälte brach ihr der Schweiß aus, als sie durch die Finsternis lief und versuchte, dem grässlichen Ding zu entkommen, das ihr auf den Fersen war.

In diesem Moment packte sie etwas am Arm.

Jessica schrie. „Nein, bitte nicht! Geh weg von mir! Hilfe! Jemand muss mir helfen!"

Mit einem brutalen Ruck riss das, was immer sie da gepackt hielt, ihr den Arm aus der Schulter.

Sie spürte, wie warmes Blut ihre Seite hinabströmte. Ihr Körper zitterte vor Schock. Sie riss den Mund auf und rang nach Luft.

Dann fühlte sie, wie sie am anderen Arm gepackt wurde.

Jessica versuchte, sich zu befreien, doch da spürte sie auch schon, wie ihr der Arm vom Knochen gerissen wurde.

Jessica sackte zusammen, gequält von Schmerz und Agonie. Es schien ewig zu dauern, bis sie auf dem harten, kalten Boden aufschlug.

Über sich hörte sie weiteres Scharren und die Bewegungen von Metall. Dann packte irgendetwas Kaltes den Anhänger, den sie um den Hals trug, und entriss ihn ihr.

*Nein! Nimm mir nicht meinen Anhänger!*

Jessica schreckte mit einem verängstigten Schrei aus ihrem Schlummer auf. Sie lag auf ihrem Schlafsack auf dem Steinboden des Mausoleums. Sie drückte sich mit dem Rücken gegen die Bank hinter sich, griff nach ihrer Mini-Taschenlampe und schaltete sie ein. Ihr Herz hämmerte so heftig, als wolle es ihre Brust durchschlagen. Sie schwang den Lichtstrahl der Lampe umher. Sie lauschte auf das Knirschen von Metall auf Metall. Doch alles, was sie hörte, waren ihr eigener, gepresster Atem und das Zirpen der Grillen draußen in der Nacht.

Um sie herum waren nichts als Steinwände. Sie war vollkommen allein.

Sie berührte den Anhänger, der vor ihrer Brust hing, und allmählich beruhigte sie sich wieder. Sie war in Sicherheit.

„Es ist alles okay", sagte sie laut und wartete auf die Morgendämmerung.

Als schließlich die ersten sanften Lichtstrahlen durch das Buntglasfenster hereinfielen, schaute Jessica sich in ihrer düsteren Umgebung um. Die Luft war klamm und abgestanden. Seit sie in der Gruft Zuflucht gesucht hatte, sah sie sie zum ersten Mal als das, was sie wirklich war: ein kalter, dunkler Ort für die Toten. Nicht für jemanden, der noch lebte.

Nicht für jemanden, der unbedingt leben *wollte.*

Am nächsten Tag im Wissenschaft-und-Technik-Kurs war die Zeit gekommen, Mrs. Willoughby und der Klasse den Mini-Bot 5000 zu präsentieren. Jessica saß neben Robert an ihrem Arbeitstisch. Der Mini-Bot 5000 stand zwischen ihnen auf dem Tisch. Einige der Bauteile hatten sie in Roberts Lieblingsfarbe angestrichen: Blau. Jessica hielt ihr Projektprotokoll in der Hand, das sie zusammen mit dem Roboter einreichen würden.

Sie war nervös. Das war untypisch für sie. Sie bemerkte, dass Robert mit dem Fuß auf und ab wippte. Auch er wirkte unruhig. Sie hatten den Mini-Bot 5000 zwar einige Male ausprobiert, und da hatte im Großen und Ganzen alles funktioniert. Doch wie sie im Laufe des Projekts festgestellt hatten, konnte jederzeit irgendwas schiefgehen.

Bei einem ihrer Testläufe war beim Mini-Bot 5000 ein Kabel durchgebrannt, das ausgetauscht werden musste. Sprungfedern waren gebrochen und mussten repariert werden. Und jetzt stand die finale Präsentation an. Alles Weitere lag nicht mehr in ihren Händen.

Jessica wollte, dass Robert sich besser fühlte. Sie holte etwas aus ihrem Rucksack und hielt es in der Hand, während sie sich anhörten, wie ein anderes Team sein Projekt vorstellte. Als ihre Mitschüler fertig waren und die Klasse klatschte, knuffte sie Robert sanft gegen die Schulter.

Er sah sie an.

„Hier“, sagte sie und öffnete ihre Finger. Auf ihrer Handfläche lag ihre Glückshasenpfote.

Er hob die Augenbrauen. „Eine Hasenpfote?“

„Die bringt Glück! Ich weiß, dass wir gut abschneiden

werden, aber vielleicht fühlst du dich besser, wenn du ein bisschen zusätzliches Glück auf deiner Seite hast."

Er nahm die Hasenpfote lächelnd entgegen. „Das ist echt cool. Danke, Jess." Er ließ die Pfote an der kurzen Kette von seinem Finger baumeln, genauso, wie sie selbst es so viele Male getan hatte.

Jessica erwiderte sein Lächeln. „Gern geschehen."

„Ich hab auch etwas für dich." Er löste das geflochtene Lederband von seinem Handgelenk und hielt es ihr hin. „Ich möchte, dass du das hier nimmst."

Sie schüttelte den Kopf. „Aber das gehört dir! Du trägst es immer."

„Und jetzt möchte ich, dass du es bekommst."

Jessica nahm das Armband, streifte es über ihr Handgelenk und zog das Band so straff, dass es passte. Sie spürte, wie sich in ihrer Brust eine sonderbare Wärme ausbreitete. „Danke", sagte sie leise.

„Ich kann's gar nicht abwarten, dass es endlich Abend wird. Der Schulball wird der Hammer!"

Beim Gedanken an den Ball bekam Jessica ein nervöses Flattern im Magen.

„Robert und Jessica, ihr seid die Nächsten!", verkündete Mrs. Willoughby.

Robert stand auf und steckte die Hasenpfote in seine Hosentasche.

„Sehr nur, da sind Ken und Zombie-Barbie!", sagte das Mädchen hinter ihnen halblaut, und einige lachten.

Robert achtete überhaupt nicht darauf, und Jessica konnte sich angesichts seiner Coolness, sich von diesen fiesen Schnepfen nichts gefallen zu lassen, ein Lächeln nicht verkneifen. Er nahm den Mini-Bot 5000 auf und zusammen gingen sie nach vorn, um sich vor die Klasse zu stellen. Den gesamten Bauplan des Mini-Bot 5000 und ihre Überlegungen dabei zu erläutern, dauerte fünfzehn Minuten. Sie versuchten, ihren Mitschülern alles so gut wie möglich zu veranschaulichen: das Design, die Bauteile, die Konstruktion des Roboters und die Probleme und Herausforderungen, die bei den Testläufen aufgetreten waren und gelöst werden mussten.

„Und jetzt seht ihr den Mini-Bot 5000 in Aktion!“, erklärte Robert mit großer Geste.

Zu ihrer Überraschung reichte er Jessica die Fernbedienung, um den Mini-Bot 5000 bei der Präsentation zu steuern.

Alle Augen waren auf sie gerichtet.

Fast hätte Jessica die Fernsteuerung nicht genommen. Sie war daran gewöhnt, unsichtbar zu sein; dass man sie übersah und sofort wieder vergaß.

Robert schenkte ihr ein ermutigendes Lächeln. „Nur zu“, flüsterte er. „Du schaffst das!“

Mit zitternden Fingern nahm sie den Controller entgegen. Sie legte einen Schalter am Mini-Bot 5000 um und aktivierte dann die Fernbedienung. Robert nahm die Limonadendose und ging zum anderen Ende der Präsentationsfläche. Sie schob den Joystick nach vorn, damit sich der Roboter auf Robert zubewegte. Wie üblich stotterte der Mini-Bot 5000 anfangs ein wenig, aber dann tat er, was er tun sollte, und rollte auf Robert zu. Sie stoppte den Roboter unmittelbar vor seinen Füßen und drückte dann einen Knopf, damit das Tablett in die Höhe fuhr.

Robert stellte die Getränkedose auf das Tablett, und Jessica betätigte den Knopf von Neuem, damit das Tablett wieder nach unten fuhr. Die Dose wackelte ein bisschen, blieb aber stehen. Dann ließ Jessica den Mini-Bot 5000 ein Stück zurückrollen und drehte ihn herum, um ihn zu Mrs. Willoughby zu fahren. Dort angelangt, fuhr sie das Tablett für ihre Lehrerin wieder hoch, um ihr die Limo anzubieten.

„Besten Dank, Mini-Bot 5000“, sagte Mrs. Willoughby. „Ich hab ganz schön Durst!“ Sie nahm die Dose, riss die Lasche auf und nahm einen Schluck. „Erfrischend!“ Die Schüler lachten. „Ein großartiger Mini-Roboter, ihr zwei. Gut gemacht!“ Sie lobte ihre Arbeit, während die Klasse applaudierte.

Robert lächelte, und obwohl alle sie ansahen, machte es Jessica nichts aus. Sie erwiderte sein Lächeln.

Nachdem sie auf ihre Plätze zurückgekehrt waren, kam ein Mädchen an Jessicas und Roberts Tisch. Instinktiv senkte Jessica den Kopf, sodass ihr Haar vor ihr Gesicht glitt.

„Hi“, sagte das Mädchen zu Jessica. „Ich bin Tina.“

Jessica hob den Kopf und blinzelte überrascht. „Oh, hi.“

Das Mädchen hatte ihr braunes Haar zu einem Pferdeschwanz gebunden. Sie trug ein schwarzes Sweatshirt und ausgewaschene Jeans. Jessica hatte sie schon ein paarmal bei diesem Kurs gesehen. Sie blieb die meiste Zeit für sich und lernte oft allein.

„Euer Roboter ist echt cool“, sagte Tina.

„Danke. Ähm, deiner gefällt mir auch. Der bewegliche Arm, richtig?“

„Ja, danke. Ich hab mit Blake zusammengearbeitet. Er ist ganz okay. Aber vielleicht können wir uns ja nächstes Mal zusammentun?“

Jessica warf einen raschen Blick zu Robert hinüber, aber der unterhielt sich gerade mit einem anderen Schüler.

„Ja, vielleicht“, sagte sie.

„Okay. Man sieht sich, Jessica.“

„Okay. Bye ... Tina.“

Jessica konnte es kaum glauben. Eine ihrer Mitschülerinnen hatte freiwillig mit ihr gesprochen und wollte bei einem künftigen Projekt sogar mit ihr zusammenarbeiten. Normalerweise gingen die anderen Kinder ihr aus dem Weg, und plötzlich wollte eine Mitschülerin mit ihr abhängen. Sie schluckte, während sie zu begreifen versuchte, wie schnell sich die Dinge änderten.

Und sie fürchtete, dass sie allmählich Gefallen an diesen Veränderungen fand.

Nach der Schule ging Jessica an Aprils Krankenzimmer vorbei. Das Mädchen schlief. Der Ball fing bald an, aber sie wollte unbedingt vorher noch herkommen, um zu sehen, wie es April ging, und vielleicht, um noch mal mit Vater Jeremiah zu reden. Als sie an der Schwesternstation vorbeiging, hörte sie zufällig, wie Schwester Macy mit Colin sprach, dem nervösen Krankenpfleger.

„April hat sehr hohes Fieber“, sagte Schwester Macy, offenkundig frustriert. „Wir haben mit verschiedenen Antibiotika versucht, es zu senken, aber aus irgendeinem Grund funktioniert es nicht.“

„Das ist echt scheiße“, sagte Colin. „Sie ist so ein liebes

Mädchen. Sie unterhält sich mit mir und stellt mir alle möglichen Fragen über mein Leben."

„Verflucht, ich fühl mich immer so hilflos, wenn Medikamente, die eigentlich helfen sollten, nicht die geringste Wirkung zeigen. Das ist so frustrierend! Ich will diesen Kindern helfen und sie nicht bloß trösten."

Jessica umklammerte den Anhänger und fragte sich, ob es das Richtige war, zum Schulball zu gehen, anstatt April zu helfen. April blass und zerbrechlich im Bett liegen zu sehen, obwohl sie die Möglichkeit hatte, dafür zu sorgen, dass es ihr besser ging, fühlte sich so *falsch* an. Sie musste vollkommen sicher sein, dass sie sie richtige Entscheidung traf.

„O Jessica", sagte Schwester Macy, als sie sie bemerkte.

Jessica trat vor. „Ja?"

„Ich würde gern mit dir reden. Es ist wichtig."

Jessica blinzelte. „Oh. Okay."

„Gleich ist der Schulball, richtig?"

Jessica nickte.

„Ich wünsche dir viel Spaß." Dann lief Schwester Macys Gesicht vor Verlegenheit rot an. „Ähm, und, na ja, ich wollte gestern Abend bei dir zu Hause vorbeischauen, um zu sehen, wie es dir geht, aber offensichtlich hat's bei der Adresse, die das Krankenhaus von dir in den Unterlagen hat, einen Fehler gegeben. Oder ist diese Anschrift schon älter?"

Jessica blinzelte hektisch. *Oh nein.*

In diesem Moment ging in Aprils Zimmer ein Alarm los. Schlagartig hatte Schwester Macy andere Sorgen.

„Hol den Arzt!", rief sie Colin zu und eilte mit zwei anderen Schwestern in Aprils Zimmer.

Bestürzt verfolgte Jessica, wie Schwester Macy die Apparate überprüfte, an die April angeschlossen war. Sie gab den anderen Schwestern Anweisungen, und Jessica sah, wie sie ein Medikament in Aprils Infusionsschlauch spritzten. Kurz darauf ging der Alarm wieder aus.

Jessica spürte einen Druck auf der Brust.

Sie atmete ein paarmal tief durch. Dann eilte sie zur Kapelle, um mit Vater Jeremiah zu reden. April ging es schlecht. Nachher war der Schulball. Und der Albtraum machte ihr immer noch arg zu schaffen. Was hatte das alles zu bedeuten? Traf sie die falsche Entscheidung? War sie zu egoistisch? Weigerte sie sich, ihr Schicksal zu erfüllen?

Das war alles zu viel. Der Druck, anderen zu helfen. Die Ungewissheit, was sie tun sollte. Sie kam damit einfach nicht klar.

Als sie die Kapelle erreichte, sprach Vater Jeremiah gerade mit einem Mann, der weinte. Vater Jeremiah hatte ihm eine Hand auf die Schulter gelegt und redete ihm im Flüsterton gut zu. Jessica ging nach vorn zur ersten Bank und setzte sich. Sie nahm ihre Kette ab und hielt den Anhänger in den Händen.

*Bitte, hilf mir, zu entscheiden, ob ich das Richtige tue. Ich habe schon einmal die falsche Wahl getroffen. Bitte, gib mir ein Zeichen, um mir zu zeigen, was ich machen soll! Ich hab das Gefühl, ich kann so nicht mehr länger weitermachen. Bitte, ich brauche deinen Rat!*

Doch ihr wurde kein Zeichen zuteil. Nichts geschah, das ihr sagte, was sie tun sollte.

Jessica fühlte sich schrecklich allein. Genauso hatte sie sich damals gefühlt, als sie begriff, dass sie sich verändert hatte – für immer. Dabei hatte sie sich geschworen, sich nie wieder so zu fühlen.

Stattdessen kam es ihr vor, als wäre sie wieder da, wo sie angefangen hatte.

Eigentlich musste Jessica sich für den Ball zurechtmachen, aber sie musste Vater Jeremiah unbedingt eine wichtige Frage stellen. Sie schaute zu ihm rüber und sah, dass er immer noch mit dem trauernden Mann sprach.

Sie wollte wissen, ob es das Jenseits tatsächlich gab. Ein Leben nach dem Tod.

Doch es schien, als würde sie die Antwort darauf jetzt nicht bekommen. Darum verließ sie die Kapelle in der Hoffnung, dass sie das Richtige tat, wenn sie sich ein Stückchen ihres alten Lebens zurückholte.

Der Schulball war in vollem Gange. Jessicas Magen fühlte sich an wie verknotet, als sie mit Robert an ihrer Seite den Ballsaal betrat. Die Musik schien zwischen den Wänden widerzuhallen. Kinder plapperten und lachten. Alle trugen hübsche Kleider und dunkle Smokings. Die Tanzfläche war voll und an den Tischen saßen noch mehr Kids. Eine Ecke war eigens hergerichtet, um Fotos zu machen, und auf langen Tischen standen Knabberzeug und Getränke. Die Lehrer standen wie Aufpasser am Rand und sahen den Schülern beim Tanzen zu.

Robert hatte ihr ein Ansteckstäußchen geschenkt. Eine weiße Rose mit Schleierkraut, zusammengebunden von einer rosa Schleife. Zum Glück hatte Schwester Macy ihr von dieser Ansteck-Sache erzählt, sonst hätte sie keins für ihn gehabt.

Einige der Kids, die sich zuvor über sie lustig gemacht hatten, starrten sie an, und Jessica zögerte. Vermutlich hatten sie nicht damit gerechnet, dass Zombie-Girl zum Ball kam, ganz zu schweigen davon, dass sie ein Date hatte.

Wahrscheinlich rechneten sie insgeheim damit, dass sie irgendwas Verrücktes machte, wie beispielsweise, sich mit Vampirfängen auf sie zu stürzen oder so. Was sie definitiv nicht tun würde. Allerdings bestand durchaus die Gefahr, dass sie in ihren neuen Schuhen stolperte und auf die Nase fiel.

Zu wenig Schlaf, die ganze Arbeit für die Präsentation und die Aufregung wegen des Balls hatten sie erschöpft. Da sie fürchtete, erneut Schwester Macy über den Weg zu laufen und Fragen darüber beantworten zu müssen, wo sie wohnte, hatte sie sich statt wie geplant im Krankenhaus in der Gruft schick gemacht, denn sie hatte keine Ahnung, was sie der Frau darauf erwidern sollte. Da sich die Leute normalerweise von ihr fernhielten, war sie bislang noch nie gezwungen gewesen, über ihr Leben zu lügen.

Mit einem kleinen Handspiegel und bei Kerzenschein hatte sie eine Extraschicht Make-up aufgetragen, um ihre blasse Haut und die dunklen Ringe unter ihren Augen zu kaschieren. Sie hatte dunklen Lidschatten aufgelegt und ließ ihr langes Haar offen über die Schultern fallen. Doch auch wenn ihre Nerven zum Zerreißen gespannt waren, war sie entschlossen, jede einzelne Minute des Balls zu genießen. Tief in ihrem Inneren hatte sie das Gefühl, dass dies womöglich ihre letzte Chance war, etwas ganz Besonderes zu erleben.

„Du siehst echt hübsch aus, Jess“, sagte Robert.

Sie schaute ihn an und lächelte, während sie durch den Saal gingen. „Danke. Du siehst auch sehr gut aus.“ Er trug einen perfekt sitzenden schwarzen Smoking und darunter eine hellrosa Weste. Das Ansteckstäußchen mit der weißen Rose war an seinem Jackett befestigt.

„Möchtest du erst tanzen oder was trinken?“, fragte Robert.

Jessica schaute sich um und fragte sich, was sie als Erstes tun sollten. Sie wollte jeden Aspekt dieser einmaligen Erfahrung voll auskosten. „Lass uns erst tanzen.“

„Okay.“ Robert führte sie zur Tanzfläche. Als eine langsame Melodie aus den Lautsprechern drang, schoben sie sich durch die anderen Paare, bis sie eine freie Stelle fanden. Robert legte seine Hände um ihre Hüften und sie ihre auf seine starken Schultern. Er duftete angenehm nach einem Eau de Cologne, das er eigens für den Ball aufgelegt hatte. Plötzlich wurde ihr klar, dass sich die Dinge für sie in dem Moment verändert hatten, als sie Robert kennengelernt hatte. In den letzten Wochen war er ihr immer mehr ans Herz gewachsen. Er hatte sich ihr langsam angenähert und ihr mit seiner freundlichen, einfühlsamen Art dabei geholfen, sich ihm gegenüber zu öffnen, und gegenüber einigen Erfahrungen, von denen sie nie gedacht hätte, dass sie ihr noch einmal zuteilwerden würden, wie etwa, Freunde zu finden, mehr von ihrem eigenen Leben zu haben … Selbst etwas so Simples, wie ihr Lieblingsdessert zu genießen.

Sie dachte, der einzige Weg, ihre Aufgabe zu erfüllen, bestünde darin, zu anderen auf Abstand zu bleiben. Sie dachte, für die Fehler, die sie in der Vergangenheit gemacht hatte, hätte sie es verdient, allein zu sein. Einsam zu sein. Doch ganz gleich, wie sehr sie auch versucht hatte, sich von anderen Menschen fernzuhalten, es hatte nicht funktioniert. Sie hatte Schwester Macy und Robert kennengelernt und jetzt war sie sogar dabei, mit Tina eine neue Freundin zu finden.

Und hier war sie, auf dem Schulball.

Sie war tatsächlich *hier*!

Sie konnte kaum glauben, dass es wirklich passierte.

Etwas Gutes. Etwas Besonderes.

Für sie.

Vielleicht hatte sie trotz der Fehler, die sie gemacht hatte, Vergebung verdient, und ein bisschen mehr vom Leben, als sie zuletzt hatte. Vielleicht hatte Vater Jeremiah recht damit, wenn er sagte, dass man offen dafür sein musste, Glück zu erfahren … und sogar Liebe.

Jessica und Robert wiegten sich im langsamen Takt der Musik vor und zurück, und selbst inmitten so vieler anderer Schüler war es einfach wundervoll. Sie merkte, wie sie von der ganzen Wärme ringsum anfing zu schwitzen. Doch das war ihr egal. An diese Nacht würde sie sich bis in alle Ewigkeit erinnern, um sie in ihren Gedanken so oft Revue passieren zu lassen, wie sie nur wollte.

„Jessica?“

Sie schaute auf, in Roberts Augen. Ihr war, als würde die Zeit stillstehen.

Er beugte sich runter zu ihrem Ohr, damit sie ihn über die laute Musik hinweg verstehen konnte. „Jessica, ich möchte, dass du weißt, dass ich dich wirklich sehr mag. Dich in den letzten Wochen nach und nach immer besser kennenzulernen, war was ganz Besonderes für mich. Als wir hierherzogen, dachte ich, es würde genauso langweilig werden wie an meiner alten Schule. Aber dann traf ich dich, und du warst anders. Du hast dafür gesorgt, dass *ich* mich anders fühle."

Er lehnte sich zurück und lächelte sie an.

Sie beugte sich vor und sagte ihm ins Ohr: „Ich mag dich auch, Robert. Du hast mir geholfen … ein bisschen mehr aus meinem Schneckenhaus rauszukommen. Davor bin ich immer für mich geblieben. Ich hab nicht viele Freunde, aber mittlerweile bist du mein bester."

Er lächelte. „Ich freue mich, dass ich dir helfen konnte, und ich bin froh, dass du mit mir zum Ball gegangen bist."

„Ich auch."

Einen Moment lang schauten sich die beiden tief in die Augen. Dann beugte sich Robert langsam zu ihr vor, um sie zu küssen.

*O Himmel …*

Sie hatte noch nie zuvor einen Jungen geküsst.

Ihr Magen flatterte. Sie spürte, wie Schweiß seitlich an ihrem Gesicht hinunterlief.

Roberts Wange glitt über die Feuchtigkeit auf ihrem Antlitz. Sie spürte, wie seine Lippen die ihren streiften.

Dann wich Robert überrascht zurück. „Was ist das?" Er fuhr sich mit der Hand über das Gesicht, und Jessica erstarrte.

Da war dunkle Schmiere auf Roberts Zügen. Und auf seinen Lippen.

Sie war stocksteif vor Entsetzen.

Die Schmiere war alt, fettig und verdreckt.

Und sie stammte von *ihr.*

*Oh, nein, nein, nein …*

Etwas in ihr zerbrach. Sie spürte, wie dieses fragile Gefäß voller Hoffnungen und Träume und Glück, an das sie sich klammerte, in tausend Scherben zersprang und sich alles, was sie sich je für ihr Leben gewünscht hatte, in Nichts auflöste.

„Es … Es tut mir so leid!", stieß sie panisch hervor. „Lass mich dir helfen …" Sie streckte die Hand nach Robert aus.

Doch er schreckte vor ihr zurück. „Igitt!" Er würgte. „*Schmutzig!*" Er wischte sich den Mund ab und spuckte auf den Boden.

*Schmutzig.*

Jessica wich wankend zurück und stieß gegen jemanden. „Pass doch auf!", schnappte ein Mädchen, ehe es sie ansah und ihre Augen groß wurden. „O mein Gott …"

*Das ist es*, dachte sie. *Das ist das Zeichen, auf das ich gewartet habe.*

Die Schüler ringsum hörten auf zu tanzen und starrten sie an. Einige zeigten auf sie. Andere verzogen angewidert das Gesicht. Die Mädchen aus dem Wissenschaftskurs lachten sie aus.

Sie hatte schon wieder die falsche Entscheidung getroffen. Sie hätte niemals herkommen dürfen.

Eine Woge tintenschwarzer Finsternis spülte über sie hinweg.

Die Geräusche um sie herum klangen seltsam gedämpft, wie durch nasse Watte.

Robert. Der Ball. Die Schüler. Die Deko. Alles löste sich in Wohlgefallen auf, als hätte es nie existiert. Und so sollte es auch sein. Diese Welt war nicht für sie bestimmt. Sondern für jemanden, der sie verdiente.

Sie wirbelte herum und rannte los, während Tränen über ihr Gesicht strömten.

Die plärrende Musik verstummte. Die kalte Nacht umfing sie.

Und alles, was sie tun konnte, war, wegzulaufen.

Weit, weit weg.

Schwester Macy ging im Schwesternzimmer Aprils Krankenakte durch. Sie machte sich Sorgen um das junge Mädchen. Sie fürchtete, dass es für April keine Hoffnung mehr gab. Zu ihren Sorgen um ihre Patientin gesellten sich ihre Sorgen um Jessica. Zwar hatte sie bislang keine Gelegenheit gehabt, noch mal mit dem Mädchen über ihre Adresse zu sprechen, aber sie würde die Sache nicht auf sich beruhen lassen. Wenn Jessica morgen zur Arbeit kam, würde sie sich mit ihr hinsetzen und sich nach ihrer Familie erkundigen. Keine Ausflüchte mehr.

Sie hoffte bloß, Jessica hatte auf dem Schulball die beste Zeit ihres Lebens.

Colin kam zu ihr herüber. „Aprils Zustand wird nicht besser. Ihr Puls ist unregelmäßig. Ihre Vitalfunktionen sind schwach. Sie hat immer noch hohes Fieber."

Schwester Macy seufzte. „Ich weiß. Sie ist die Einzige auf der Station, bei der sich keine Verbesserung einstellt. Das ist nicht gut. Ich habe gerade Vater Jeremiah angerufen und ihn gebeten, herzukommen und für sie zu beten.

Schaden kann's jedenfalls nicht. Das junge Ding könnte ein Wunder gut gebrauchen. Ich muss ihren behandelnden Arzt informieren …"

In diesem Moment schwang mit einem lauten Krachen die Stationstür auf.

Schwester Macy und Colin drehten ruckartig ihre Köpfe, um zur Tür hinüberzuschauen.

Colin rang hörbar nach Luft. „Was zum Teufel …"

„Jessica?", rief Schwester Macy verwirrt.

Jessica sah schrecklich aus. Sie war totenbleich. Aus ihren Augen, aus ihrer Nase und von ihrer Stirn lief eine bräunliche Flüssigkeit über ihr Gesicht. Die Flüssigkeit war von ihrem Nacken runter auf ihr hübsches Kleid getropft, das sie erst vor Kurzem zusammen gekauft hatten.

Jessica sah wild aus. Durchgeknallt. Als hätte sie den Verstand verloren.

Schwester Macy trat vor, um sich zu erkundigen, was passiert war, blieb dann aber fassungslos stehen, als Jessica einfach an ihr vorbeilief. Hinter ihr prasselten einige Schrauben und Muttern zu Boden, ehe ein alter Schraubenschlüssel und ein verrostetes Fahrradpedal auf die Fliesen klapperten.

Als Jessica in Aprils Zimmer lief, weiteten sich Schwester Macys Augen.

„Wir brauchen den Sicherheitsdienst!", sagte Colin hinter Schwester Macy.

Dann knallte Jessica die Tür hinter sich zu.

Schwester Macy und Colin eilten zu Aprils Zimmer.

„Verschlossen!", rief Colin, während er vergeblich versuchte, den Knauf zu drehen.

Schwester Macy trommelte mit den Handflächen gegen die Tür. „Jessica! Mach die Tür auf! Rede mit mir! Bitte!“

Durch das Fenster in der Wand des Krankenzimmers sah sie, wie Jessica die Kette über ihren Hals streifte, die mit dem Anhänger, die sie ständig und überall zu tragen schien.

Dann hielt sie plötzlich ein Messer in der Hand!

„Jessica!“

Über Aprils Bett gebeugt, begann Jessica wie von Sinnen, mit der Klinge an dem Anhänger zu kratzen.

„Schnell! Öffnet diese Tür!“, rief Schwester Macy Colin und dem Sicherheitsmann zu, der angelaufen kam, um ihnen zu helfen.

„Wir versuchen's ja“, gab der Sicherheitsmann keuchend vor Anstrengung zurück. „Aber sie hat die Tür von innen mit irgendwas blockiert!“

Schwester Macy hämmerte gegen das Fenster. *„Jessica, bitte!* Mach die Tür auf! Ich muss nach April sehen! Was auch immer passiert ist, alles kommt wieder in Ordnung! Ich kann dir helfen!“

„Was ist hier los?“

Als Schwester Macy sich umdrehte, sah sie Vater Jeremiah vor sich stehen. „Jessica. Sie hat sich in Aprils Zimmer eingeschlossen! Wir kommen nicht rein!“

„Vielleicht kann ich helfen.“

In diesem Moment gelang es dem Sicherheitsmann und Colin endlich, die Tür aufzustoßen und das, was immer sie von innen versperrte, zur Seite zu schieben.

„Gott sei Dank!“ Schwester Macy stürmte in das Zimmer. April lag noch immer schlafend im Bett.

Aber wo war Jessica?

„O Mann.“ Colin deutete auf den Fußboden. „Wo kommt das Zeug denn alles her?“

Auf dem Boden neben Aprils Bett lag ein Haufen Metallteile. Stahlschienen, Zahnräder, Schrauben und anderer Schrott. Übelriechende Schmiere sickerte aus dem Haufen wie Blut.

„Was geht hier vor?“, flüsterte Schwester Macy.

„Ist sie vielleicht zum Fenster raus?“, fragte Colin. Er eilte zum Fenster hinüber, doch es war verschlossen.

Der Sicherheitsmann sah im Bad nach. Aber auch dort war Jessica nicht.

Schwester Macy schüttelte verwirrt den Kopf und wandte sich zur Tür. „Vater Jeremiah … Jessica ist weg. Einfach verschwunden. Ich begreife das nicht … Gerade war sie doch noch *hier*.“

Vater Jeremiah trat ins Zimmer und blickte mit stummem Bedauern auf den Schrotthaufen hinab, als würde ihm in diesem Augenblick etwas klar werden, das allen anderen verborgen blieb. Dann schlug er das Kreuzzeichen und begann zu beten.

In diesem Moment hörte Schwester Macy, wie Aprils Herzüberwachungsgerät in einem starken, gesunden Rhythmus auszuschlagen begann.

# LALLYS SPIEL

*Das ist zu schön, um wahr zu sein*, dachte Selena grinsend, als sie den Arm ausstreckte und Cades Hand nahm.

Als er den SUV in die lange, gewundene Straße steuerte, die zu ihrem neuen Haus führte, warf Cade Selena einen Seitenblick zu und erwiderte ihr Lächeln. Dann richtete er seinen Blick wieder nach vorn.

Durch das warme Beifahrerfenster drang eine warme Brise in den Wagen und blies ein paar Strähnen von Selenas kastanienbraunem Haar über ihre Augen. Lachend strich sie sie beiseite.

Sie drehte sich halb in ihrem Sitz und betrachtete das attraktive Profil ihres Verlobten. Cade bemerkte es nicht. Er konzentrierte sich auf die Straße vor ihnen.

*Womit habe ich nur dieses Glück verdient?*, fragte sich Selena.

All ihre Freundinnen waren sich darin einig, dass Cade ein toller Fang war. Er war einfach perfekt.

Zunächst mal war Cade so was wie der Inbegriff des Klischees: groß, gut aussehend, „dunkler" Typ. Mit seinem gewellten schwarzen Haar und den tief liegenden grünen Augen unter dichten, schwarzen Brauen hatte Cade die Art von Gesicht, die ein Liebesschmonzetten-Autor als „wie gemeißelt“ beschrieben hätte. Selena fand, dass er wie ein Filmstar aussah – aber keiner von diesen Schönlingen, eher einer von den harten Jungs. Er hatte die vorstehende Nase, den vollen Mund, die geraden weißen Zähne und das kantige Kinn eines Actionhelden. Ja, er hatte sogar ein neckisches Grübchen im Kinn, und wenn er grinste, hatte er etwas ungemein Spitzbübisches an sich. Seine Bartstoppeln wuchsen mit Lichtgeschwindigkeit; obwohl Cade sich jeden Morgen rasierte, hatte er den sogenannten „17-Uhr-Schatten“ schon morgens um zehn, was wesentlich zu dieser „Wenn ich wollte, könnte ich dich in der Luft zerreißen“-Attitüde beitrug, die ihn umgab.

Doch glücklicherweise zog Cale nicht durch die Gegend und schlug Leute zusammen. Er hatte weder die Persönlichkeit noch die oft eher beschränkten intellektuellen Fähigkeiten der meisten Actionhelden. Er war kein Macho. Und das war gut so, denn solche Männer mochte Selena nicht: Männer, die wollen, dass man ihre Muskeln bewundert, und einen mit den Geschichten über ihre athletischen Erfolge zuquatschen. Cade war nicht so aufdringlich; das hatte er gar nicht nötig. Ja, er war topfit und betrieb mehrere Sportarten, und ja, er hatte tolle Muskeln, besten Dank auch. Aber Cade hatte wesentlich mehr zu bieten als nur sein gutes Aussehen.

Cade war clever und ehrgeizig. Er hatte zu den Besten seiner Abschlussklasse gehört. Heute hatte er einen großartigen, gut bezahlten Job als Informatiker in einem erstklassigen Unternehmen. Außerdem war er romantisch, aufmerksam und lustig.

Und als wäre das alles noch nicht genug gewesen, war er sauber und ordentlich und konnte sogar kochen. Ach ja, und er liebte seine Mutter! Cades Mom war auch der Grund, warum er und Selena in seine Heimatstadt umzogen. Ja, hier befand sich auch die Firma, für die er seit Kurzem arbeitete, aber dort hatte er sich erst beworben, nachdem er Selena vorgeschlagen hatte, sich hier niederzulassen, weil seine Mutter nicht mehr die Jüngste war. Sie hatte Cade erst mit Ende vierzig bekommen und wurde dieses Jahr siebzig. Cade wollte in der Nähe seiner Mom wohnen, um zur Stelle zu sein und ihr zur Hand zu gehen, wann immer sie ihn brauchte. Was Selena ganz bezaubernd fand.

Und zusätzlich zu allem anderen, sinnierte Selena, während sie Cades Hand drückte, hatte er jetzt noch etwas Gutes, nämlich sie! Denn Selena ihrerseits war ein genauso toller Fang. Ihre Selbstbeweihräucherung entlockte Selena ein Grinsen. Doch es stimmte. Selena war clever und nett und wusste, dass die meisten Männer sie schön fanden. Tatsächlich hatte sie mit ihrem guten Aussehen ihren College-Abschluss finanziert. Sie war groß und schlank und modelte, seit sie sechzehn war. In der Modelwelt war es für sie ziemlich gut gelaufen. Ihre Honorare hatten mehr als ausgereicht, um das Schulgeld und Kost und Logis zu bezahlen. Aus Gründen, die sie selbst nie ganz verstehen würde, war die Kombination aus blasser, leicht sommersprossiger Haut, großen, haselnussbraunen Augen, hohen Wangenknochen und sinnlichen Lippen bei den Kunden heiß begehrt (hatte jedenfalls ihr Agent behauptet).

Ja, Selena und Cade waren das perfekte Paar. Und in

einigen Wochen würden sie heiraten. Das Ganze war wie ein Märchen, bloß ohne Trolle und Oger … jedenfalls bis jetzt.

Manchmal schreckte Selena mitten in der Nacht unvermittelt aus dem Schlaf auf. Dann war ihre Haut kühl und klamm von kaltem Schweiß, und sie fühlte sich, als läge ein unsichtbarer Eisenring um ihre Brust. Sie nahm an, dass es sich dabei um winzige Panikattacken handelte, und kam sich deshalb dämlich vor. Sie war nicht so neben der Spur, weil irgendwas nicht stimmte, sondern weil alles genau so war, wie es sein sollte. Im Leben von Selenas Freundin gab es immer irgendwelche Dramen. In Selenas Leben dagegen war alles perfekt. Aber wie war das noch gleich mit diesem Sprichwort, von wegen, die nächste Katastrophe kommt bestimmt? In diesen bangen Momenten mitten in der Nacht war Selena sicher, dass es irgendwann passieren würde.

Aber nicht heute.

Selena riss ihren Blick von Cade los und schaute aus dem Beifahrerfenster nach draußen. Das, was sie sah, ließ ihr schier das Herz aufgehen.

Selena und Cade waren in einer Großstadtgegend aufs College gegangen; dort war Selena auch geboren und aufgewachsen. Zwar hasste Selena die Stadt nicht, in der sie ihr ganzes bisheriges Leben verbracht hatte, aber lieben tat sie sie auch nicht. Tatsächlich stand ihr der Sinn schon länger nach dem Landleben, nach Natur und Kleinstädten.

Cades Heimatort war zwar nicht unbedingt eine Kleinstadt, aber klein und ländlich genug. Um genau zu sein, *war* es mal eine Kleinstadt, bevor das Tech-Unternehmen, für das Cade arbeiten würde, hier in der Gegend sein Hauptquartier aufgeschlagen hatte. Der gewaltige Komplex hatte Hunderte neue Arbeitsplätze geschaffen und Tausende neue Bewohner in die Region gebracht, hatte Cade Selena erzählt. Neue Wohnviertel entstanden. Rings um den ursprünglichen Stadtkern wurden Shoppingmalls gebaut.

Doch Cade und Selena hatten nicht vor, in einem dieser Neubaugebiete zu wohnen. Stattdessen hatten sie ein idyllisches altes Farmhaus am Stadtrand gekauft, umgeben von fast zwei Hektar Wiesen und Obstgärten. Das blassgraue, zweigeschossige Haus (plus Dachboden) mit der großen, frei stehenden Garage und der heimeligen Vorderveranda war zwar etwas renovierungsbedürftig, aber Cade und Selena dachten, das Gebäude wieder in Schuss zu bringen, könne Spaß machen. Und wenn sie damit fertig waren, hatten sie ein Haus, das perfekt zu ihnen passte.

Selena war ganz aufgeregt wegen des Umzugs. Sie konnte es kaum erwarten, mit dem Renovieren zu beginnen. Aber bis dahin musste sie noch zwei Wochen warten. Cade war altmodisch; sie würden erst zusammenziehen, wenn sie verheiratet waren.

Cade hob eine Hand vom Lenkrad und deutete durch die Windschutzscheibe. „Die Möbelpacker waren schneller als wir … wenn auch nur knapp.“ In seiner angenehmen, tiefen Stimme schwang eine Spur Humor mit. Cade hatte eine tolle Sprechstimme – er hätte DJ sein können.

Selena schaute nach vorn. Gerade bog ein quietschblauer Umzugswagen in die geschwungene Auffahrt ein, die an den Apfelbäumen vorbeiführte, die das Farmhaus umgaben, das sie und Cade zusammen gekauft hatten.

„Ich dachte, die haben noch einen weiteren Stopp auf dem Zettel“, sagte Selena. „Sie müssen die Abkürzung genommen haben.“

„Außerdem haben sie nicht bei drei Kramläden angehalten, weil sie ‚so putzig‘ aussehen und vielleicht Vintage-Klamotten haben“, neckte Cade.

Selena lachte. Was Cade wiederum ein Lächeln entlockte. Er fand, ihr Lachen klänge wie das einer Cartoon-Prinzessin. Denn obwohl Selenas Sprechstimme tief und geschmeidig war, war ihr Lachen hoch und melodisch. „Wenn du lachst, rechne ich insgeheim immer damit, dass kleine Zeichentrickvögel und Waldtiere angelaufen kommen“, meinte Cade bei ihrem zweiten Date zu ihr. Vielleicht war das der Moment gewesen, in dem sie sich in ihn verliebt hatte.

Selena schlug Cade spielerisch auf den Arm. „Immerhin habe ich in diesen Läden zwei sehr schöne Hüte und einen wunderschönen handgestrickten Schal gefunden. Und dieses Vintage-Kleid muss ich *unbedingt* haben! Ich werde in meinem Blog etwas über die Läden schreiben – dann sind das Geschäftsausgaben.“

„Das ist mein Mädchen“, sagte Cade. „Gesprochen wie eine wahre Unternehmerin.“

Selena lächelte. Das war noch eine von Cades großen Stärken: Er war stolz auf Selenas Erfolg.

Auf dem College hatte Selena als Hauptfach Wirtschaft und Handel belegt und letztes Jahr im Rahmen eines Klassenprojekts eine Online-Unternehmung gegründet: einen

Blog und eine Webseite, bei denen es darum ging, Frauen dabei zu helfen, ganz sie selbst zu sein. Sie hatte Infoprodukte produziert, E-Book- und Audio-Pakete, die das Selbstwertgefühl von Frauen stärkten und sie darin unterstützten, sich so gut wie nur irgend möglich zu fühlen und auch so auszusehen. Ihre Selbstwert-Pakete und ihr Blog waren so schnell so populär geworden, dass Selena dabei genug verdient hatte, um für ihr neues Haus genauso viel anzahlen zu können, wie Cade (wobei er seinen Anteil aus dem Erbe seiner unlängst verstorbenen Großtante bestritt). Selena hatte vor, ihr Online-Geschäft auch nach ihrer Hochzeit fortzusetzen; sie freute sich schon sehr darauf, von zu Hause aus arbeiten zu können. Sie träumte davon, eine echte Landpomeranze zu werden, eine glückliche Heimwerkerin … die nebenbei an ihrem Online-Imperium bastelt.

Cade bog in ihre Auffahrt ein und lehnte sich mit leuchtenden Augen vor. Ihn so glücklich zu sehen, ließ Selenas Herz vor Freude tanzen. Denn obwohl Cade nie wirklich *un*glücklich war, war er im Allgemeinen eher ruhig und ernst. Er hatte seine Studien mit großer Entschlossenheit und Hingabe betrieben; sie nahm an, dass das auch für seine Arbeit galt. Er war sehr aufgeregt wegen seines neuen Jobs. Den Großteil der Fahrt hierher hatte er darüber gesprochen.

Cade parkte den SUV neben dem Umzugswagen. Er schaltete den Motor aus und sah Selena an.

„Und?“, fragte er sie. „Bist du bereit?“

„Wofür? In unser Haus einzuziehen oder zu heiraten?“

„Beides.“

„Ich kann's kaum erwarten!“ Selena ergriff seine Hand und küsste seine Finger.

Cade hatte tolle Hände – groß und vierschrötig, mit ganz feinen, dunklen Haaren auf dem Rücken. Sie verschränkte ihre langen, schmalen Finger mit seinen kräftigen, großknöcheligen. Sie reckte ihrer beider Hände in die Höhe. „Packen wir's an!“

Selena gab Cade grinsend frei und stieß die Beifahrertür auf. Sie kletterte aus dem SUV und atmete den süßen Duft der winzigen weißen Apfelbaumblüten tief ein.

„Wow!“ Selena streckte ihre Arme aus und wirbelte um die eigene Achse. „An diesen Blüten kann ich mich ab sofort jeden Frühling erfreuen!“

Cade stieg aus dem Wagen. Selenas Enthusiasmus ließ ihn lächeln. Er winkte den beiden muskelbepackten Typen zu, die gerade dabei waren, die Heckklappe des Umzugswagens zu öffnen. Die Möbelpacker, Ed und Bailey, hatten als Erstes Cades Habseligkeiten zusammengepackt und hergeschafft; nachher würden sie dann zu dem Apartment fahren, das sich Selena mit ihrer Mitbewohnerin Val teilte, und ihre Sachen herbringen.

„Ich dachte, wir bleiben den Nachmittag über hier, um die Dinge im Auge zu behalten. Danach bringe ich dich dann zu meiner Mutter“, sagte Cade.

„Klingt gut.“ Bis zur Hochzeit würde Selena bei Cades Mom unterkommen.

Cade kam um die Motorhaube des Geländewagens herum und gab Selena einen schnellen Kuss. „Willst du die Haustür aufschließen? Ich rede derweil mit den Möbelpackern.“ Cade ging zu den beiden kräftigen Männern hinüber.

Grinsend marschierte Selena auf die Veranda zu, die an der Vorderseite des Hauses entlang verlief. Sie liebte diese Veranda. Sie konnte es kaum erwarten, eine Hollywoodschaukel dafür zu kaufen.

Selena stand vor dem steinernen Kamin im großen Wohnzimmer des Farmhauses, gleich hinter der mit kleinen Schieferkacheln gefliesten Diele. Sie hielt ein Klemmbrett in der Hand und hakte die Kommode ab, die Ed, der größere der beiden muskelbepackten Möbelpacker, gerade ins Haus trug. „Die kommt ins zweite Schlafzimmer, oben an der Treppe rechts“, instruierte sie ihn.

„Kein Problem“, sagte Ed und stapfte auf die Stiege zu.

Einige Sekunden später kam Bailey herein. Er trug eine braune Reisetruhe auf den Schultern. Mit einer gewissen Skepsis musterte Selena die zerkratzte alte Truhe mit den verwitterten Lederriemen und den zerbeulten Beschlägen, Schlössern und Kanteneinfassungen aus angelaufenem Messing. Von dem Gepäckstück ging ein muffiger Geruch aus, den sie sogar aus mehreren Metern Entfernung riechen konnte.

Selena rümpfte die Nase. „Was macht das Ding denn hier?“, fragte sie.

„Keine Ahnung“, entgegnete Bailey. „Ich mach hier bloß meinen Job.“ Er verlagerte die Reisetruhe auf seinem breiten Rücken.

Seufzend wies Selena auf den Fußboden. Bailey setzte die Truhe ein paar Schritte vor Selena ab und stapfte wieder nach draußen. Selena ging zu der Truhe hinüber und starrte auf sie hinab. Stirnrunzelnd schob sie sich das Klemmbrett unter den Arm und beugte sich vor, um die Truhe hochzuheben. Bei Bailey sah es so aus, als wäre sie nicht besonders schwer.

Kurz nachdem Bailey außer Sicht verschwunden war, kam Cade herein. „Fast geschafft“, sagte Cade. „Nur noch ein paar –“ Als er Selena vor der Reisetruhe stehen sah, brach Cade abrupt ab. Sein Gesicht lief rot an und sein Unterkiefer verkrampfte sich. „Was machst du da?“, schnappte er.

Die Schärfe in seiner Stimme ließ Selena zusammenzucken. Sein Tonfall war schneidend, fast wie ein Fauchen. Noch niemals zuvor hatte Cade sie so angefahren. Und er hatte auch noch nie so aufgebracht gewirkt. Sie wusste nicht recht, wie sie darauf reagieren sollte.

Selena beschloss, mit ihrem besten „bösen Blick“ zu starten. Den hatte sie seit ihrer Kindheit perfektioniert. Bei ihrem großen Bruder hatte sie ihn regelmäßig angewandt. Bei Cade hingegen musste sie ihren „bösen Blick“ bislang bloß zweimal auspacken: Einmal, als er die Schokokekse nicht ausreichend gelobt hatte, die sie eigens zum Jahrestag ihres ersten Dates für ihn gebacken hatte, und das andere Mal, als er eine abfällige Bemerkung über die Anzahl der Schuhe machte, die sie besaß. Seitdem hatte sie ihm keinen Anlass mehr gegeben, ihn angesäuert anzusehen … bis jetzt.

„Was meinst du damit, was *ich* hier mache?“, gab Selena zurück. „Was soll *das hier*? Ich dachte, wir hätten uns darauf geeinigt, dass wir bloß unsere besten Sachen mitbringen. Wir können es uns leisten, alles neu zu kaufen, was wir brauchen. Wir brauchen keinen alten Secondhand-Schrott, der bloß den Dachboden zumüllt!“

Cade eilte zu ihr herüber. Er ergriff Selena am Ellbogen und zog sie von dem Koffer weg. Und obwohl sie das eigentlich nicht wollte, weil sie die Reisetruhe aufmachen und sehen wollte, was so wichtig war, dass Cade deswegen so zickig reagierte, ließ sie zu, dass er sie zur anderen Seite des Zimmers führte.

Allmählich entspannten sich Cades Gesichtszüge wieder. Er atmete tief durch.

„Tut mir leid. Ich wollte dich nicht anschnauzen." Er schenkte ihr sein typisches schiefes Grinsen. „Worauf wir uns geeinigt haben, ist, unsere besten Sachen *und* unsere liebsten Erinnerungsstücke mitzubringen. Ich wette, viele deiner Kartons sind voll mit Fotos und Andenken aus deiner Jugend."

Selena zuckte mit den Schultern. „Stimmt. Aber das ..." Sie deutete auf die Reisetruhe. „Als ich dich damals, an dem ersten Abend, als ich bei dir zu Hause war, danach fragte, meintest du, das wäre bloß eine alte Truhe. Du hast nicht gesagt, dass sie voll mit Erinnerungsstücken ist. Und da das Ding so ramponiert und schäbig ist, dachte ich, du würdest es vor dem Umzug wegschmeißen. Was ist da überhaupt drin?"

Cade legte Selena den Arm um die Schultern und zuckte seinerseits mit eben diesen. „Oh, bloß altes Zeugs aus meiner Kindheit. Andenken. Das, worauf wir uns verständigt haben."

Selena verzog das Gesicht. „Kannst du deine Andenken nicht in etwas, na ja, *Modernerem* aufbewahren?"

„Ich dachte, du magst Antiquitäten, Miss ‚Dieses Vintage-Kleid muss ich unbedingt haben'?"

Selena lächelte. Damit hatte er nicht unrecht. „Okay, vielleicht nicht unbedingt modern. Einfach ein bisschen … ansehnlicher? Weniger … gruselig. Dieses Ding sieht aus, als käm's geradewegs aus einem Spukhaus oder so."

Für einen Sekundenbruchteil verkrampfte sich Cades Arm, den er um Selena gelegt hatte, doch da sich seine Muskeln genauso schnell wieder entspannten, war es durchaus möglich, dass sie sich das bloß eingebildet hatte.

„Ich verspreche dir, dass ich nicht darauf bestehe, dass wir die Truhe als Kaffeetisch verwenden", sagte Cade. Er sah Selena an und schenkte ihr sein unwiderstehliches Grinsen.

In den paar Jahren, seit sie und Cade zusammen waren, hatte Selena Cades Mom ziemlich gut kennengelernt. Die alte Dame war einfach zuckersüß. Sie hatte zusehends grauer werdendes schwarzes Haar, das sie zu einem Knoten gebunden trug, und war um einiges kleiner als Cade mit seinen eins achtundachtzig. Und natürlich war sie in ihrem fortgerückten Alter auch nicht mehr annähernd so fit wie ihr Sohn. Cades Mom („Nenn mich Janice, Liebes") erinnerte Selena an ihre eigene Großmutter. Mit ihren runden Schultern und dem kleinen Bäuchlein sah Janice genauso goldig aus, wie sie war. Sie hatte ein herzförmiges Gesicht mit denselben tief liegenden grünen Augen wie Cade, und ihre Falten – und die Lachfältchen rings um ihre Augen und ihren Mund – betonten ihr freundliches Gesicht eher noch. Mit ihrer Vorliebe für pastellfarbene Polyesterhosen und Blusen mit Blumenmuster sah Janice aus wie der Inbegriff einer Dorf-Omi, und offensichtlich hatte sie überhaupt kein

Problem damit; im Gegenteil. Janice war vollkommen zufrieden mit ihrem Leben. Das war eins der vielen Dinge, die Selena an ihr mochte, und sie freute sich darauf, noch mehr Zeit mit ihrer künftigen Schwiegermutter zu verbringen. Sie wusste, dass Janice eine tolle Köchin und eine sogar noch bessere Bäckerin war (sie hatten mehrere Feiertage bei Janice verbracht), und Selena konnte es kaum erwarten, sich von Janice den einen oder anderen kulinarischen Kniff abzugucken.

Selena beschloss, Janice als Erstes nach dem Brathähnchen zu fragen, das sie am ersten Abend servierte, an dem Selena bei ihr übernachten würde. Wie hatte Janice es geschafft, dass das Hähnchen innen so saftig blieb und von außen so knusprig wurde? Selena musste es einfach wissen.

„Oh, das ist reine Magie, Liebes", sagte Janice todernst. Im Gegensatz zur tiefen Stimme ihres Sohnes war die von Janice mädchenhaft – sie klang mehr wie eine Grundschülerin als wie eine Rentnerin.

Selena blinzelte verwirrt.

Janice und Cade lachten.

„Das sagt sie immer, wenn ihr jemand ein Kompliment macht", erklärte Cade und streckte den Arm aus, um die leberfleckige Hand seiner Mom zu tätscheln.

Janice blinzelte Selena zu. „Ich hab bloß Spaß gemacht, Liebes. Ich zeig's dir. In erster Linie muss einfach die Gartemperatur stimmen … und dann gibt's da noch ein paar kleine Geheimnisse, die ich dir gern verrate."

Selena lächelte und lehnte sich zurück. Sie war pappsatt. Bloß gut, dass sie nicht vorhatte, weiter zu modeln.

Solches Essen – und sich so vollzustopfen – würden ihrer Figur nicht guttun. Allerdings machte sie sich deswegen keine allzu großen Sorgen, denn sie beabsichtigte, lange Spaziergänge auf all den tollen Feld- und Wanderwegen in der Nähe ihres neuen Zuhauses zu unternehmen.

Selena ließ ihren Blick durch Janice' gemütliches Esszimmer schweifen. Janine lebte in einem großen weißen Haus im Ranch-Stil. Cade hatte erzählt, dass das Gebäude früher zu einer richtigen Ranch gehörte, die seine Urgroßeltern, zusammen mit mehreren Hundert Rindern, besessen hatten. Doch als Cade auf die Welt gekommen war, hatte die Familie die Rinderzucht bereits aufgegeben. Seine Großeltern hatten den Großteil des Landes verkauft und bloß ein paar Hektar rings um das Haus behalten. Cades Dad war Anwalt. Er starb an einem Herzinfarkt, als Cade noch klein war.

Da Janice Keramikfigürchen, Zierdeckchen und dicke Polstermöbel liebte, war ihr Zuhause sehr überladen – und damit so ziemlich das Gegenteil von dem, was Selena vorzog. Trotzdem war es heimelig. In diesem Haus hatte man das Gefühl, sich entspannen und ganz man selbst sein zu können.

Janice stand auf und fing an, das schmutzige Geschirr von dem auf Böcken stehenden Eichentisch abzuräumen. Selena wollte ihr helfen, aber Janice winkte ab. „Möchte irgendwer Käsekuchen zum Nachtisch?"

Cades Arm schoss in die Höhe. Janice lachte.

„Ich nehme ein Stück. Danach fahre ich dann zurück zum Haus", sagte Cade. „Ich muss morgen früh raus und will vor der Arbeit noch eine Runde Joggen."

Janice tätschelte Cades Arm. „Das ist mein Junge. Fit wie ein Turnschuh!“ Sie grinste. „Und bereit, seinen neuen Job anzutreten!“ Sie drehte sich um, um Selena anzusehen. „Und geheiratet wird auch bald. Das ist ja alles so aufregend!“

Das war es auf jeden Fall. Am liebsten hätte Selena vor Freude laut gelacht. Stattdessen schenkte sie Janice ein strahlendes Lächeln. „Danke, dass du mich hier wohnen lässt und uns mit der Hochzeit hilfst.“

„Ach, Schnickschnack, Liebes“, sagte Janice. „Es ist mir ein Vergnügen!“

Eigentlich hatte Selena damit gerechnet, dass die zwei Wochen, die sie bei Janice verbringen würde, ein einziges hektisches Chaos sein würden, um alle nötigen Hochzeitsvorbereitungen zu treffen, aber wie sich zeigte, hatte Janice alles bestens im Griff. Selena selbst brauchte sich bloß um ein paar Kleinigkeiten zu kümmern. Damit blieb ihr wesentlich mehr Zeit zum Arbeiten, als sie gedacht hatte.

Da Janice ein sehr geselliger Mensch war und sich in einer schier endlosen Zahl von Vereinen und Komitees engagierte, war sie tagsüber nur selten zu Hause. Tatsächlich war sie sogar so beschäftigt, dass Selena sich fragte, wofür Janice überhaupt Cades Hilfe brauchte. Doch das spielte keine Rolle. Selena war glücklich, hier zu sein. Trotzdem freute sie sich darauf, in ihr neues Haus einzuziehen.

Solange sie bei Janice wohnte, schlief Selena in Cades altem Zimmer, in dem Janice nichts verändert hatte, seit Cade ausgezogen war. Selena fand es irgendwie niedlich, dass das Doppelbett immer noch mit Bettwäsche im

Weltraum-Look bezogen war und an den Fenstern nach wie vor Vorhänge mit Sternenkonstellationen hingen. In den Regalen standen reihenweise Science-Fiction-Romane, alte Matheschulbücher und Sachbücher übers Computerprogrammieren. Sie amüsierte sich über die Sammlung von Plüschtieren und Actionfiguren, die Seite an Seite auf der Schubladenkommode und dem Schreibtisch in der Ecke standen. Außerdem hatte etwas ihre Neugierde geweckt: In dem kleinen Schrank, in dem sie ihre Kleidung aufgehängt hatte, lag ein Stapel Fotoalben. Cade hatte ihr noch nie Bilder aus seiner Kindheit gezeigt, daher hoffte sie, die Alben würden ihr einen Einblick in diesen Teil seines Lebens geben, von dem sie praktisch überhaupt nichts wusste.

Vier Tage vor der Hochzeit wurde Selina bewusst, dass sie wegen ihrer baldigen Vermählung viel zu unruhig und zu zappelig war, um irgendwas Sinnvolles zu machen. Janice war nicht zu Hause. Cade auf der Arbeit. Mit einem resignierten Seufzen klappte Selena ihren Laptop zu, den sie auf dem Tisch zwischen mehrere Spielzeugastronauten und einen Plüschfrosch gequetscht hatte, stand auf und ging zum Schrank hinüber. Sie zog die Tür auf und setzte sich im Schneidersitz vor dem Albenstapel auf den Boden.

Selena nahm das erste Fotoalbum und wischte mit der Hand den Staub vom Umschlag. Dann schlug sie den ledergebundenen Band auf und lächelte beim Anblick des Fotos eines kleinen Jungen mit Zahnlücke, der sie von der ersten Seite ansah. Cade war ein ebenso hübsches Kind gewesen, wie er heute ein attraktiver Mann war.

Selena begann, die Bilder durchzublättern.

Die Fotos auf den ersten beiden Seiten waren Aufnahmen von Cade mit seiner Mom und seinem Dad vor einer Geburtstagstorte. Ganz normaler Kram. Die dritte Seite dagegen war ein bisschen seltsam.

Im ersten Moment hatte Selena nicht die geringste Ahnung, was sie da vor sich sah. Das Foto zeigte den kleinen Cade in fast völliger Dunkelheit. Rings um ihn herum zeichneten sich vor dem tintenschwarzen Hintergrund des Bildes überdeutlich grellbunte, leuchtende Formen ab. Dann wurde Selena klar, dass Cade in einem Schwarzlichtbereich gewesen sein musste. Als sie die nächste Seite aufschlug, sah sie ein Bild von Freddy Fazbear, dem Namensgeber von Freddy Fazbear's Pizzeria. Selena hatte zwar schon von diesem Restaurant gehört, aber Cade hatte nie ein Wort darüber verloren, obwohl er dort als Kind offensichtlich Stammgast gewesen war. Sonderbar.

Die nächsten paar Bilder enthüllten, dass sich der Schwarzlichtbereich in Freddy's Pizzaplex befand; auf einem der Fotos deutete Cade auf das leuchtend rote Pizzaplex-Schild. Von Freddy's Pizzaplex hatte Selena auch schon gehört. Dabei handelte es sich um einen der ersten Familien-Freizeitparks in diesem Bundesstaat, eine Mischung aus Spielhalle und Indoor-Jahrmarkt mit Videospielautomaten, Fahrgeschäften und Essensständen. In dem Album waren Fotos von Cade vor praktisch jedem einzelnen Spielautomaten und jedem Fahrgeschäft des Komplexes, doch die meisten Bilder waren in dem Schwarzlichtbereich aufgenommen worden. Einem großen Schild an der Rückwand des Areals zufolge hieß diese Attraktion „Lallys

Spiel". *Davon* hatte Selena noch nie gehört. Das Ganze sah ziemlich unheimlich aus. Aus irgendeinem Grund überlief Selena ein Schauder, und das allein vom Betrachten der Fotos.

Ein dumpfes Krachen hinter ihr erschreckte Selena. Sie ließ das Album fallen und wirbelte herum.

„Verzeih, Liebes", sagte Janice. „Ich wollte dir keine Angst einjagen. Ich fürchte, meine Beine sind nicht mehr die jüngsten. Manchmal wird mir schwindelig und dann stoße ich gegen die Wände." Sie lachte.

Janice trat ins Zimmer. Sie trug einen taubenblauen Polyester-Hosenanzug. „Was hast du denn da, Liebes?"

Selena hob das Album auf und stand auf.

„Ach, eins von Cades alten Fotoalben", sagte Janice. „Wie lustig." Sie ging zu dem Doppelbett hinüber und ließ sich darauf sinken. Sie klopfte neben sich auf die Matratze. „Lass mal sehen, was du gefunden hast."

Selena setzte sich zu Janice aufs Bett. Sie schlug den Band auf und roch den blumigen Duft von Janice' Parfüm, während sie vorblätterte zu den letzten paar Seiten, die sie sich angesehen hatte.

Das nächste Bild im Album war eine weitere Aufnahme von Cade, der glücklich auf das Schild von Lallys Spiel zeigte. Janice tippte mit dem Zeigefinger auf das Schild und lächelte. „O du liebe Güte! Ich habe so viele wundervolle Erinnerungen an diesen Laden."

„An Freddy's Pizzaplex?"

„Ja, schon, aber vor allem an Lallys Spiel." Janice fuhr mit dem Zeigefinger über das Foto. „Das war Cades Lieblingsspiel. War er erst mal da, war es fast unmöglich, ihn dort wieder wegzukriegen. Hätte er dort wohnen können, hätte er's getan, glaube ich." Sie gluckste.

Selena zog eine Augenbraue hoch. Auf sie wirkte dieser düstere Bereich mit seinen geometrischen Formen in leuchtendem Neongrün und -lila und -gelb und den prähistorisch anmutenden Höhlen und Kavernen alles andere als einladend. Irgendetwas daran wirkte … *merkwürdig* und sorgte dafür, dass ihr aus Gründen, die sie selbst nicht recht verstand, unwohl zumute war.

Janice rutschte näher an Selina heran und blätterte die Seite um. Sie betrachtete das nächste Bild und lachte.

Selena lachte nicht. Ihr Unbehagen nahm sogar noch zu, als sie sich das Foto von Cade mit etwas ansah, das auf den ersten Blick wie eine grimmige Version von Caspar, dem berühmten freundlichen Gespenst wirkte, bis sie erkannte, dass es sich dabei offensichtlich um einen Roboter handelte.

„Das ist Lally", sagte Janice und tippte unmittelbar über seinen emotionslosen schwarzen Augen mit dem Finger auf das runde, weiße Gesicht des Roboters.

Unwillkürlich massierte Selena ihren Nacken. Sie hatte das Gefühl, als würden Ameisen über ihr Haar krabbeln.

„Lally war so was wie ein Spielkamerad für die Kinder, die keine Freunde dabeihatten, mit denen sie spielen konnten", erklärte Janice. „Cades Kumpels mochten dieses Spiel nicht so sehr wie er, darum war er meistens allein in der Arena."

Janice saß direkt neben Selena, doch aus irgendeinem Grund klang ihre Stimme, als würde sie von weit weg kommen. Selena starrte Lally so gebannt an, dass sie das Gefühl hatte, aus Cades altem Kinderzimmer in das Foto mit dem kleinen, furchteinflößenden Roboter hineingesaugt zu werden.

Es war schwierig, das auf Grundlage des Fotos zu beurteilen, da Selena nicht wusste, wie groß Cade zu dieser Zeit war, aber Lally sah aus, als wäre er irgendwas zwischen neunzig Zentimeter und eins zwanzig groß. Der kahlköpfige Roboter war überwiegend weiß und glatt, mit einer Außenhaut aus Kunststoff oder Gummi, wie es schien. Die abgerundeten Verbindungsstücke der Gelenke an Armen und Beinen waren schwarz, ebenso wie der Hals und der Oberkörper. Die Außenhülle des Roboters wies einige vage menschliche Attribute auf: Das Geschöpf hatte kleine Ohren und eine kleine Nase, die schwache Andeutung von Augenbrauen über den lidlosen schwarzen Augen und subtile Andeutungen von Muskeln auf dem Torso und den Gliedmaßen. Der Mund erinnerte an ein abgeflachtes U mit dicken Lippen.

Als Janice zur nächsten Seite des Albums umblätterte, zuckte Selena erschrocken zusammen. Sie hatte völlig vergessen, dass Janice da war. Doch Janice entging Selenas Reaktion. Stattdessen deutete sie auf das nächste Bild, auf dem Lally und Cade zusammenstanden. Der Roboter war so positioniert, dass es aussah, als würde er mit einem Gesichtsausdruck zu Cade aufschauen, den Selena irgendwie feindselig fand. Nein, nicht feindselig … besitzergreifend.

Das Foto war das letzte in diesem Album. Janice rieb mit dem Finger darüber und seufzte. „Eines Tages hat irgendwer Lally geklaut“, sagte sie. „Und das war’s dann.“

Janice warf einen Blick auf ihre Uhr. „O du liebe Güte. Schon so spät? Eigentlich wollte ich ein Blech Brötchen backen. Weizenbrötchen. Soll ich dir zeigen, wie ich das mache? Cade liebt diese Brötchen!"

Selena starrte immer noch das Bild von Cade und Lally an. Dann riss sie sich davon los und sah zu Janice auf. „War Cade traurig?", fragte sie.

„Was meinst du, Liebes?"

„Na, als Lally gestohlen wurde ... War Cade da traurig?"

Janice nahm Selena das Album aus den Händen und klappte es zu. „Nein, Liebes. Er hatte Angst."

Janice ging zum Schrank hinüber und legte das Fotoalbum auf den Stapel zurück. Dann rieb sie sich voller Tatendrang die Hände. „Ich ziehe mich rasch um. Wir sehen uns dann in der Küche, Liebes."

Selena lag die Frage auf der Zunge, was Janice damit meinte, dass Cade Angst gehabt hatte. Wovor denn? Doch für Janice war dieses Thema offensichtlich erledigt. Sie hatte das Zimmer bereits verlassen.

Selena griff nach ihrem Pulli. Plötzlich war ihr kalt.

Als Cade schließlich einige Stunden später, nach der Arbeit, vorbeikam, war Selenas Frösteln allerdings wieder verflogen. Tatsächlich schwitzte sie sogar, als Cade in die Küche marschiert kam und sagte: „Die Brötchen duften großartig!"

Zu lernen, wie man den Teig perfekt knetet, hatte Selena von ihrer Beklommenheit wegen der Fotos abgelenkt. Doch Cades Anblick erinnerte sie schlagartig wieder daran.

Trotzdem behielt Selena ihre Gedanken beim Abendessen – Bohnensuppe, frischer Salat und selbst gemachte Brötchen – für sich. Als sie ihre Mahlzeit beendet hatten, war sie jedoch so weit, Cade darauf anzusprechen. Die Erinnerung an die Fotos in Cades altem Album beschäftigte sie derart, dass sie ihm nicht ins Gesicht sehen konnte, ohne dabei zugleich auch die gruselige Visage des Roboters vor sich zu sehen.

Als würde sie instinktiv spüren, dass Selena unter vier Augen mit Cade reden wollte, scheuchte Janice Cade und Selena raus auf die Veranda. „Ich kümmere mich um das Geschirr. Ihr beiden Turteltauben braucht etwas Zeit für euch!“

Selena widersprach Janice nicht. Stattdessen nahm sie Cades Hand und dirigierte ihn zur Hintertür hinaus. Cade lachte, als sie ihn zu der grünen Gartenbank am Rande des großen, von Zedern eingerahmten Rasens führte, der sich hinter Janice’ Haus erstreckte.

„Willst du etwa rummachen?“, fragte Cade und drückte Selena fest an sich, nachdem sie sich gesetzt hatten.

Selena sträubte sich nicht dagegen, mit ihm zu kuscheln, doch nach ein paar Sekunden löste sie sich von ihm und setzte sich seitlich so auf die Bank, dass sie Cade direkt ansehen konnte.

„Oh, oh“, sagte Cade. „Du hast diesen ‚Lass uns über unsere Gefühle sprechen‘-Gesichtsausdruck.“

Trotz der Anspannung, die sie quälte, seit sie sich Cades Fotoalbum angeschaut hatte, musste Selena lächeln. „Du kennst mich ziemlich gut.“

„Und ich habe vor, den Rest meines Lebens darauf zu verwenden, dich noch besser kennenzulernen“, sagte er.

Wow. Was für ein Romantiker. Selena konnte sich wirklich glücklich schätzen.

Dann kam Selena unvermittelt wieder das Bild von Klein-Cade und Lally in den Sinn. Sie atmete tief durch und kam sofort zur Sache: „Warum hast du mir nie was von Freddy's Pizzaplex erzählt?“

Als Selena anfing, zu reden, sah Cade sie liebevoll an, aber als sie ihre Frage ausgesprochen hatte, wandte er den Blick ab. Für einen Moment verschwand das unbeschwerte Lächeln von seinen Zügen. Als es dann wieder zurückkehrte, war es nicht mehr so unbekümmert wie zuvor.

„Was immer ich dachte, dass du sagen wirst“, Cade lachte leise, „… *damit* hätte ich nicht gerechnet.“ Sein Lachen wirkte ein bisschen gequält.

„Und? Warum hast du nie ein Wort über Freddy's verloren? Ich habe mir heute Nachmittag eins deiner alten Fotoalben angesehen, und da drin sind lauter Bilder, die dort gemacht wurden. Deine Mom sagt, du hast es dort geliebt, besonders diese schräge Attraktion namens Lallys Spiel.“

In Cades Augenwinkel zuckte ein Muskel. Er presste die Lippen aufeinander.

„Du hast nie irgendwas von Lally erwähnt“, fuhr Selena fort. „Dabei mochtest du dieses Ding offenbar sehr, denn es ist auf etlichen dieser Fotos.“

Cade zuckte mit den Schultern und kniff die Augen zu Schlitzen zusammen. „Hast du *mir* denn von allem erzählt, was du als Kind gut fandest?“

Seine abwehrende Gegenfrage ließ Selena blinzeln. Sie verschränkte die Arme vor der Brust. „Gut möglich, dass ich ein paar Kleinigkeiten vergessen habe, aber ja, im Großen und Ganzen habe ich dir all meine Lieblingsdinge verraten. Und obwohl du viel über deine Kindheit gesprochen hast, hast du Freddy's oder Lally mit keiner Silbe erwähnt. *Niemals.* Deine Mom sagt, Lallys Spiel war dein Lieblingsspiel und dass es jedes Mal ein Kampf war, dich da wieder wegzukriegen. Für ein Kind ist das eine ziemlich große Sache. Darum finde ich es seltsam, dass du nie etwas davon erzählt hast."

Cades Blick ging über Selenas Schulter hinweg. Die Sonne war gerade hinter den sanften Hügeln westlich des Ranch-Hauses verschwunden. Der Himmel war rosa. Eine kühle Brise ließ die Blätter der Rhododendren, die die Veranda einrahmten, leise rascheln. Einige der hellrosa Blüten der Büsche lösten sich von ihren Zweigen und tanzten durch die Luft.

„Cade?", forschte Selena. „Was ist los? Du verhältst dich sonderbar."

Cade stand ruckartig auf. „Ich habe einfach einige schlechte Erinnerungen an diese Zeit, okay? Jemand wurde verletzt. Ich rede nicht gern darüber."

Ohne Selenas Erwiderung abzuwarten, drehte Cade sich um und ging ins Haus zurück. Als er durch die Hintertür trat, rief er Janice zu: „Soll ich dir damit helfen, Mom?" Jetzt klang seine Stimme warm und herzlich, ohne die geringste Spur der Kälte, die aus den scharfen Worten troff, die er Selena gerade an den Kopf geknallt hatte.

Selenas Hochzeitstag war genauso wundervoll, wie sie es sich erhofft hatte. Jedenfalls fast.

Obwohl sich Selenas Mutter eigentlich eine so dermaßen

übertrieben spektakuläre Hochzeit wünschte, dass es unmöglich gewesen wäre, sie auf dem Planeten Erde auszurichten, gelang es Selena, Cade und Selenas Vater (der alles finanzierte und ihnen eifrig darin beipflichtete, dass weniger manchmal mehr war) nach einigem Hin und Her, Selenas Mom davon zu überzeugen, dass eine etwas zwanglosere Hochzeit einfach geschmackvoller war. Letzten Endes war es Selenas Bruder David – der zwar genauso gut aussah, wie Selena hübsch war, jedoch die Ansicht vertrat, Jeans und ein schwarzes T-Shirt seien „modisch" –, der das ausschlaggebende Argument vorbrachte: „Wenn du nicht damit einverstanden bist, was Selena möchte", sagte er zu seiner Mom, „vergiss nicht, dass sie und Cade auch jederzeit heimlich heiraten könnten, ohne irgendwelchen Trubel."

Statt des lächerlich aufgebauschten Rüschenkleids, das Selenas Mutter ausgesucht hatte – und in dem Selena aussah wie ein Sahnebaiser –, entschied Selena sich für ein elegantes Retro-Seidenkleid mit hohem Kragen, langen Ärmeln und einem etwas fülligeren Rock. Anstelle eines Schleiers mit einer sieben Meter langen Schleppe steckte bloß ein kleines Blumengebinde in ihrem Haar, das sie zu einer gleichermaßen adretten wie einfachen „Banane" hochgesteckt hatte. Cade trug einen marineblauen Anzug mit weißem Hemd und weißer Krawatte. Passend zu ihrer nicht übertrieben protzigen Garderobe hatten sie einheimische Apfelblüten und weiße Gänseblümchen als Blumenschmuck ausgewählt. Natürlich hatte Selenas Mom dafür plädiert, die Hochzeit mit möglichst vielen Angehörigen zu feiern, aber Selena und Cade hatten sich entschieden, bloß ihre engsten Verwandten und ihre besten Freunde einzuladen. Val – selig lächelnd in ihrem marineblauen Cocktailkleid mit aufgestelltem Rock – war Selenas Trauzeugin. Cades Trauzeuge war Greg, einer von Cades College-Kumpels, ein schlaksiger, gutmütiger Bursche in marineblauen Hosen und einem weißen Hemd.

Obgleich Selenas Mutter für die Trauzeremonie ein möglichst exklusiver Ort und ein schicker Empfang mit Champagner und Schnittchen vorschwebten, beugte sie sich einmal mehr Selenas Wünschen, die draußen im Freien heiraten wollte. Janice hatte ihnen hierfür ihren Garten angeboten. Außerdem organisierten Janice und eine Armee ihrer Freundinnen aus der Gegend ein unorthodoxes, aber locker-spaßiges Büffet, zu dem alle etwas beisteuerten.

Während Selena in der von Apfelblüten bedeckten Laube im üppig grünen Garten hinter Janice' Haus stand und ihrem frisch angetrauten Ehemann tief in die Augen sah, intonierte der Pfarrer, ein dauerlächelnder Mann mit lockigem Haar: „Hiermit erkläre ich euch zu Mann und Frau!" Da war er, der Augenblick, von dem Selena so lange geträumt hatte.

Selena blickte in Cades strahlende Augen auf und erwartete, nichts anderes zu fühlen als überbordende Liebe und Freude, so wie sie es sich immer ausgemalt hatte. Doch leider sah die Realität ein bisschen anders aus. Obwohl Selena von Liebe für Cade erfüllt war, der auf sie herablächelte, und sich darüber freute, jetzt seine Frau zu sein, empfand sie noch etwas anderes – etwas, von dem sie nie gedacht hätte, es ausgerechnet an ihrem Hochzeitstag zu empfinden. Sie war … argwöhnisch.

Zum ersten Mal in den zwei Jahren, die sie mit Cade zusammen war, vertraute Selena ihm nicht mehr bedingungslos. Irgendetwas daran, wie sonderbar er sich wegen der Truhe verhalten hatte, und seine Begeisterung für diesen unheimlichen kleinen Roboter machte Selena zu schaffen.

„Du darfst die Braut jetzt küssen", sagte der Pfarrer zu Cade.

Cade beugte sich vor und nahm Selena in die Arme. Seine Umarmung ließ sie an all die Dinge denken, sie sie zusammen erlebt hatten, an ihre gemeinsame Geschichte. Erinnerte sie daran, wie sehr sie ihn liebte. Darum verdrängte sie ihr vages Misstrauen, als er sie jetzt küsste.

Sie hatten über Hundert Hochzeitsgäste, und da sie angewiesen worden waren, sich so zu kleiden, dass sie sich selbst wohlfühlten, anstatt möglichst viel herzumachen, hatten alle viel Spaß und eine tolle Zeit. Das Essen war unglaublich und die lokale Akustikband war überraschend gut und spielte alles, von Bluegrass über Rock bis hin zu den großen Klassikern, sodass für jeden Geschmack etwas dabei war. Dummerweise gehörte Tanzen nicht zu Cades vielen Talenten (andererseits durfte ein Mann auch nicht *zu* perfekt sein); immerhin schaffte er es, bei ihrem langsamen Lied halbwegs ansehnlich hin und her zu schlurren, um dann bei den schnellen Songs auf der Tanzfläche herumzuzappeln, als bekäme er in einem fort Stromschläge. Selena hingegen tanzte, bis ihr die Füße schmerzten. Sie amüsierte sich köstlich.

Als der Empfang zu Ende ging und bevor Selena und Cade in ihren SUV stiegen (der jetzt mit Kreppbändern verziert sowie mit einem Blechdosen-Schwanz und einem

Schild am Heck versehen war, auf dem FRISCH VERHEIRATET stand), um in ihr neues Zuhause zu fahren, kam ihre Familie zu Selena, um ihr alles Gute zu wünschen. Selenas stattlicher, grauhaariger Dad – froh darüber, bequeme Hosen und ein mattblaues Hemd mit offenem Kragen tragen zu können –, nahm sie als Erstes in den Arm. Während er sie ganz fest umarmte, flüsterte er: „Ich bin so stolz auf dich! Vergiss niemals: Sei immer du selbst. Vertrau auf dein Gefühl. Versuch immer, glücklich und fröhlich zu sein." Selena löste sich aus seinen Armen und sah ihrem Dad lächelnd in die tränenfeuchten Augen. Sie wischte ihre eigenen Tränen fort. „Ich liebe dich, Dad."

Als Nächstes umarmte sie ihr Bruder. Auch er flüsterte ihr einen Ratschlag ins Ohr: „Vermassle es nicht!"

Als Selenas Mom – die sich treu geblieben war und ein teures Designer-Seidenkreppkleid trug (wobei Selena zugeben musste, dass es ihrer großgewachsenen, majestätischen Mutter ausgezeichnet stand) – als Letzte ihre Arme um Selena legte und fragte: „Bist du glücklich?", konnte Selena darauf ehrlich erwidern: „Ja."

Mittlerweile hatte Selena das seltsame Gefühl, das sie wegen Cade befallen hatte, schon fast wieder vergessen. Sie gelangte zu dem Schluss, dass sie einfach bloß Nervenflattern wegen der Hochzeit gehabt hatte.

Dieser Gedanke verfestigte sich in den glückseligen Tagen, die darauf folgten, immer mehr.

Cade und Selena hatten beschlossen, mit ihrer Hochzeitsreise noch eine Weile zu warten, zum einen, weil Cade gerade seinen neuen Job angetreten hatte, und zum anderen, weil sie ihre freie Zeit und ihr Geld fürs Erste lieber in die Renovierung des Farmhauses investieren wollten. Dementsprechend verbrachten sie ihre Hochzeitsnacht in ihrem neuen Zuhause. Der nächste Tag war ein Sonntag. Sie verbrachten den ganzen Tag zusammengekuschelt in ihrem nagelneuen Kingsize-Himmelbett (ihr Hochzeitsgeschenk füreinander) und schmökerten in Mode-Magazinen und Sachbüchern über Grafikchips. Das mochte vielleicht nicht jedermanns Vorstellung von einem perfekten Tag sein, aber Selena fühlte sich wie auf der sprichwörtlichen Wolke 7.

Dummerweise krachte die Wolke am nächsten Tag ziemlich unsanft zu Boden.

Cade fuhr am Montag um kurz vor sieben zur Arbeit. Selena ging ihren Tag um einiges entspannter an. Im Gegensatz zu Cade, der morgens gern joggen ging, stand Selena nicht gern früh auf, und Joggen mochte sie auch nicht besonders, was das betraf. Nachdem Cade aufgebrochen war, machte sie einen schönen, langen Spaziergang, und als sie wieder zurück war, brühte sie sich einen Pfirsich-Kräutertee. In denselben Leggings und im selben T-Shirt, die sie bei ihrem Spaziergang getragen hatte, ging sie gegen 9:30 Uhr mit ihrem Tee in ihr „Büro".

Selenas Arbeitszimmer war ein kleiner Raum gleich neben dem Wohnzimmer. Momentan befand sich nichts weiter darin als ein weißer Metallklapptisch, auf dem ihr Laptop stand, eine Tischlampe, ihr superbequemer grauer „Chefsessel" mit der hohen Rückenlehne (das einzige klassische Büromöbel, für das sie bereitwillig Geld ausgab) und stapelweise Pappkartons. Selena hatte große Pläne für diesen Raum, die sie im Laufe der nächsten Woche umzusetzen gedachte. Aber vorher musste sie ein bisschen arbeiten.

Noch immer von Nach-Hochzeitseuphorie erfüllt, klappte Selena lächelnd ihren Laptop auf. Sie klickte auf das Icon ihrer Webseiten-Übersicht und begann, ihre neuesten Leserkommentare zu studieren und zu beantworten.

Im dritten Kommentar bedankte die Leserin sich dafür, dass Selena ihr dabei geholfen hatte, sich von ihren „Altlasten" zu trennen und unbelastet in die Zukunft zu blicken. Diese Worte machten Selenas Arbeitseifer ein abruptes Ende … weil sie Selena unweigerlich wieder an die Teile von Cades Vergangenheit denken ließen, die er ihr verschwiegen hatte, und an seine seltsame Reaktion auf ihre Neugierde wegen seiner grässlichen alten Truhe.

Zwar beantwortete Selena den Kommentar dieser Leserin, aber anschließend war sie außerstande, sich auf den nächsten zu konzentrieren. Sie stand auf, entschlossen, rauszufinden, was in der Truhe war.

Selena hatte keine Ahnung, ob Cades Truhe irgendwas mit dem zu tun hatte, das in Freddy's Pizzaplex passiert war, aber Cade hatte ähnlich angespannt auf beides reagiert. Und Selena hatte bei beiden Themen dasselbe Unbehagen verspürt. Irgendwas sagte ihr, dass alles miteinander zusammenhing, auch wenn ihr nicht klar war, woher sie das wusste.

Nach ihrem Streit im Wohnzimmer an dem Tag, an dem die Möbelpacker ihre Sachen gebracht hatten, hatte Cade sich die Truhe geschnappt und gesagt: „Ich deponiere das Ding in der dunkelsten Ecke des Dachbodens. Du wirst es nie wiedersehen müssen."

Er hatte gegrinst und Selena zugezwinkert und sie hatte zurückgelächelt. Beide hatten sie gewusst, dass ihr lockeres Geplänkel nicht aufrichtig gewesen war. Doch erst, als Selena jetzt daran zurückdachte, wurde ihr klar, wie gezwungen das Grinsen, das Zwinkern und das Lächeln wirklich gewesen waren.

„Und was, wenn ich die Truhe wiedersehen will?", sagte Selena laut.

Als sie ihr Arbeitszimmer verließ und in den 1. Stock hinaufging, quietschten die Sohlen ihrer Tennisschuhe leise auf dem alten, unebenen Hartholzfußboden. Oben angelangt, ging sie den langen Flur entlang zu der Tür, die hoch auf den Dachboden führte. Als sie die Tür erreichte, atmete sie tief durch und öffnete sie dann mit einem entschlossenen Ruck.

Eine Staubwolke stob in den Korridor hinaus und brachte Selena zum Niesen. Ein leicht muffiger Geruch stieg ihr in die Nase.

Der Dachboden des Hauses, in dem sie aufgewachsen war, hatte eine dieser Ausziehleitern gehabt. Auf den Boden des Farmhauses gelangte man dagegen über eine ganz normale Treppe, auch wenn sie ein bisschen schmaler war als die Stiege, die vom Erdgeschoss in den 1. Stock hinaufführte. Die Holzstufen waren verzogen und abgenutzt, aber stabil.

Selena griff nach dem weiß bemalten Geländer; die Farbe war nach Jahren der Beanspruchung schmutzig und blätterte ab. Sie ging die Treppe hoch.

Obwohl Selena den Boden mit der Dachschräge voller Begeisterung erkundet hatte, als sie und Cade das Haus das erste Mal besichtigt hatten, war sie seit dem Tag ihres Umzugs nicht mehr dort oben gewesen. Sie hatten sich darauf verständigt, da all ihre Sachen zu lagern, von denen sie wussten, dass sie sie in nächster Zeit nicht brauchen würden, später aber schon irgendwann. Alles andere war unten. Selena hatte keinen Grund gehabt, hier hochzukommen … bis jetzt.

Wenn sie ehrlich war, musste Selena zugeben, dass sie insgeheim auf diese Gelegenheit gewartet hatte, hoch auf den Dachboden zu gehen und einen Blick in Cades Truhe zu werfen. Auch wenn die Hochzeit sie abgelenkt hatte, hatte sie sich fest vorgenommen, rauszufinden, was sich in der Truhe befand. Das stand ganz oben auf ihrer To-do-Liste. Die Neugierde nagte an ihr.

Selena erreichte das obere Ende der Treppe und griff nach der Schnur, um die einzelne, nackte Glühbirne einzuschalten, die den Dachboden erhellte. Sie zog an der Schnur. Gleißendes weißes Licht vermischte sich mit dem gelben Sonnenschein, der durch die Mansardenfenster an beiden Enden des großen Raums hereinfiel.

Da sie hier bislang noch nicht allzu viele Sachen verstaut hatten, die sie aufbewahren wollten – bloß ein paar Kisten mit Erinnerungsstücken und Fotoalben, ein paar Koffer und mehrere Plastikbehälter mit Feiertagsdeko (Selena liebte Feiertage) –, war der Dachboden noch mehr oder weniger leer. Lediglich am südlichen Ende des Raums waren ein paar Dutzend Kartons gestapelt.

Selena schaute sich um, ließ ihren Blick über die niedrigen Querbalken schweifen, über die isolierte Unterseite des Dachs, über den betagten grauen Holzfußboden und über das trübe Glas der Sprossenfenster. Mittelfristig wollten sie und Cade den Dachboden zu einem großen Aufnahmestudio umbauen … und vielleicht, eines Tages, zu einem Spielzimmer für ihre künftigen Kinder. Dieses Projekt würde eine Menge Arbeit kosten. Doch fürs Erste würden sie den Dachboden als Lagerraum nutzen.

Selena ging zu dem Kartonstapel hinüber. Cade musste die Truhe dahinter verstaut haben.

Oder auch nicht.

Hinter den Kartons standen bloß noch mehr Kisten. Die Truhe war nicht da.

Stirnrunzelnd drehte sie sich einmal um ihre eigene Achse. Da es auf dem Dachboden weder Schränke noch irgendwelche verborgenen Kammern gab, war klar, dass Cade die Truhe nicht dort hingebracht hatte, wo er gesagt hatte, dass er sie hinbringen würde.

Er hatte gelogen.

Selena biss die Zähne zusammen. Sie spürte, wie sich ihre Schultern verkrampften. Mit einem Schlag war ihr ganzer Argwohn, den sie seit jenem Augenblick auf der Hochzeit erfolgreich verdrängt hatte, wieder da. Ihr Ehemann verheimlichte ihr etwas.

Oder hatte er die Truhe vielleicht endlich entsorgt?

Nein. Selena war bereit, darauf zu wetten, dass er das nicht getan hatte.

Mit einem verärgerten Schnauben verließ Selena den Dachboden und stieg die Treppe wieder nach unten. Sie schloss die Tür zum Speicher und lehnte sich mit dem Rücken dagegen, während sie den Flur rauf und runter schaute. Wo hatte Cade bloß diese verdammte Truhe deponiert?

Nun, wenn sie irgendwo hier im Haus war, würde Selena sie finden. Sie dachte einen Moment lang nach.

Wo könnte er die Truhe hingebracht haben?

Vermutlich in der Garage. Jedenfalls hätte sie sie an Cades Stelle dort untergebracht.

Die Garage war eher Cades Reich als Selenas. Die Garage bot Platz für drei Wagen, und er hatte vor, ein Drittel der Fläche zu einer Werkstatt umzubauen. Die anderen beiden Stellplätze sollten für ihre Autos sein.

Obgleich Cade jede Menge Werkzeug und Fitnessausrüstung und Gartengeräte besaß, war es dennoch nicht so viel, dass man darunter die Truhe hätte verstecken können. Sie brauchte sich bloß fünf Minuten in der Garage umzusehen, um zu dem Schluss zu gelangen, dass die Truhe nicht hier war.

Und was jetzt?

Selena ging ins Haus zurück.

Das Farmhaus war nicht übermäßig groß, lediglich 180 Quadratmeter, mit drei Zimmern und anderthalb Bädern. Alles in allem gab es im Gebäude fünf Schränke und eine Vorratskammer.

Selena nahm sich als Erstes die Vorratskammer vor. Sie war sich zwar ziemlich sicher, dass die Truhe nicht dort war, weil sie in den letzten Tagen mehrmals in der Kammer gewesen war. Doch es bestand die – wenn auch geringe – Möglichkeit, dass sie unter den Umzugskartons mit Töpfen und Pfannen versteckt war, die sie noch nicht ausgepackt hatte.

Wie sich zeigte, war die Truhe nicht in der Vorratskammer.

Selena machte mit dem Mantelschrank weiter. Ohne Erfolg. Sie durchstöberte den Wäscheschrank, den Kleiderschrank in ihrem Schlafzimmer (wieder rechnete sie eigentlich nicht damit, die Truhe hier zu finden, und behielt recht) und den Schrank in dem Raum, den sie als Gästezimmer herrichten wollten. Keine Truhe.

Der letzte Schrank befand sich in einem bislang völlig leeren Raum. Da sie noch keine Ahnung hatten, was aus diesem Zimmer werden sollte, war Selena seit dem Tag, an dem sie ihr Kaufangebot für das Haus abgegeben hatten, nicht mehr dort drinnen gewesen.

Die Tür zu dem Zimmer quietschte, als Selena sie aufschob. Das Geräusch erinnerte sie so eindringlich an die Soundkulisse eines Horrorfilms, dass Selena nicht überrascht gewesen wäre, gleich hinter der Schwelle auf die Truhe zu stoßen, die unvermittelt aufklappte wie das klaffende Maul eines Dämons, bereit, sie mit Haut und Haar zu verschlingen …

Sie trat in den Raum. Er war leer.

Selena schob entschlossen ihren Unterkiefer vor, marschierte quer durch das Zimmer und riss mit einem Ruck die Schranktür auf. Sie runzelte die Stirn. Obwohl die Kleiderstange im Innern des Schranks genauso leer war wie das Regal darüber, waren darunter mehrere Kartons aufgestapelt.

Eigentlich hätte dieser Schrank genauso leer sein sollen wie der Raum selbst. Warum standen diese Kisten hier?

Selena griff nach einem der Kartons. Sie hob ihn hoch und hätte ihn fast über ihren Kopf hinweggeschleudert, denn er war so leicht, dass sie viel zu viel Kraft aufwandte. Sie schüttelte den Karton. Er war leer.

Selena holte den nächsten Karton aus dem Schrank, und dann noch einen. Alle Kisten waren leer. Warum hatte Cade in diesem Schrank lauter leere Pappkartons verstaut? Sie hatten doch besprochen, sämtliche Kartons, die sie nicht mehr brauchten, auseinanderzufalten und zum Altpapier zu geben.

Ihr kam nur ein einziger logischer Grund dafür in den Sinn, leere Kisten aufzustapeln: Um einen provisorischen Sichtschutz daraus zu errichten … und etwas dahinter zu verstecken.

Selenas Ohren glühten vor Empörung, als sie anfing, die leeren Kartons voller Wut aus dem Schrank zu räumen. Sie schleuderte acht Kisten hinter sich auf den Holzboden des Zimmers. Dann starrte sie den Stapel Decken an, die dahinter zum Vorschein kamen. Was machten diese Decken hier? Die sollten eigentlich im Wäscheschrank sein.

Und auch für den Deckenstapel konnte es nur einen Grund geben. Auch sie dienten dazu, etwas zu verbergen.

Selena stieß ein wütendes Knurren aus und warf die Bettdecken beiseite. Und da war sie.

Die Truhe stand vor ihr. Die beiden Verschlüsse und das Schloss in der Mitte erinnerten an eine grimmige Fratze, die zu ihr heraufstarrte. An eine nörgelnde, grimmige Fratze.

Selena vergeudete keine Zeit. Sie sank auf die Knie und griff nach den Verschlüssen, die mit einem lauten, metallischen Klacken aufschnappten. Dann versuchte sie, das Schloss zu öffnen. Aber vergebens. Denn das Schloss war, na ja, verschlossen.

Wo bewahrte Cade wohl den Schlüssel auf?

Selena lehnte sich auf ihren Fersen zurück. Der Schlüssel konnte überall sein.

Sie studierte das Schloss. Vielleicht konnte sie es ja knacken?

Selena warf der Truhe einen bösen Blick zu, ehe sie aufstand und aus dem Zimmer eilte. Sie hastete durch den Flur und joggte die Treppe hinunter. Sie stürmte in ihr Büro. Sie warf sich in den Chefsessel, öffnete ihren Laptop und rief das Internet auf. Ihre Finger schwebten über der Tastatur, bereit, „wie knackt man ein Reisetruhenschloss?“ in die Suchmaschine einzutippen, aber dann ließ sie ihre Hände sinken und klappte den Laptop wieder zu.

Zum Teufel damit! Sie wollte sich nicht damit abmühen, zu lernen, wie man ein Schloss knackt. Sie würde das Schloss einfach gewaltsam aufbrechen.

Selena stand auf und verließ ihr Büro.

Sie brauchte ein paar Minuten, um einige Werkzeuge aus der Garage zu holen. Da sie nicht sicher war, was genau sie brauchte, schnappte sich Selena einen Hammer, eine Brechstange und ein paar Schraubenzieher. Sobald sie alles hatte, kehrte sie ins Haus zurück, lief die Treppe hoch und marschierte ins dritte Zimmer, um sich vor der Truhe auf den Boden zu knien.

Da Selena noch nie zuvor das Schloss einer Reisetruhe geknackt hatte, hatte sie keine Ahnung, was sie tun sollte. Vielleicht hätte sie sich bei YouTube ein Video darüber ansehen sollen, wie man eine Truhe aufbricht, anstatt einfach davon auszugehen, dass das ein Kinderspiel sein würde. Sie musste bald erkennen, dass das Brecheisen und der Hammer keine große Hilfe waren. Mit dem schweren Werkzeug auf das Schloss einzudreschen und daran herumzuhebeln, machte allerdings nur jede Menge Krach und hinterließ ein paar weitere Kratzer und Dellen in dem schmuddeligen braunen Enten-Canvas, mit dem die Holzbretter der Truhe bespannt waren.

Doch als Selena die größeren Werkzeuge beiseitelegte und es stattdessen mit den Schraubenziehern versuchte, hatte sie mehr Glück. Schließlich gelang es ihr, das Schloss aus der Truhe zu lösen, indem sie es mit beiden Schraubenziehern wie mit einer Zange von zwei Seiten anging und gewaltsam aus seiner Verankerung hebelte.

Als das Schloss klappernd zu Boden fiel, ließ sie die Schraubenzieher fallen und stieß triumphierend eine Faust in die Höhe. „Hab ich dich!“, frohlockte sie.

Erwartungsvoll packte sie mit beiden Händen den Deckel und wollte ihn gerade hochheben, als von unten ein dumpfes *Tschud* heraufdrang, das Selena verriet, dass die Eingangstür gerade zugeworfen worden war. Dann hörte sie Schritte. Cades Schritte.

Cade – ihr hinterhältiger, verlogener Ehemann – war wieder zu Hause. Und, Junge, der konnte sich auf etwas gefasst machen!

Ihr Zorn obsiegte über ihre Neugierde. Selena ließ den Deckel der Truhe los, sprang auf die Füße und eilte aus dem Zimmer. Sie hastete die Stufen hinunter, um ihren Mann zur Rede zu stellen.

Als Selena den Fuß der Treppe erreichte, war Cade gerade dabei, sich Regenwasser aus dem Haar zu schütteln. „Mann, da draußen geht gerade die Welt unter“, sagte er. „Da fahre ich in der Mittagspause spontan nach Hause, um mit meiner wunderschönen Frau Mittag zu essen, und auf halbem Wege beschließt Mutter Natur, mich zu ersäufen!“

Selena schaute aus dem Fenster. Während sie versucht hatte, die Truhe zu öffnen, hatte es angefangen zu regnen. Sie hatte es nicht einmal bemerkt.

Selenas Blick wanderte zurück zu Cade. Sein dunkelgrünes Poloshirt und seine Kakihosen waren vollkommen durchnässt.

Normalerweise hätte Selena in dieser Situation darüber gewitzelt, dass sie ihm vermutlich dabei zur Hand gehen sollte, schleunigst aus diesen Klamotten rauszukommen, aber nach Scherzen war ihr in diesem Moment beim besten Willen nicht zumute. Um ehrlich zu sein, war es ihr scheißegal, wie durchgeweicht er war.

Selena stemmte ihre Fäuste in ihre Hüften. „Warum hast du die Truhe nicht da hingetan, wo du gesagt hast?“

Cade wischte sich übers Gesicht und sah Selena an. „Was?“

„Die Truhe. Du hast sie nicht auf den Dachboden gebracht. Stattdessen hast du sie hinter leeren Kartons und Decken *versteckt*. Warum hast du das getan?“

Cades Gesicht versteinerte; in diesem Augenblick hätte es tatsächlich gemeißelt sein können. „Hast du sie aufgemacht?“

Selena starrte ihn grimmig an, ohne auf seine Frage zu antworten.

Cade stürmte zu Selena hinüber. Seine triefnassen Slipper erzeugten auf dem Holzboden patschende, quietschende Geräusche.

Er packte ihre Arme. „Hast du sie aufgemacht?“, wiederholte er. Diesmal stieß er die Worte so schnell hervor, dass sie ineinander übergingen.

„Du hast meine Frage nicht beantwortet“, gab Selena kühl zurück.

Cade schüttelte Selena ein bisschen. „Hast du sie aufgemacht?“

Selena zog eine Grimasse, als sich Cades Finger noch fester um ihre Arme schlossen. Sie riss sich aus seinem Griff los und wich vor ihm zurück.

„Hast du sie aufgemacht?“, forschte er. Dieses Mal betonte er jedes Wort so überdeutlich, als spräche er mit einer Schwachsinnigen. „Hast … du … sie … *aufgemacht*?“ Seine Stimme klang dumpf, beinah drohend.

„Nein!“, blaffte Selena. „Ich war gerade dabei, aber dann hörte ich, dass du heimgekommen bist, und – “

Cade wartete nicht, bis sie den Satz zu Ende brachte. Er drängte sich an ihr vorbei und lief die Treppe hoch. Selena starrte ihm einen Moment mit offenem Mund nach. Dann schüttelte sie ihre Überraschung ab und rannte ihm hinterher.

Cade erreichte das dritte Zimmer nur Sekunden, bevor Selena ihn einholte. Sie sah, dass er vor der Truhe kniete. Er atmete tief durch und schlug den Deckel der Truhe zurück.

Selena trat hinter Cade, blickte in die Truhe hinunter und stieß ihren angehaltenen Atem aus.

Die Truhe war leer. Vollkommen leer.

„Nein!“, keuchte Cade. Er hob den Kopf und schaute sich panisch um. Er war aschfahl. Sein Blick schoss im Zimmer umher. Tränen stiegen ihm in die Augen. Einen Moment lang dachte Selena, er würde anfangen zu weinen. Dann fuhr er sich mit dem Handrücken übers Gesicht und schaute wieder in die leere Truhe hinab.

Selena hatte keine Ahnung, was sie erwartet hatte, was sie in der Truhe finden würde, aber zu sehen, dass sie leer war, erfüllte sie mit grenzenloser Erleichterung. Sie wusste zwar immer noch nicht, was es mit Cade und der Truhe auf sich hatte, aber zumindest befand sich nichts Grässliches darin.

„Es tut mir leid", sagte Selena.

Sie legte Cade eine Hand auf die Schulter. Durch sein nasses Shirt könnte sie spüren, dass seine Schulter zitterte. Doch obgleich er so durchnässt war, fühlte er sich nicht kalt an, daher nahm sie an, dass er zitterte, weil er stinksauer auf sie war. Immerhin hatte sie nicht bloß deutlich gemacht, dass sie ihm misstraute, sie hatte ihrerseits auch sein Vertrauen in sie zerstört. Sie hatte in seinen privaten Dingen herumgeschnüffelt. Hätte sie das bei ihr gemacht, wäre sie fuchsteufelswütend gewesen. Nicht, dass sie irgendwas zu verbergen hatte.

„Es tut mir unendlich leid", sagte Selena. „Ich wollte bloß … Ach, keine Ahnung. Es hat mich einfach gewurmt, dass du dich wegen dieser dämlichen Truhe so sonderbar verhältst. Und dann deine Geheimnistuerei … Trotzdem, es tut mir leid. Ich hätte dir vertrauen sollen. Ich hätte nicht einfach –"

Cade stand auf. Er drehte sich um und schlang die Arme um Selena. „Schon okay", sagte er. „Schon okay."

Doch Selena war sich nicht so sicher, dass alles okay

war. Gegen seine von dem feuchten Shirt bedeckte Brust gedrückt, konnte sie fühlen, wie sein Herz hämmerte, und sie spürte die Anspannung in seinen Arm- und Schultermuskeln, als sie seine Umarmung erwiderte. Außerdem roch sie etwas, das sie noch nie zuvor an Cade gerochen hatte – den Gestank von ranzigem Schweiß. Sie trat einen Schritt zurück und betrachte sein Gesicht. Seine Stirn war feucht. Den Regen hatte er fortgewischt, das konnte es also nicht sein. Nein, das war Schweiß. Cade hatte Angst. Das war es, was sie da roch – es war der Geruch der Furcht.

Spätestens in diesem Moment wusste Selena, dass nichts in Ordnung war, ganz egal, was Cade sagte. Doch erst in dieser Nacht sollte sie feststellen, wie wenig okay die Dinge tatsächlich waren.

Nachdem er die Truhe zugeklappt und sie wieder hinten im Schrank verstaut hatte, hatte Cade sich ziemlich schnell wieder gefasst. Die verstreuten leeren Pappkartons und die Decke hatte er gar nicht beachtet. Es war, als würde er sie überhaupt nicht sehen. Gut möglich, dass er ihr einfach nicht erklären wollte, warum er sich solche Mühe gemacht hatte, um eine leere Reisetruhe zu verstecken. Und Selena war so erleichtert darüber, dass die Truhe leer war, dass sie deswegen nicht weiter nachbohrte. Stattdessen sagte sie fröhlich: „Ich mache uns Thunfisch-Sandwiches.“

Cade nickte bloß und ging sich umziehen. Als er in einem neuen Paar Kakihosen und einem dunkelblauen Poloshirt (Cades Garderobe war ein bisschen eingeschränkt) wieder nach unten kam, machte er Small Talk und erzählte ein bisschen von seiner Arbeit, während sie aßen. Selena berichtete ihm von ihrem morgendlichen Spaziergang. Ihre Unterhaltung war ganz okay, mit dem richtigen Maß an Humor, so wie sonst auch, aber irgendwie fühlte sich das Ganze nicht richtig an. In ihren Worten schwang ein merkwürdiger Unterton mit, einer, den sie beide ignorierten.

Nach dem Mittagessen fuhr Cade zurück auf die Arbeit. Selena zwang sich, die ganze Sache mit der Truhe aus ihren Gedanken zu verbannen. Außerdem hatte sie noch einiges zu erledigen.

Beim Abendessen war die Atmosphäre schon um einiges normaler als am Mittag. Sie hatte ein neues Pasta-Rezept ausprobiert, und Cade meinte, er würde es lieben. Er nahm sogar eine zweite Portion.

Als sie sich schließlich bettfertig machten, war bloß noch ein Hauch von Unstimmigkeit zwischen ihnen. Allerdings kehrte die Anspannung zurück, als Cade Selena einen flüchtigen Gutenachtuss auf die Wange gab und meinte, er wäre total erschöpft und müsse sich sofort aufs Ohr hauen. Für gewöhnlich kuschelten sie noch eine Weile, bevor sie sich schlafen legten, schmiegten sich aneinander und unterhielten sich schläfrig über ihre Pläne für den nächsten Tag. Aber nicht heute Abend. Cade deckte sich zu und schloss die Augen. Selena hingegen war hellwach. Trotzdem kletterte sie ebenfalls ins Bett und machte das Licht aus.

Sie lagen nebeneinander – ohne sich zu berühren, ohne miteinander zu reden. Selena lauschte auf Cades gleichmäßigen Atem. Er tat so, als würde er schlafen, aber das war bloß gespielt. Wenn er wirklich schlief, hörte man ein leises, gedämpftes Zischeln, wenn er ausatmete. Doch dieses Zischeln hörte Selena gerade nicht.

Da sie regelmäßig meditierte und Yoga machte, fiel es ihr leichter, vorzutäuschen, sie würde schlafen. Sie verlangsamte ihre Atmung und entspannte all ihre Muskeln. Sie wusste, sie wirkte, als würde sie schlafen, aber das tat sie nicht.

Selena war nicht sicher, wie lange sie sich auf ihren Atem konzentrierte, bis sie hörte, wie Cade sich neben ihr regte. Sie fühlte, wie die Decke angehoben wurde – ein kühler Luftzug streifte ihre nackten Arme. Die Matratze bewegte sich. Cade war aufgestanden. Der Boden knarrte. Er entfernte sich vom Bett.

Selena öffnete ihre Augen nur einen Spaltbreit. Sie drehte langsam und lautlos den Kopf.

Da sie sich bislang noch nicht auf ein Farbschema für das Schlafzimmer einigen konnten, waren die beiden Sprossenfenster, die auf den Hinterhof hinausgingen, bloß mit den dünnen Gardinen verhangen, die die Vorbesitzer zurückgelassen hatten. Und diese Gardinen hielten nicht besonders viel Licht draußen. Jetzt ließen sie den matten Schein des Dreiviertelmondes herein, der den ganzen Raum mit vager Helligkeit erfüllte, in der Selena Cade deutlich sehen konnte.

Sie beobachtete, wie Cade auf die Knie sank. Sein Kopf verschwand unterhalb der Matratze. Er schien unters Bett zu schauen.

Cade hob den Kopf. Selena schloss die Augen. Sie lauschte auf seine Schritte, die sich vom Bett wegbewegten. Dann öffnete sie die Augen wieder.

Cade ging langsam durchs Zimmer. Es sah aus, als würde er irgendwas suchen. Sein Kopf schwang von links nach rechts und wieder zurück, während er von seiner Seite des Zimmers zu ihrer hinüberschlich. Er öffnete die Schranktür. Er sah einige Sekunden lang in den Schrank, schob Kleidung beiseite und schloss die Tür wieder.

Als Cade sich umdrehte, machte Selena erneut die Augen zu. Sie konzentrierte sich darauf, dass ihr Atem ruhig und entspannt ging, als Cade das Bett umrundete und sich wieder hinlegte.

Diesmal dauerte es nur einige Minuten, bis er mit diesem typischen, rhythmischen Zischeln atmete, das verriet, dass er tatsächlich schlief. Selena hingegen brauchte eine ganze Weile, bevor sie schließlich wieder einschlummerte.

Doch dieses Schläfchen währte nicht lange.

Cades Schritte weckten Selena. Sie lag jetzt auf der Seite und sah auf den Wecker auf dem Nachttisch. Seit sie das Licht ausgemacht hatten, war kaum eine Stunde vergangen. Cade schlich erneut durchs Zimmer. Sie lauschte angestrengt auf die Geräusche, die er dabei verursachte, und kam zu dem Schluss, dass er genau dasselbe machte wie vorhin.

Selena überlegte, ob sie das Licht anmachen und ihn fragen sollte, was zur Hölle er da trieb.

Bevor sie in dieses Haus gezogen waren – bevor sie von seiner seltsamen Verbindung zu der Truhe und seiner geheimnisvollen Vergangenheit bei Freddy's wusste –, hätte Selena das Thema sofort angesprochen. Sie hätte nicht gezögert, Cade zur Rede zu stellen, um zu erfahren, was er da machte. Doch mittlerweile wusste sie, dass sie, selbst wenn sie das tat, keine Antwort bekommen würde. Und im Moment hatte sie keine Lust, sich noch mehr von Cades Ausflüchten anhören zu müssen.

Cade kam zurück ins Bett und schlief wieder ein. Selena tat es ihm gleich.

Dieses Theater wiederholte sich in dieser Nacht noch drei Mal. Als Cade am Morgen aufstand und laufen ging, sah er total erledigt aus. Selena ging es nicht anders. Sie war so erschöpft, dass sie noch einmal einnickte, bis Cade von seiner Runde zurückkehrte. Während er duschte und sich für die Arbeit fertig machte, tat sie so, als würde sie noch schlafen. Sie kletterte erst aus dem Bett, als sie hörte, wie sein SUV die Auffahrt hinabfuhr.

Selena nahm Cades nächtliche Paranoia fast eine Woche lang hin, bevor sie schließlich nicht mehr anders konnte, als ihn zu fragen, was das Ganze zu bedeuten hatte. Mittlerweile forderte der Schlafmangel mehr und mehr seinen Tribut. Sie hatte die Nase voll.

Als Selena in der siebten Nacht aufwachte und sah, wie Cade unters Bett schaute, seufzte sie schwer und streckte die Hand aus, um die fuchsrote Kruglampe auf ihrem Nachttisch einzuschalten.

Cades Kopf schoss in die Höhe. Sein Haar war zerwühlt. Die plötzliche Helligkeit ließ ihn blinzeln. Er sah aus wie ein kleiner Junge, der mit den Fingern in der Keksdose erwischt worden war.

Selena richtete sich ruckartig im Bett auf. „Was zum Geier machst du da?“, fragte sie.

Cade blinzelte erneut. „Was meinst du?“, fragte er dümmlich.

Selena zog die Decke bis zu ihrer Brust hoch und verschränkte die Arme darüber. „Spiel nicht den Dummen! Du weißt genau, was ich meine. Du bist die ganze letzte Woche über jede Nacht zigmal aufgestanden. Was ist hier los? Willst du dich vergewissern, dass der Boogeyman nicht unterm Bett lauert, oder was?“

Cade rieb sich die Augen und zog eine Grimasse. Seufzend rappelte er sich auf und ließ sich auf die Bettkante sinken.

Selene betrachtete seine breiten Schultern und sein Haar, das sich hinter seinen Ohren lockte. Sie liebte diese Löckchen. „Cade?“

Er drehte sich um und schlüpfte zu ihr unter die Decke. Sie lehnte sich zurück und legte sich so hin, dass sie ihn ansehen konnte. Er tat dasselbe und schaute sie an.

Selena streckte die Hand aus und berührte Cades Wange. Sie war klamm und kalt. Sie musterte die Ringe unter seinen Augen, die seit der ersten Nacht, in der er angefangen hatte, sich paranoid zu verhalten, immer dunkler geworden waren.

Cade griff nach oben und nahm ihre Hand. Er küsste ihre Fingerknöchel. „Eigentlich wollte ich dir nie hiervon erzählen. Ich wollte das alles einfach vergessen. Aber jetzt …“

„Was ist los, Cade? Was geht hier vor?“

Cade atmete tief durch. Er öffnete den Mund und schloss ihn dann wieder.

Er rückte von ihr weg. „Tut mir leid. Es wird Zeit, dir reinen Wein einzuschenken.“ Er stand auf.

Selenas Magen machte einen Satz. Was würde er ihr jetzt beichten?

Sie setzte sich wieder auf und hüllte sich in ihre Decke.

Obwohl die Temperatur im Zimmer angenehm mild war, fröstelte sie.

Cade begann, auf und ab zu tigern. „Meine Mom hat dir gesagt, dass irgendwer Lally gestohlen hat“, begann er. „Aber das stimmt nicht.“

Er sah Selena an. Sie sagte nichts. Sie konzentrierte sich darauf, dass ihre Miene so ruhig und neutral wie möglich wirkte.

„In Wahrheit“, fuhr er fort, „fanden im Pizzaplex Renovierungsarbeiten statt. Dabei stürzte ein Gerüst zusammen, mitten bei einer Runde von Lallys Spiel. Das Gerüst riss ein Loch in die Außenwand der Spielarena.“ Cade trat zum Fenster und starrte in die Nacht hinaus. Der Mond war mittlerweile fast voll. Sein silberner Schein umfing Cade wie der Spot eines Scheinwerfers.

„Das Areal wurde evakuiert und Lallys Spiel dichtgemacht, weil Lally nirgends zu finden war“, erklärte Cade. „Allgemein ging man davon aus, dass er gestohlen wurde.“

„Aber du sagt, das ist nicht der Fall“, warf Selena ein.

Cade warf einen Blick zu ihr herüber und schüttelte den Kopf. Dann wandte er sich wieder dem Fenster zu. „Nein. Nachdem die Spielarena geschlossen wurde, sah ich Lally ständig. Ich sah ihn *überall.*“

Selena schwieg.

„Eines Tages sah ich ihn auf meinem Bücherregal, in meinem Zimmer“, sagte Cade. „Dann, eines Nachmittags, saß er auf meinem Schreibtisch, hinter meinen Spielzeugastronauten. Einmal zog ich die Jacken in meinem Schrank auseinander und sah Lally dort stehen, hinten im Schrank. Er starrte mich an. Einmal sah ich ihn im Bad hinter dem

Duschvorhang. Und ich sah ihn gleich mehrmals im Hinterhof. Und immer verbarg er sich irgendwo, als würde er die ganze Zeit über Verstecken mit mir spielen."

Gänsehaut kroch Selenas Arme hoch. Sie rieb mit den Händen darüber.

„Wann immer ich ihn entdeckte, sah er aus wie festgewurzelt, völlig reglos, und hatte diese Andeutung eines Lächelns auf dem Gesicht." Cade verstummte und strich über seine Arme, als hätte er ebenfalls Gänsehaut.

Selena räusperte sich. „Hat dir vielleicht jemand einen Streich gespielt?"

Cade wandte sich zu ihr um. Seine Miene wirkte resigniert. „Ich wünschte, es wäre so gewesen. Aber nein. Lally ist mir nach Hause gefolgt."

Selena hielt den Atem an. Ihr Herz begann so fest in ihrer Brust zu hämmern, dass sie überzeugt war, dass Cade es hören konnte.

„Lally spielte wochenlang sein Spielchen mit mir, bevor ich ihn schließlich stoppte." Cade bedachte Selena mit einem kleinen, triumphierenden Grinsen. „Du kennst doch Moms Nähzimmer?"

Selena nickte.

„Eines Tages, als sie bei einem ihrer Treffen war, räumte ich diesen Raum vollkommen leer. Na ja, es stand auch nicht allzu viel drin. Da waren bloß die Nähmaschine auf dem Tisch, diese Puppe, an der sie ihre Muster anpinnt, und ein paar Lagerbehälter aus Plastik. Nachdem ich den Raum ausgeräumt hatte, schleppte ich die Truhe hinein, da ich mir überlegt hatte, dass Lally nicht würde widerstehen können, sich darin zu verstecken."

Selena biss sich auf die Unterlippe und schwieg weiter.

„Ich wartete eine Stunde", sagte Cade. „Dann lief ich in das Zimmer, schlug den Deckel der Truhe zu und schloss sie ab. Ich fing ihn ein."

Selena runzelte die Stirn. „Hast du in die Truhe gesehen, um dich zu vergewissern, dass er auch wirklich drin ist?"

Cade schüttelte den Kopf. „Ich wollte nicht riskieren, dass er wieder rauskommt. Ich hab die Truhe einfach zugesperrt. Ich wusste, dass er da drinnen ist."

Selena starrte den Mann an, den sie bis zu diesem Moment für einen der intelligentesten Menschen gehalten hatte, die sie kannte. Cade war ein Programmier-Genie und konnte zu praktisch jedem Thema etwas sagen. Er hatte einen scharfen Verstand und war ein vollkommen rationaler, logisch denkender Mensch. Normalerweise.

Die einzige Schlussfolgerung, die Selena aus dem ziehen konnte, das Cade ihr gerade erzählt hatte, war, dass irgendein Teil seiner Psyche noch immer in seiner Kindheit gefangen war. Die Zerstörung seines Lieblingsspiels hatte ihn derart traumatisiert, dass er eine ausgeklügelte Geschichte darum gesponnen hatte, um besser damit zurechtzukommen. Genau, das musste es sein.

Offensichtlich hatte Cade überhaupt nichts „eingefangen". Er hatte eine leere Truhe verriegelt. Doch mit seiner kindlichen Fantasie hatte er sich eingeredet, dass er seinen Peiniger gefangen hatte. Seine Überzeugung, Lally eingesperrt zu haben, hatte ihm seine Angst vor dem Roboter genommen. Deshalb hatten auch seine Halluzinationen über Lally aufgehört. Denn dass er sich das Ganze bloß eingebildet hatte, war klar. Eine andere Erklärung gab es nicht.

Cade kam zurück zum Bett. Er setzte sich und wandte sich Selena zu. „Sag irgendwas."

Selena atmete tief durch. Dann erklärte sie ihm ihre Theorie, die sie mit einer Episode aus ihrer eigenen Kindheit untermauerte. „Als wir in der 1. Klasse waren, machte meine beste Freundin Zoey – du erinnerst dich sicher, dass ich dir von ihr erzählt habe – so eine Phase durch. Sie war sicher, unter ihrem Bett würde ein riesiges lila Monster hausen. Ich meine, sie war felsenfest davon *überzeugt*. Sie sprach ständig darüber. Ihre Eltern waren am Verzweifeln. Schließlich machten sie etwas ganz Ähnliches, wie du es getan hast. Sie sagten, sie hätten eine Falle für das Monster ausgelegt und es in einer großen Kiste ‚gefangen'." Bei diesem Wort zeichnete Selena Gänsefüßchen in die Luft. „Danach war Zoey wieder ganz die Alte. Bei dir war es genauso. Wenn ein Kind glaubt, etwas ist eingesperrt und kann ihm deshalb nichts mehr tun, hat es auch keine Angst mehr davor."

Als Selena mit ihrer Geschichte zur Hälfte durch war, hatte Cade angefangen, den Kopf zu schütteln. Als sie jetzt zum Ende kam, schüttelte er ihn so heftig, dass ihm sein Haar vor die Augen fiel. „Lally ist kein lila Monster, das ich mir bloß eingebildet habe. Er ist *real.* Und er *war* in dieser Truhe. Bis du sie aufgemacht hast."

Selena entging nicht, dass Cade im Präsens über Lally sprach. *„Lally ist."* Nicht *„Lally war"*.

Doch Selena beschloss, dieses beunruhigende Detail fürs Erste auf sich beruhen zu lassen. Damit konnte sie sich jetzt nicht auch noch auseinandersetzen.

Sie rutschte über das Bett und ergriff Cades Hand. „Cade, Liebling, in dieser Truhe war nichts. Du warst damals ein kleiner Junge. Ein traumatisierter kleiner Junge. Und du hast dir selbst Mut gemacht, indem du dir eingeredet hast, dass du Lally in dieser Truhe eingesperrt hast. Deshalb hast du auch aufgehört, ihn überall zu sehen. Das ist einfache Psychologie."

Cade reagierte nicht. Einige Sekunden lang schaute er wie erstarrt zu Boden.

Schließlich drückte Cade widerwillig Selenas Hand. „Wir sollten jetzt schlafen." Er kletterte unter die Decke. „Mach das Licht aus."

Im ersten Moment wollte Selena ihm widersprechen. Sie wusste, dass Cade ihre Erklärung ablehnte. Aber sie war müde und wollte jetzt nicht weiter darüber nachdenken. Sie schaltete die Lampe aus und legte sich hin. Cade rutschte zu ihr herüber, legte seine Arme um sie und schmiegte sich in Löffelposition an sie.

Selena spürte Cades warmen Körper an ihrem und zwang sich, das hektische Hämmern seines Herzens zu ignorieren, das sie an ihrem Rücken spürte.

Doch auch, als Cades Herzschlag allmählich langsamer wurde und er irgendwann einschlief, lag Selena noch sehr lange wach.

Die nächsten paar Wochen verliefen relativ ereignislos. Selena und Cade verbrachten in dieser Zeit mehrere Abende bei Janice. Sie halfen ihr bei der Hausarbeit und aßen mit ihr zu Abend. Waren sie nicht bei Janice, arbeitete Cade lange – so lange, dass sie sein Essen, das sie gekocht hatte, zum Warmhalten in den Ofen stellte. Meist kam er erst gegen zehn heim. Dann tranken sie noch einen Becher Tee oder heiße Schokolade zusammen, unterhielten sich darüber, wie ihr Tag war, und gingen dann zu Bett.

Sowohl Selenas als auch Cades Schlaf war unruhig, aber immerhin schliefen sie überhaupt. Falls Cade nachts aufstand, bekam Selena davon nichts mit. Allerdings verschwanden die dunklen Ringe unter seinen Augen nicht.

Tagsüber war Selena mit ihrer Arbeit und den Renovierungsarbeiten im Haus beschäftigt. In der ersten Woche, nachdem Cade ihr von Lally erzählt hatte, machte Selena sich daran, ihr Büro herzurichten. Sie lackierte den Hartholzfußboden neu und strich die Wände moosgrün. Vors Fenster kamen grün-grau gestreifte Vorhänge. Dann fuhr sie in die Stadt und fand dort einen Vorleger, einen Tisch, einen Buffet- und einen neuen Ablageschrank, allesamt wie gemacht für das Zimmer. Sie hängte ihre Lieblingsbilder auf und entschied, dass das Büro damit fertig war.

Nachdem sie ihr Arbeitszimmer abgehakt hatte, riss Selena das Gästebad raus. Es war ein gutes Gefühl, wieder und wieder einen Vorschlaghammer zu schwingen. Schweren Stahl gegen Porzellanfliesen zu donnern, war auf faszinierende Weise kathartisch. An diesem Wochenende fliesten Selena und Cade den Boden neu und bauten eine neue Toilette, einen Waschtisch und ein Waschbecken ein. An beiden Tagen werkelten sie von Sonnenauf- bis Sonnenuntergang. Wirkte das Tempo, mit dem sie arbeiteten, irgendwie gehetzt? Vermutlich. Aber keiner von ihnen sagte etwas dazu.

Als sie mit dem Gästebad fertig waren, wurde Selena zur

verschrobenen Pinselschwingerin. Nachdem sie sich darauf geeinigt hatten, die Wände in einem matten Taubengrau mit weißer Bordüre zu gestalten, strich sie das gesamte Wohnzimmer. Als das erledigt war, brachen sie und Cade zu einem Möbelkauf-Marathon auf, bei dem sie unter anderem eine antike Esszimmergarnitur aus Kirschholz, ein marineblaues Sofa nebst farblich darauf abgestimmtem Zweisitzer, einen marineblauen Läufer mit einem geometrischen Muster in Taubengrau und Creme, einen Kaffeetisch aus Eiche nebst zweier dazu passender Beistelltischchen sowie ein Paar antiker Kupferlampen für besagte Tischchen erbeuteten. Außerdem fand Selena fürs Wohnzimmer die perfekten Tweedvorhänge in Taubengrau und Dunkelblau, ehe sie eifrig daran ging, Zierkissen und Bilder zu erwerben. Sie verbrachte mehrere Stunden damit, die Möbel auf- und umzustellen, bevor sie sich schließlich dafür entschied, das Sofa und den Zweisitzer in der Mitte des Raums zu platzieren. Sie stellte die Sitzmöbel so, dass sie den Kamin einrahmten. Ende des Monats waren das Esszimmer und das Wohnzimmer komplett.

Da sie für die Küche professionelle Hilfe brauchten, hatten sie die bislang zwar noch nicht in Angriff genommen. Dennoch beschloss Selena, dass es allmählich Zeit wurde, ein paar Leute einzuladen, schließlich waren die meisten Hauptwohnbereiche mittlerweile fertig.

Cade hatte auf der Arbeit viele neue Freunde gewonnen. An den seltenen Abenden, an denen er nicht lange arbeitete, wurden er und Selena von seinen Kollegen regelmäßig zum Essen eingeladen, sodass Selena nicht bloß viele der Menschen kennengelernt hatte, mit denen Cade jeden Tag so viele Stunden verbrachte, sondern auch ihre Lebensgefährtinnen. Dank dieser Leute und der Freundschaften, die Selena auf ihren Spaziergängen und bei ihren Shoppingtrips schloss, hatten sie schon bald einen stattlichen, sehr angenehmen Bekanntenkreis.

„Wie wär's, wenn wir die Petersons, die Taylors und die Lees dieses Wochenende zum Dinner einladen?", schlug Selena eines Abends vor, als sie zusammen auf dem Sofa kuschelten und heiße Schokolade nippten. „Wir schulden denen noch ein Essen."

„Wir ‚schulden' es denen?" Cade grinste Selena an. „Hab ich irgendwas verpasst? Haben wir vielleicht ein Gegenseitigkeitsabkommen unterschrieben, als wir bei ihnen zu Gast waren?"

Selena gab ihm einen spielerischen Klapps auf den Oberschenkel. „Du weißt, was ich meine!"

„Ja, das weiß ich, Miss Etikette."

Selena verdrehte die Augen. „Ich denke an etwas Zwangloses. Draußen ist es warm genug. Wie wär's mit Barbecue?"

„Klar", sagte Cade. Er stellte seinen Becher ab und legte seinen Arm um Selena. „Klingt spaßig."

An Abenden wie diesem gelang es Selena fast, sich einzureden, dass alles in bester Ordnung war. Fast konnte sie die Sache mit Lally und der Truhe vergessen. Fast.

An dem Abend, an dem sie zum Grillen eingeladen hatten, herrschte perfektes Wetter. Es war warm und das Firmament voller funkelnder Sterne, die aussahen, als wären sie wie Partydekorationen über ihren Köpfen aufgehängt worden.

Nach einem üppigen Festmahl, bestehend aus Burgern, Makkaronisalat, grünem Salat, Chips, Maiskolben und selbst gemachten Brownies als Nachspeise (nach Janice' Rezept; Cade meinte, sie würden genauso schmecken wie die seiner Mutter), machten es sich die vier Paare rings um die Gasfeuerstelle gemütlich, die Selena erst wenige Tage zuvor hergerichtet hatte. Alle lümmelten sich in die Verandastühle mit den marineblau-creme-gestreiften Auflagen, die sie gestern gekauft hatte.

„Wie wär's mit Scharade?", fragte Selena.

Grace Peterson, eine hübsche Frau mit kurz geschnittenem, blondem Haar, sprang von ihrem Stuhl auf. „Ich will in Hughs Team sein!" Sie knuffte ihren Mann Ron, damit er mit ihr den Platz tauschte.

Ron, ein ungewöhnlich blasser Typ mit langem, braunem Haar, verdrehte die Augen, doch gutmütig, wie er war, kam er dem Wunsch seiner Frau nach. Als er Selenas fragenden Blick bemerkte, erklärte er: „Hugh ist ein Film- und Bücher-Freak."

„Wohl eher ein Trivialitäten-Nerd", sagte Theresa Taylor, Hughs Gemahlin. Theresa war groß, breitschultrig und rothaarig und überragte ihren kleinen, kahlen Gatten um einen halben Kopf. Doch abgesehen davon, dass sie optisch kaum unterschiedlicher sein konnten, schienen sie das perfekte Paar zu sein. Selbst ein Blinder hätte gesehen, dass die beiden vollkommen ineinander verschossen waren.

Selena grinste. „Na, wenn das so ist, will ich auch in Hughs Team!"

Alle lachten.

Grace stand auf. „Ich fange an!"

Hugh und Selena und ihr viertes Teammitglied, Ava Lee, eine sportliche Brünette, schauten zu ihr auf. Als Grace das allgemeingültige Handzeichen für „Film“ machte, zwinkerte Hugh Selena und Ava zu. Sie grinsten.

Grace hielt fünf Finger in die Höhe.

„Fünf Wörter“, sagte Selena unnötigerweise.

Grace hielt einen Finger hoch.

„Erstes Wort“, sagte Ava.

Grace nickte. Dann schüttelte sie den Kopf und hielt erneut einen Finger hoch.

Selena runzelte verwirrt die Stirn.

„Null?“, fragte Hugh. „Point?“ Er beugte sich zu Selena hinüber. „Der eine Finger ist der Hinweis!“

*„Point Break!“*, rief Selena.

Cade brach in Gelächter aus. „Das sind nur zwei Worte, Schatz.“

Selena errötete.

Grace schüttelte den Kopf. Sie begann, ihre Arme auf und ab zu bewegen, als würde sie fliegen.

*„Die Vögel“*, platzte Selena hervor. In dem Moment, in dem die Worte über ihre Lippen kamen, lief sie noch röter an. Dann lachte sie. „Achtet einfach gar nicht auf mich. Ich hab’s nicht so mit Zahlen.“

Die anderen stimmten in ihr Gelächter ein.

Grace kaute auf ihrer Unterlippe herum, als sie überlegte. Dann leuchteten ihre Augen auf. Sie fletschte die Zähne und schielte nach links. Sie sah aus wie eine Missgebildete.

Wieder rief Selena, ohne nachzudenken: *„Shining!“* Sie war ganz begeistert von sich selbst, weil sie erkannt hatte, dass Grace den verrückten Gesichtsausdruck von Jack Nicholson nachahmte, der in diesem Film die Hauptrolle spielt.

Alle lachten.

Selena schlug sich eine Hand vor den Mund und schüttelte den Kopf. Dann ließ sie die Hand sinken und lachte ebenfalls. „Ich kann echt nicht zählen, oder?"

Sie schaute zu Hugh hinüber. Er lächelte sie an. Dann sagte er leise: *„Einer flog über das Kuckucksnest."*

Grace klatschte triumphierend in die Hände und eilte zu Hugh hinüber, um ihn abzuklatschen.

Selena schüttelte den Kopf. „Tut mir leid, dass ich so begriffsstutzig war."

Ava lachte. „Das liegt am Adrenalin. Wer hat bei so viel Aufregung schon Zeit, Wörter zu zählen? Ich hätte auch fast *Shining* gesagt. Du warst bloß ein bisschen schneller."

Selena war erleichtert, dass niemand ihr das Gefühl gab, eine Idiotin zu sein, weil sie für eine Fünf-Wort-Lösung mit Zwei-Wort-Vorschlägen herausgeplatzt war.

Ron stand auf und begann, seinem Team einen Begriff zu umschreiben.

Sie spielten drei Runden Scharade. Hugh war ein wandelndes Trivia-Lexikon, daher war es für ihn ein Klacks, dahinterzukommen, was auch immer seine Teamkameraden pantomimisch darstellten. Nach der ersten Runde hielt Selena lieber den Mund, um sich nicht noch mehr zu blamieren. Doch ihr Team hatte keine Mühe, das von Ron zu schlagen, zu dem Theresa, Cade und Avas Ehemann Marshall gehörten.

Schließlich warf Ron resigniert die Hände in die Luft.

„Ich gebe auf! Können wir nicht irgendwas anderes spielen?“ Er nahm seinen Plastikbecher und schaute hinein.

Selena erhob sich. „Hättest du gern noch etwas Cream-Soda?“

Ron warf einen Blick auf die große, eisgefüllte Schüssel mit den Getränkedosen. „Ich glaube, ich hab schon alle leer gemacht.“

Selena lachte. „Wir haben noch mehr im Kühlschrank in der Garage. Ich hole welche.“

„Bist du sicher?“, fragte Ron. „Ich kann auch irgendwas anderes trinken. Ich will dir keine Umstände machen.“

„Das macht keine Umstände“, versicherte sie ihm.

Ava tippte Marshall an. „Warum holst du nicht deine Gitarre aus dem Auto, Schatz? Wir könnten Song-Raten spielen.“

Hugh stöhnte. Ava zwinkerte Selena zu. „Musik ist Hughs Schwachstelle.“

Selena grinste. „Also, ich bin ziemlich gut darin, Lieder zu erkennen.“

„Dann beeil dich“, sagte Ava. „Dieselben Teams wie eben. Vielleicht könnt ihr Hugh ja mitziehen.“

„Bin schon unterwegs“, sagte Selena glucksend.

*Was für ein schöner Abend*, dachte sie, als sie um das Haus herum zur Garage ging. Sie war wirklich froh, dass sie vorgeschlagen hatte, die anderen einzuladen.

Selena hatte heute Abend zwar nicht viel Zeit mit Cade allein, aber sie hatte ihn beobachtet. Er war entspannt, lachte und unterhielt sich angeregt. Er wirkte so wie früher. Und das war eine echte Erleichterung.

Selena stieß die Hintertür der Garage auf und schaltete

das Licht an. Da ihnen die Glühbirnen mit der richtigen Wattzahl ausgegangen waren, glommen in den Deckenlampen jämmerliche 60-Watt-Birnen, die nicht genügend Licht erzeugten, um die gesamte Garage zu erhellen. Ein Großteil der Fläche war in trübe Dunkelheit getaucht.

Selena schob sich an dem SUV und ihrem neuen kleinen roten Pick-up vorbei, den sie erst letzte Woche gekauft hatten. Sie ging zu ihrem Zweitkühlschrank hinüber, der an der hinteren Wand stand.

Der Kühlschrank wurde von mehreren Umzugskartons flankiert, die Cade bislang aus Zeitgründen noch nicht ausgepackt hatte. Auch den geplanten Werkstattbereich hatte er noch nicht in Angriff genommen. Neben den Kisten lagen der Rasenmäher, der Rasentrimmer, der Laubbläser, die elektrische Heckenschere, Schläuche und einige andere Gartengeräte kreuz und quer auf einem Haufen, den Cade „demnächst" aufräumen würde, wie er ihr versichert hatte. Neben diesem Durcheinander thronte die metallene Werkbank, die Cade noch an ihren finalen Platz rücken musste. Und darauf wiederum stand ein Industriestaubsauger.

Als Selena den Kühlschrank erreichte, streifte ihr Blick zufällig den Staubsauger. Sie schickte sich gerade an, die Kühlschranktür zu öffnen, als ihre Hand plötzlich innehielt. Sie schaute ruckartig zurück zu dem Staubsauger.

Selenas Herz machte einen Satz. Sie keuchte.

Neben dem Industriestaubsauger stand ein kleiner weißer Roboter mit schwarzen Augen.

Es war Lally. Er musste es sein. Das Ding sah genauso aus wie der Roboter auf den Fotos.

Der Roboter rührte sich nicht, aber er war Selena zugewandt. Es kam ihr so vor, als würde er sie beobachten.

Einige Sekunden lang war Selena wie erstarrt. Während ihr Herz wie wild hämmerte und unsichtbare Ameisen über ihre Arme krabbelten, starrte sie Lally fassungslos an.

Als Lally sich weiterhin nicht bewegte, riss Selena den Kühlschrank auf und schnappte sich einen Sechserträger Cream-Soda. Sie warf die Kühlschranktür zu und schaute von Neuem zu dem Staubsauger hinüber. In den paar Sekunden, die es gedauert hatte, den Kühlschrank zu öffnen und wieder zu schließen, hatte sie versucht, sich darüber klar zu werden, was ihr lieber war: dass der Roboter verschwunden war, wenn sie jetzt hinsah, oder dass er noch da war? Was von beidem war schlimmer?

Der Roboter war noch da.

Selena wirbelte herum und verließ fluchtartig die Garage. Sie schlug die Tür hinter sich zu, lief um das Haus herum und verlangsamte ihre Schritte erst, kurz bevor sie in Sichtweite ihrer Gäste kam.

Mit dem Rücken zur Gasfeuerstelle reichte sie Hugh eine Dose Limo und stellte die übrigen in die Schüssel mit dem Eis. Dann ging sie so gelassen wie möglich zu Cade hinüber.

Marshall war gerade dabei, seine Gitarre zu stimmen. Alle anderen unterhielten sich. Cade plauderte mit Ava über irgendwelche Programmierprobleme, mit denen sie bei dem Projekt, an dem sie zusammen arbeiteten, konfrontiert waren.

Sie sah Ava an. „Tut mir leid, euch zu unterbrechen, aber ich muss mir meinen Mann mal kurz ausborgen.“

Cade hob fragend eine Augenbraue.

„Ich, ähm, brauch dich in der Garage, Schatz“, sagte sie.

„Ist alles okay?“, fragte Cade.

„Äh, ja. Es ist nur …“ Sie brach ab und bedachte Ava mit einem angespannten Lächeln. „Tut mir leid. Du hast ihn gleich wieder.“

Ava lächelte. „Kein Problem.“ Sie wandte sich ihrem Gatten zu.

„Was ist los?“, fragte Cade, als Selena ihn an der Hand packte und in Richtung Garage zog. Sie rannte fast. Cade stolperte über eine Baumwurzel. Dann begann er ebenfalls zu laufen, als ihm klar wurde, dass es wichtig sein musste – und dringend.

An der Garagentür angelangt, zögerte Selena.

„Sagst du mir jetzt, was los ist?“, fragte Cade.

Selena antwortete nicht. Sie atmete tief durch und öffnete die Tür.

Die Deckenbeleuchtung war immer noch eingeschaltet. Sie hatte sie absichtlich an gelassen. Sie wollte das Licht vorhin nicht ausschalten, bevor sie die Garage verlassen hatte – nicht mit diesem *Ding* hier drin. Der Umstand, dass der Roboter sich nicht bewegt hatte, als sie hinausgeeilt war, hatte nur wenig dazu beigetragen, ihre Panik im Zaum zu halten.

Selena trat in die Garage und deutete auf den Industriestaubsauger.

„Da“, sagte sie. „Siehst du?“ Erst, nachdem die Worte über ihre Lippen waren, brachte sie den Mut auf, ebenfalls hinzuschauen.

„Was genau *soll* ich denn sehen?“, fragte Cade.

Selena starrte die leere Stelle auf der Werkbank neben dem Staubsauger an und blinzelte.

Der Roboter war fort.

„Aber … Er war da!“, sagte sie.

„Wer war da?“, fragte Cade. „Ist ein Waschbär reingekommen? Ich habe letzte Woche einen verscheucht.“

Selena schüttelte den Kopf und ließ ihren Blick gehetzt durch die Garage schweifen.

Der Roboter war nirgends zu sehen. Aber das hatte nichts zu bedeuten. In der Garage gab es etliche Stellen, wo er sich verstecken konnte.

Selena stöhnte. Jetzt verhielt sie sich schon genauso paranoid wie Cade.

Cade stellte sich vor sie hin. „Noch mal: Was ist hier los?“

Selena schaute zu ihm auf und schluckte. „Ich … Ich habe … Ich habe Lally gesehen. Ich meine, ich *glaube*, es war Lally. Es war ein weißer Roboter, der genauso aussah wie der auf den Fotos und –“

„Wo hast du ihn gesehen?“, unterbrach Cade sie.

Selena zeigte auf die Stelle. „Neben dem Staubsauger.“

Cade eilte durch die Garage. Er inspizierte die Werkbank und sah auch hinter den Umzugskartons links und rechts des Kühlschranks nach. Dann drehte er sich um und begann, den Rest der Garage zu durchkämmen.

Selena blieb wie angewurzelt nahe der Tür stehen, aus Gründen, die jeglicher Vernunft trotzten. Ihr Verstand war ein Wirrwarr zusammenhangloser Gedanken. In ihren Ohren dröhnte ein merkwürdiges Rauschen. Was ging hier vor?

Cade kam zu Selena zurück. Die Haut zwischen seinen Augenbrauen war in Falten gelegt.

„Ich hab mir das nicht bloß eingebildet", sagte Selena.

„Das hab ich auch nicht behauptet", entgegnete Cade.

„Aber–", begann Selena.

Cade nahm ihre Hand. Als er sie aus der Garage zog und die Tür hinter ihnen schloss, widersetzte sie sich nicht. Cade ließ das Licht ebenfalls an.

„Wir haben Gäste", sagte er. „Die fragen sich garantiert schon, wo wir bleiben."

Selena nickte. Er hatte recht. Jetzt war nicht der richtige Zeitpunkt, um darüber zu reden, was sie gesehen hatte. Und es war auch nicht der richtige Zeitpunkt, um darüber nachzudenken.

Sie umrundeten die Hausecke und Selena setzte ihr strahlendstes Gastgeberinnen-Lächeln auf. „Tut mir leid, dass es ein bisschen länger gedauert hat", sagte sie fröhlich.

„Ein kleines Ungezieferproblem", log Cade.

Selena fiel auf, wie natürlich die Lüge bei ihm klang, wie glaubwürdig. Aber um sich deswegen Gedanken zu machen, war jetzt ebenfalls nicht der richtige Zeitpunkt.

Am Morgen nach dem Grillfest war Cade fort, als Selena erwachte. Auf seinem Kopfkissen lag eine Notiz.

Sie wusste sofort, dass die paar eilig hingekritzelten Worte die nächste Lüge waren: „Tut mir leid. Ein Notfall auf der Arbeit. Hab dich lieb."

Cade war noch nie an einem Samstag spontan zur Arbeit gerufen worden. Er ging ihr einfach bloß aus dem Weg. Er wollte nicht über das reden, was passiert war.

Doch damit war er nicht allein. Sie wollte das Ganze auch nur vergessen.

Selena stand auf und schaute aus dem Fenster nach draußen. Der Himmel war blau und klar, aber ihr stand nicht der Sinn nach einem Spaziergang. Doch wonach stand ihr *dann* der Sinn?

Die Wahrheit war: So sehr sie das, was geschehen war, auch vergessen wollte, so sehr hatte es Selena aus der Fassung gebracht, sie verunsichert. Zutiefst verunsichert.

Selena streifte ihren dunkelblauen Frottee-Bademantel über und ging den Flur entlang. Was sie jetzt brauchte, war ein langes, heißes Bad.

Während Selena zum Badezimmer ging, dachte sie daran, dass sie geplant hatten, das Schlafzimmer umzubauen und zu vergrößern. Sie hatten vor, eine Wand rauszureißen und das Gästezimmer ein wenig zu verkleinern, damit sie ihr Schlafzimmer mit einem eigenen Bad versehen konnten. Erst vor einigen Tagen hatten sie darüber diskutiert, ob sie als Nächstes dieses Vorhaben oder die Renovierung der Küche angehen sollten. Wenn es nach ihr ging, hatte das Schlafzimmerbad Vorrang.

Selena betrat das Badezimmer. Die Tür ließ sie offen. Das machte sie immer, wenn sie ein Bad nahm, selbst, wenn Cade zu Hause war. Sie mochte es nicht, wenn der ganze Raum voller Wasserdampf war.

Selena drehte den Hahn am Ende der klauenfüßigen Wanne auf, die unter dem Fenster stand, und ließ das Wasser laufen, bis es warm wurde. Sie stellte die gewünschte Temperatur ein, steckte den Stöpsel in den Ausguss und gab eine muskelentspannende Bademischung ins Wasser, eine

Kombination aus Bittersalzen und ätherischen Ölen von Geranie und Kriechwacholder. Selena sog den Duft der Öle tief ein, in der Hoffnung, dass sie ihre aufgewühlten Nerven beruhigen würden. So auf die Schnelle klappte das zwar nicht, aber sie hoffte, dass die Mischung beim Baden Wirkung zeigen würde.

Da das Farmhaus ganz vorn auf ihrem fast zwei Hektar großen Grundstück stand und das Gelände hinter dem Haus voller Apfelbäume war, machte Selena sich nie die Mühe, den Vorhang am Fenster über der Wanne zuzuziehen. Über Spanner brauchte sie sich hier keine Gedanken zu machen. Sie war allein.

Selena wartete, bis die Badewanne halb voll war. Dann streifte sie ihren Bademantel ab und begann, ihr Nachthemd auszuziehen. Sie hatte es schon fast über ihren Kopf gezogen, als sie erstarrte und das Hemd ruckartig wieder nach unten zog.

Jemand beobachtete sie. Sie war sich ganz sicher.

Selena beugte sich zum Fenster und schaute auf den hinteren Rasen hinaus. Sie kniff die Augen zu Schlitzen zusammen und spähte zu den Bäumen hinüber. Ihr Blick schoss von einem Baum zum nächsten.

Aber sie konnte niemanden entdecken.

Selena runzelte die Stirn. Jetzt noch aufgewühlter als zuvor, streckte sie den Arm aus und zog die Vorhänge zu. Dann drehte sie sich um und schloss die Badezimmertür.

Leider war das Bad nicht annähernd so entspannend, wie Selena gehofft hatte. Tatsächlich war es sogar ziemlich quälend. Sie versuchte mehrmals, sich zurückzulehnen und die Augen zuzumachen, aber dazu war sie viel zu unruhig. Ständig bildete sie sich ein, aus anderen Teilen des Hauses irgendwelche Geräusche zu hören. Einmal war sie sicher, dass oben auf dem Dachboden die Dielen knarrten. Zweimal glaubte sie, Schritte auf der Treppe zu vernehmen.

Schließlich, nach kaum einer Viertelstunde, gab Selena es auf. Sie stieg aus der Wanne, trocknete sich ab und schlüpfte rasch in ihren Bademantel. Sie hastete ins Schlafzimmer und streifte Jeans und ein T-Shirt über. Dann ging sie durchs ganze Haus, um sich zu vergewissern, dass sie allein war.

Selena überprüfte jeden Raum und jeden Schrank. Ja, sie schaute sogar in diese grässliche Truhe, die jetzt hinten in dem Kleiderschrank im dritten Zimmer stand. Sie war immer noch leer.

Nachdem sie sicher war, allein zu sein, versuchte Selena, etwas zu arbeiten. Doch vergebens. Sie konnte sich nicht konzentrieren. Immer wieder glaubte sie, im Haus Geräusche zu hören. Als plötzlich der Kompressor des Kühlschranks ansprang, fegte sie förmlich aus ihrem Stuhl.

Arbeiten konnte sie vergessen. Sie war ein Nervenbündel.

Selena verließ ihr Büro. Sie schnappte sich ihre Handtasche, ging raus zum Pick-up und fuhr in die Stadt. Den Nachmittag verbrachte sie mit Shoppen. Als sie am frühen Abend mit einem Vintage-Kleid, einem antiken Garderobentischchen und zweihundert Jahre alten Zinnkerzenleuchtern nach Hause kam, versuchte sie, sich einzureden, dass sie sich alles, was gestern Abend und heute Morgen passiert war, bloß eingebildet hatte.

Doch im Laufe der nächsten zwei Wochen wurde klar, dass nichts davon bloß Selenas überreizter Fantasie entsprang. Sie wurde *wirklich* beobachtet. Entweder das oder sie verlor den Verstand.

Ganz gleich, was Selena auch tat, wenn sie daheim war, ständig spürte sie dieses verräterische Kribbeln zwischen den Schulterblättern. Sie konnte förmlich spüren, wie der Blick von jemandem – oder von *etwas* – auf ihr lastete. Und das nicht nur, wenn sie allein war. Es passierte auch abends und an den Wochenenden, wenn Cade zu Hause war.

Nachdem sie sich eine Woche lang mit dem beunruhigenden Gefühl herumgeplagt hatte, fortwährend unter Beobachtung zu stehen, beschloss Selena – die jetzt nachts oft wach lag –, dass ihre bisherigen Durchsuchungen des Hauses nicht gründlich genug gewesen waren. Es genügte nicht, einfach bloß in jedes Zimmer und in jeden Schrank zu schauen. Der Rat, den ihr Vater ihr an ihrem Hochzeitstag gegeben hatte, kam ihr in den Sinn: „Vertrau auf dein Gefühl." Und ihr Gefühl sagte ihr, dass es besser war, jede einzelne Nische und jeden Winkel des Hauses zu überprüfen.

Nachdem Cade am nächsten Tag zur Arbeit gefahren war, vergewisserte sich Selena, dass das Haus verriegelt und verrammelt war und nichts und niemand unbemerkt hereinkonnte. Dann durchsuchte sie jede noch so winzige Ecke des Gebäudes. Sie öffnete jeden Schrank und jede Schublade. Sie sah unter jedes Möbelstück. Sie schaute hinter alles, hinter dem mehr als zwei Zentimeter Platz war.

Doch dann, mitten beim Durchforsten ihres Schlafzimmers, hielt Selena plötzlich inne und ließ sich auf den Boden sinken. Sie vergrub ihren Kopf in den Händen. Wem wollte sie etwas vormachen? Sie wurde nicht elektronisch überwacht. Abgesehen davon, dass das vollkommen unrealistisch war, passte es schlichtweg nicht zu den Tatsachen.

Selena rappelte sich vom Boden auf. Sie ging runter in ihr Arbeitszimmer und verschloss die Tür hinter sich. Sie zog die Vorhänge zu. Sie setzte sich an ihren Tisch und klappte ihren Laptop auf. Sie öffnete ein neues Dokument. Ganz oben hin schrieb sie: FAKTEN.

Dann tippte sie diese Fakten, soweit sie ihr bekannt waren:

1. Lally war ein Roboter, den es wirklich gab.
2. Lally verschwand aus Freddy's Pizzaplex.
3. Cade sah Lally, nachdem er verschwunden war. *(Auch wenn Selena sich weigerte, Lally als einen „er" zu sehen, schließlich war er bloß eine Maschine.)*
4. Cade war überzeugt, Lally in der Truhe eingesperrt zu haben.
5. Ab diesem Moment hatte Cade auf die verschlossene Truhe aufgepasst.
6. Selena hatte die Truhe entriegelt.
7. Als Cade die Truhe öffnete, war sie leer.
8. Selena hatte Lally in der Garage gesehen.

Am College hatte Selena einen Kurs für symbolische Logik besucht. Das war ein Wahlfach gewesen, für das sie sich bloß aus Spaß entschieden hatte, aber das, was sie dort gelernt hatte, erwies sich jetzt als nützlich. Sie ging die Fakten durch, wie bei einer mathematischen Gleichung, und gelangte zu zwei möglichen Schlüssen. Und keine davon gefiel ihr.

Eine der logischen Schlussfolgerungen, die sich aus den Fakten ergaben, war, dass Lally tatsächlich existierte. Und obgleich sich das nicht so ohne Weiteres beweisen ließ, war die Konsequenz aus dieser Schlussfolgerung, dass Lally derjenige war, der Selena beobachtete. Doch diese Folgerung war so irrsinnig (Logik hin oder her), dass letztlich nur die andere potenzielle Möglichkeit blieb: Selena verlor den Verstand.

Da sie seinerzeit angenommen hatte, dass ihr das im Geschäftsleben helfen würde, hatte Selena auf dem College außerdem mehrere Psychologie-Kurse belegt. In einem dieser Kurse ging es um Paranoia. Paranoide Menschen, die unter Wahnvorstellungen litten, waren immer felsenfest davon überzeugt, vollkommen logisch zu handeln. Das Problem dabei war, dass ihre Schlussfolgerungen auf Trugschlüssen basierten.

Selena ging erneut ihre Fakten-Liste durch. Aber war sie sicher, dass es sich bei alldem wirklich um Fakten handelte? Oder klammerte sie sich in ihrer Verzweiflung bloß an die Logik, um die eigentliche Tatsache zu verdrängen, nämlich, dass sie dabei war, paranoid zu werden und Wahnvorstellungen zu entwickeln?

Selena löschte das Dokument und klappte ihren Laptop zu. Ihre Hände zitterten.

Sie hielt es nicht eine Sekunde länger in diesem Haus aus!

Selena verließ ihr Büro. Ohne auf das Gefühl zu achten, beobachtet zu werden, das sich praktisch im selben Moment einstellte, als sie die Sicherheit ihres Arbeitszimmers verließ, eilte sie in die Küche, schnappte sich ihre Handtasche und lief nach draußen zum Pick-up. Als sie rückwärts aus der Garage fuhr, wurde ihr klar, wo sie hinmusste.

„Oh, hallo, Liebes“, sagte Janice, als sie die Haustür öffnete und Selena auf der vorderen Veranda stehen sah.

„Tut mir leid, dass ich nicht vorher angerufen habe, aber –“

Janice tat Selenas Worte mit einer Handbewegung ab. „Was hab ich dir übers Anrufen gesagt und darüber, anzuklopfen? Mein Haus ist dein Haus! Du kannst hier kommen und gehen, wie immer es dir beliebt.“

An dem Tag, als Selena und Cade geheiratet hatten, hatte Janice ihr einen Hausschlüssel gegeben und Selena gesagt, sie solle Janice’ Zuhause als ihr Eigenes betrachten. Doch dazu konnte Selena sich nicht durchringen. Abgesehen davon fürchtete sie, dass Janice davon ausgehen würde, diese Mein-Haus-ist-dein-Haus-Sache beruhe auf Gegenseitigkeit, wenn sie das Angebot ihrer Schwiegermutter tatsächlich annahm. Selena mochte Janice, aber sie wollte nicht, dass sie einfach unangekündigt bei ihnen vorbeischneite.

Janice, die eine pastellrosa Rüschenschürze über gelben Polyesterhosen und einer gelbgrünen Bluse mit Blumenmuster trug, führte Selena durch das Wohnzimmer in ihre große, altmodische Küche. Janice’ lederne Ballerinas trippelten über den gelb-blauen Linoleumboden.

In der Küche atmete Selena tief ein. Im ganzen Raum roch es nach Butter und nach Zimt und nach Zucker. Der Duft war verführerisch. Fast hätte sie vergessen, warum sie hier war.

Janice deutete auf die Backzutaten und die Backformen, die auf ihrer gelben Resopal-Arbeitsplatte verteilt waren. „Ich bin gerade dabei, einen Schwung Zimtschnecken für den Frauenverein zu machen", sagte Janice. „Würdest du mir dabei helfen?"

„Nur zu gern", sagte Selena aufrichtig.

Vielleicht war es besser, einfach Zimtschnecken zu backen, als die Unterhaltung zu führen, wegen der sie hergekommen war. Für gewöhnlich entspannte Backen Selena. Sie hoffte, dass es heute auch so sein würde.

Selena ging in die Vorratskammer und nahm eine schlichte blaue Schürze (ohne Rüschen) von der Rückseite der Kammertür. Janice hatte Selena diese Schürze überlassen, damit sie sie anziehen konnte, wann immer sie zusammen kochten. „Rüschen passen einfach nicht zu dir, Liebes", sagte sie bei dieser Gelegenheit gesagt. „Du bist viel zu hübsch, um diese eleganten Kurven unter Rüschenstoff zu verstecken!"

Die nächste Stunde über rollten Selena und Janice Teig aus und bestreuten ihn mit Butterflocken, Zimt und Zucker. Dann rollten sie den Teig zusammen und schnitten ihn senkrecht in Scheiben, damit das Gebäck die klassische Zimtschneckenform bekam. Als die Zimtschnecken im Ofen waren, setzte Janice Teewasser auf.

„Pfirsich-Kräuter, wie üblich, Liebes?"

„Hast du vielleicht auch Kamille?", fragte Selena.

„Ach du meine Güte“, entgegnete Janice. „Brauchst du etwas, um Stress abzubauen?“

„Könnte man so sagen.“

Janice hakte nicht nach, warum Selena Entspannungstee brauchte. Das war eins der Dinge, die Selena an Janice am meisten mochte: Sie war kein bisschen neugierig.

Janice machte den Tee. Dann setzten sie und Selena sich an den runden Küchentisch. Selena spielte mit einem mattblau-gelb karierten Platzdeckchen herum, während sie Janice ein paar Minuten lang dabei zuhörte, wie sie von ihrem Bridge-Klub erzählte. Schließlich jedoch gelangte Selena zu dem Schluss, dass sich das Gespräch, wegen dem sie hergekommen war, nicht mehr länger aufschieben ließ.

„Apropos Spiele“, sagte Selena, auch wenn sie wusste, wie kläglich diese Überleitung war. „Was hat Cade damals an Lallys Spiel eigentlich so begeistert?“

Janice schien der plötzliche Themenwechsel nichts auszumachen. „Ach, weißt du, das kann ich dir gar nicht so genau sagen.“ Sie nippte an ihrem Tee. „Lustig, dass du das fragst. Dasselbe habe ich mich seinerzeit auch immer gefragt. Zuerst dachte ich, es sind die grellbunten Farben in der Arena. Für weichere Farben, wie ich sie mag, hatte er nie viel übrig.“

Selena dachte an die kräftigen Burgunder-, Dunkelgrün- und Dunkelblautöne, die Cade am liebsten zu seinen allgegenwärtigen Kakihosen trug, und nickte.

„Aber ich denke, das war es nicht. Mittlerweile glaube ich“, sie lehnte sich auf ihrem Stuhl zurück, „dass er sich durch dieses Spiel irgendwie *besonders* fühlte. Da man das

Spiel bloß zu zweit spielen konnte und Lally ein Roboter war, denke ich, hatte Cade den Eindruck, er wäre der Auserwählte oder so was. Weiß der Himmel, warum ihm dieses Gefühl so wichtig war, schließlich stand er als Einzelkind immer im Mittelpunkt. Er bekam jede Menge Aufmerksamkeit von mir und seinem Dad – bis sein Vater starb, natürlich. Möge er in Frieden ruhen." Sie schüttelte den Kopf. „Aber womöglich spielte das irgendwie eine Rolle. Er war ein Einzelkind – vielleicht wünschte er sich einen Bruder. Vielleicht war Lally wie ein Bruder für ihn. Keine Ahnung. Doch ich weiß, dass Cade Lally am liebsten mit niemandem teilen wollte."

„Wie meinst du das?", fragte Selena.

„Ach, ich erinnere mich gerade daran, wie wütend Cade eines Tages wurde, als ein anderer Junge namens Daniel, den er aus der Schule kannte, sich in sein Spiel gedrängt hat. Meine Güte, war Cade da sauer! Er war fuchsteufelswild deswegen. Als er an diesem Tag nach Hause kam, war sein kleines Gesicht ganz rot angelaufen, die reinste Grimasse. ‚Das Spiel ist bloß für zwei!', sagte er wieder und wieder zu mir. Es war, als hätte Daniel irgendwas ganz Unverzeihliches und Unerhörtes gemacht; stattdessen wollte er einfach nur unbedingt mit Cade bei Lallys Spiel mitmachen." Janice seufzte. „Daniel war ein wirklich lieber kleiner Kerl mit entzückenden Sommersprossen auf der Nase. Ich kannte seine Mutter. Als er bei diesem grässlichen Unfall starb, war das eine echte Tragödie."

Selena stellte ihre Teetasse so heftig ab, dass die Untertasse klirrte, doch Janice schien es nicht zu bemerken. „Was für ein Unfall?"

Janice stand auf und ging zum Backofen hinüber. Sie schaltete die Ofenbeleuchtung ein und beugte sich vor, um durch die Scheibe in der Klappe zu schauen. „Oh, die Zimtschnecken gehen wunderbar auf! Du hast ein echtes Händchen fürs Kneten, Liebes."

„Welcher Unfall?", fragte Selena von Neuem.

Doch Janice tat so, als hätte sie die Frage nicht gehört. Vielleicht stimmte das sogar. Selena war aufgefallen, dass Janice dazu neigte, bei Unterhaltungen mental ein- und auszusteigen, fast so, als hätte sie bisweilen Besseres zu tun, als sich mit dem zu beschäftigen, worüber gerade gesprochen wurde.

Selena versuchte es anders. „Warum mochte Cade Lally so sehr? Ich dachte, Lally sah irgendwie …"

„Gruselig aus?", sagte Janice.

Selena hob die Augenbrauen. „Genau."

„Also, *ich* fand ihn gruselig", sagte Janice. „Aber Jungen in dem Alter können sonderbar sein. Als er noch kleiner war, mochte Cade auch Nacktschnecken. Er pikte sie ständig mit einem Stock – aber nicht, um ihnen wehzutun oder so was, Gott bewahre! Er wollte einfach nur sehen, was sie dann tun würden. Er fand sie faszinierend."

Beim Gedanken daran, wie Cade mit einer Schnecke spielte, musste Selena lächeln. Dann drängte sich statt des Bildes von Cade und der Nacktschnecke eins von Cade und Lally in ihren Verstand, und Selena erschauderte.

„Wie genau hat Lally eigentlich funktioniert?", fragte Selena. „War er darauf programmiert, mit den Kindern Verstecken zu spielen oder sich an sie ranzuschleichen und sie zu erschrecken oder so was?"

Selena wollte verstehen, warum der Roboter dazu imstande war, die Dinge zu tun, die er in ihrem Haus tat. Mittlerweile war sie sich fast hundertprozentig sicher, dass Lally ihr unheimlicher Stalker war.

„Oh, nein, nichts dergleichen, Liebes“, sagte Janice. „Lally konnte sich nicht selbstständig bewegen. Die Kinder mussten ihn herumtragen und ihn selbst irgendwo verstecken. Was mir irgendwie albern vorkam, denn wenn man das Ding selbst versteckte, wusste man natürlich, wo es ist. Aber ich schätze, bei dem Ganzen ging's vor allem darum, so zu tun als ob.“

Selena sah Janice an und blinzelte. Sie öffnete den Mund, um eine weitere Frage zu stellen, aber kein Wort kam über ihre Lippen. Was sollte sie sonst noch fragen? Selena wusste jetzt alles, was sie wissen musste.

Sie wischte sich mit zitternden Fingern über ihre plötzlich feuchten Augen und stand auf. „Ich muss nach Hause“, sagte sie. „Auf mich wartet noch einiges an Arbeit.“ Was natürlich eine Lüge war. Aber was hätte sie sonst sagen sollen?

Falls Janice es seltsam fand, dass Serena förmlich aus ihrem Haus floh und draußen in ihren Pick-up sprang, ließ sie es sich nicht anmerken. Stattdessen lächelte sie und winkte, als Selena davonfuhr. Selena winkte nervös zurück. Ein Lächeln hingegen brachte sie nicht zustande.

Ihre Hände umklammerten das Lenkrad so fest, dass sie anfingen wehzutun. Auf der Heimfahrt gab Selena ordentlich Gas, ohne auf die Tempo-Schilder zu achten. Obwohl ihre Augen auf die Straße gerichtet waren, nahm sie kaum etwas davon wahr, bis ihr Blick auf einen entgegenkommenden SUV fiel. Einen sehr vertrauten SUV.

Es war Cade.

Als sie an ihrem Ehemann vorbeifuhr, sah Selena stur geradeaus. Hatte er sie gesehen?

Cade hatte beim Fahren oft einen Tunnelblick. Vielleicht hatte er den Pick-up nicht bemerkt. Den knallroten Pick-up.

Selena schaute in den Rückspiegel. Der SUV bog ab und fuhr in Richtung von Janice' Haus.

Na, und? Was machte es schon, wenn Cade sie gesehen hatte?

Vielleicht reagierte Selena über. Vielleicht bildete sie sich bloß ein, zu wissen, was vorging. Gut möglich, dass sie aus alldem die falschen Schlüsse zog. Schlüsse, die kein bisschen logisch waren, auch wenn sie versuchte, sich das einzureden.

Ein Kribbeln lief Selenas Rückgrat hinab; es fühlte sich an wie statische Elektrizität. War das unbegründete Sorge oder absolut gerechtfertigte Furcht?

Selena vermochte es nicht zu sagen. Sie wusste bloß, dass sie hier wegwollte.

Aber floh sie vor Lally ... oder vor Cade? Oder floh sie womöglich vor sich selbst?

Egal. Sie floh. Alles andere war in diesem Moment irrelevant.

Als sie wieder zu Hause war, stürmte Selena ins Farmhaus, hastete die Treppe hoch und eilte den Flur zur Dachbodentür entlang. Sie zögerte bloß zwei Sekunden. Dann riss sie die Tür auf und stapfte die Stufen hoch. Am oberen

Treppenabsatz angelangt, zog sie rasch an der Schnur, um die nackte Glühbirne einzuschalten. Sie schaute sich um. Der Dachboden sah genauso aus wie die letzten paar Male, die sie hier gewesen war.

Selena lief quer durch den Raum und schnappte sich zwei Rollkoffer, die beiden größten. Sie zog sie über den Dachboden. Die Gummiräder erzeugten auf den verzogenen Dielenbrettern leise, schleifende Laute. Dann zerrte sie die Koffer hinter sich her, die Treppe runter. Das *Skrrr, Rumms, Skrrr, Rumms, Skrrr, Rumms* der Gepäckstücke auf den Stufen ließ sie zusammenzucken.

Am Fuß der Treppe angekommen, zog Selena die Koffer nach draußen auf den Flur. Sie drehte sich um und verriegelte die Dachbodentür hinter sich. Dann zog sie die Koffer den Gang entlang zum Schlafzimmer.

Seit sie Janice' Haus verlassen hatte, hatte Selena sich nicht zugestanden, irgendetwas zu empfinden, da sie fürchtete, einfach zusammenzubrechen, wenn sie Gefühle zuließ.

Doch als Selena die Koffer jetzt aufs Bett wuchtete, übermannten sie ihre Emotionen. Sie fing an zu weinen.

„Hör auf damit“, schalt sie sich. Sie wischte sich die Augen ab. Sie musste sich konzentrieren.

Selena eilte zur Kommode und begann, ihre Kleidung auszuräumen. Sie versuchte, möglichst klar zu denken und nur das mitzunehmen, was sie wirklich brauchte. Doch abgesehen davon, zu packen und aus diesem Haus zu verschwinden, hatte sie keinen Plan. Wie auch? Mit logischem Denken war es in diesem Moment bei ihr nicht weit her. Sie reagierte einfach bloß.

Als Selena mit der Kommode fertig war, eilte sie zum Schrank hinüber. Sie griff gerade nach dem Türknauf, als sie unten im Erdgeschoss einen dumpfen Laut hörte. Sie erstarrte.

Selena hielt den Atem an und lauschte.

Sie hatte gerade wieder angefangen, zu atmen, als auf das *Tschump* ein Rascheln folgte … ganz in ihrer Nähe. Selena wirbelte herum und starrte zur offenen Schlafzimmertür hinüber. Warum hatte sie sie nicht zugemacht?

Panisch lief Selena zur Tür hinüber und schaute den Flur hinunter. Da war nichts.

In diesem Moment ertönte auf der Treppe, die ins Erdgeschoss hinunterführte, ein Tappen. Selena warf einen Blick ins Schlafzimmer hinter sich. Sollte sie die Geräusche ignorieren und einfach weiterpacken?

Nein. Auf gar keinen Fall. Wenn sie wirklich nicht allein im Haus war, musste sie sich dem stellen.

Auf Zehenspitzen schlich Selena zur Treppe hinüber. Sie reckte den Hals, um die ganze Treppe zu überblicken. Niemand da. Selena sah sich um.

Okay, sie musste systematisch vorgehen.

Selena begann ihre Suche in dem leeren Zimmer. Als Erstes öffnete sie den Schrank und überprüfte die Truhe. Sie war leer. Natürlich.

Selena ging weiter zu dem Raum, aus dem sie ein Gästezimmer hatten machen wollen. Mittlerweile stand ein Bett darin, aber das war nicht bezogen, und andere Möbel gab es auch noch nicht. Selena ließ sich auf die Knie fallen und schaute unters Bett. Nichts.

Sie stand auf und ging zum Schrank.

In diesem Schrank hatte Selena den Teil ihrer Garderobe verstaut, den sie nicht so häufig trug. Dass sie viel zu viele Klamotten hatte, wusste sie selbst am besten. Aber sie liebte nun mal Mode. Die meisten ihrer Vintage-Fundstücke hatte sie in diesem Schrank untergebracht.

Mit einem Ruck öffnete sie die Schranktür und schob die langen Kleider und Kostüme beiseite. Dahinter war nichts. Unten im Schrank standen lediglich zwei Dutzend Paare von Selenas Schuhen – die, die nicht mehr in den Schrank im Schlafzimmer gepasst hatten. Auf dem Regal über den Kleidern waren Hutschachteln mit den Hüten, die sie nur selten trug, fast bis zur Decke aufgestapelt.

Selena verließ das Gästezimmer. Sie öffnete den Wäscheschrank. Auch darin befand sich nur das, was hier sein sollte: Handtücher, Bettzeug, Packungen mit Toilettenpapier und Küchenrolle. Selena schloss die Schranktür.

Sie wusste bereits, dass nichts im Schlafzimmer war, schließlich war sie ja gerade noch dort gewesen. Und den Dachboden hatten sie ebenfalls schon überprüft.

Sie musste nach unten.

Selena ging langsam zum oberen Treppenabsatz hinüber und lauschte. Aus Richtung der Küche drangen zwei schnappende Laute und ein Klappern.

Selena wappnete sich und trat so leichtfüßig, wie sie nur konnte, auf die erste Stufe.

Selena tat ihr Bestes, um die knarzenden Stellen auf der Treppe zu vermeiden, und schlich nach unten ins Wohnzimmer. Dort blieb sie stehen. Nebenan im Esszimmer erklang ein leises Kratzen. Sie bewegte sich in diese Richtung.

Bislang hatten sie den Geschirrschrank der Kirschholz-Esszimmergarnitur noch nicht bestückt. Die oberen Schauschränke waren leer. Selena eilte zu dem Schrank hinüber und öffnete die Türen der unteren Fächer. Auch darin war nichts.

Das Esszimmer war durch Schiebetüren von der Küche getrennt. Die Türen waren aufgeschoben, sodass der Durchgang frei war. Selena trat hindurch und schaute sich in der Küche um. Sie war verlassen.

Sie ging zur Vorratskammer hinüber. Sie öffnete die Tür und ließ ihren Blick über die Regale voller Konserven und Lebensmittelpackungen und Backzutaten und kleiner Küchengeräte schweifen. Sie spürte, dass sie kurz davor war, erneut in Tränen auszubrechen. Es hatte ihr solchen Spaß gemacht, die Kammer einzuräumen. Aber das war, bevor –

Aus dem Wohnzimmer drang ein Schleifen zu ihr herüber. Es klang, als würde etwas über den Boden gezerrt.

Selena schnappte sich ein Nudelholz vom nächstbesten Regal. Mit hoch erhobenem Nudelholz stürmte sie ins Wohnzimmer, bereit, zuzuschlagen.

Aber das Wohnzimmer war leer. Selena ließ das Nudelholz sinken.

Und jetzt?

Sie hatte das ganze Haus durchsucht.

Sie schaute die Treppe hinauf und dachte daran, dass sie ihre Sachen noch zu Ende packen musste. Reagierte sie über?

Selena ging zum Sofa, ließ sich darauf sinken und legte das Nudelholz auf den Platz neben sich. Sie lehnte sich gegen die weichen Sofakissen, griff nach einem der taubenblau-cremefarben gestreiften Zierkissen und drückte es mit beiden Armen fest an sich.

War sie einfach bloß paranoid? War sie dabei, ohne triftigen Grund ihre Ehe zu ruinieren – eine Ehe, die sie gerade erst eingegangen war?

Mit einem Mal kam ihr der Rat in den Sinn, den ihr Bruder ihr an ihrem Hochzeitstag geben hatte: „Vermassle es nicht!“ War sie gerade drauf und dran, es zu vermasseln?

Hinter dem Sofa raschelte es. Selena wirbelte herum und langte nach dem Nudelholz.

Doch bevor sie das Nudelholz zu fassen bekam oder erkennen konnte, was hinter ihr war, legte sich eine Hand über ihren Mund. Selenas Herz begann, wie wahnsinnig zu hämmern. Sie versuchte zu schreien, aber die Hand unterdrückte das Geräusch.

Selena schlug um sich und versuchte verzweifelt, das Nudelholz in die Finger zu bekommen. Sie stieß mit dem Handrücken dagegen und es rollte vom Sofa, um mit einem dumpfen Laut auf dem Läufer zu landen.

„Pssst!“, machte Cade.

Selena drehte ihren Kopf so weit zur Seite, dass sie hinter sich schauen konnte. Cade war über die Rückenlehne des Sofas gebeugt. Hatte er sich etwa dahinter versteckt?

Wieso?

Was tat er da?

Hatte er die ganzen Geräusche verursacht?

Und wenn ja, warum?

Selena starrte ihren Mann an.

Cade legte einen Finger an seine Lippen. Sein Blick – durchdringend, fast irre – schoss im Raum umher.

Selena schaute ins Gesicht des Mannes, den sie seit über zwei Jahren liebte. Sie hatte geglaubt, dieses Gesicht besser zu kennen als ihr eigenes. Und sie dachte, sie würde den Mann, dem es gehörte, genauso gut kennen. Sie hatte vorgehabt, den Rest ihres Lebens mit ihm zu verbringen; er war wie eine Erweiterung ihrer selbst. Er hatte dafür gesorgt, dass sie sich zum ersten Mal *vollständig* gefühlt hatte. Jetzt erkannte sie ihn kaum wieder.

Ja, Cade hatte nach wie vor das dichte schwarze Haar und die buschigen, dunklen Brauen, dieselben grünen Augen und die ausgeprägten Wangenknochen, die wie üblich ein Schatten schwarzer Bartstoppeln bedeckte. Er hatte immer noch den breiten Mund und die ebenmäßigen weißen Zähne. Aber irgendwie wirkten seine Züge jetzt sonderbar verzerrt. Cades Gesicht sah aus, als hätte er sich mit irgendwas infiziert, mit etwas Düsterem und Bedrohlichem.

Selena versuchte, ihren Kopf wegzudrehen, fort von Cades Hand. Doch er zog sie noch fester gegen die Rückenlehne des Sofas und zwang sie dabei in eine Position, dass sie ihn nicht mehr sehen konnte. Dafür spürte sie, wie sein Kopf oben auf ihren drückte.

„Wenn du Lally wütend machst", flüsterte Cade, „landest du als Nächstes in der Truhe!"

Selena hatte das Gefühl, als würde ihr der Boden unter den Füßen weggezogen. Ihr Magen rebellierte. Sie versuchte, durch die Nase einzuatmen, doch die war teilweise von Cades heißer, harter Handfläche bedeckt.

Cades Atem roch säuerlich. So hatte sein Atem noch nie zuvor gerochen. Sie kannte seinen Morgenatem und seinen

Knoblauchatem und seinen Erdnussbutteratem, aber das hier war bitter und gallig und beißend, als würde er das Gift ausatmen, dass viele, viele Jahre lang tief in seinem Innern verborgen gewesen war.

„Versprich mir, dass du nicht schreist, wenn ich meine Hand wegnehme“, raunte Cade. Sein Flüstern war so leise, dass Selena die Worte kaum verstand. Sein heißer, widerwärtiger Atem blies in ihr Ohr.

Selena nickte mehrmals. Warum sollte sie sich auch die Mühe machen, zu schreien? Abgesehen von Cade würde sie ohnehin niemand hören.

„Versprochen?“, flüsterte Cade.

Selena nickte erneut.

Cade nahm seine Hand weg. Sie drehte sich zu ihm um und öffnete den Mund. Cade bedeutete ihr von Neuem, still zu sein, und beugte sich noch weiter über sie.

„Nichts sagen“, raunte Cade. „Du solltest Lally *wirklich* nicht wütend machen.“

Selena musste jedes bisschen Willenskraft aufbringen, zu dem sie fähig war, damit ihre Miene unbewegt blieb. Sie rührte sich nicht und gab keinen Laut von sich.

Cade eilte um das Sofa herum und setzte sich neben Selena. Sie sah ihn nicht noch einmal an. Das konnte sie nicht. Sie starrte stur geradeaus. Und sie schwieg.

Doch in ihrem Innern schrie Selena sich die Seele aus dem Leib. Ihre Gedanken rasten. Allmählich begann sie, die einzig logische Erklärung zu akzeptieren, die sich aus den Fakten ergab: Ihr Mann war verrückt.

Selena schaute zur Tür hinüber. Konnte sie es bis zur Haustür schaffen, bevor Cade sie einholte?

Sie warf Cade einen Seitenblick zu. Er sah sie an und legte den Kopf schief. Dann schaute er ebenfalls rüber zur Haustür und schüttelte den Kopf – nur einmal, ganz langsam –, ehe er seinen Blick wieder durch den Raum schweifen ließ.

Cade saß so dicht neben Selena, dass sie die Wärme, die von seinem muskulösen Oberschenkel ausging, an ihrem eigenen fühlen konnte. Früher hatte sie dieses vertraute Gefühl geliebt, doch jetzt kam der Druck seines Beins an ihrem ihr fremd vor, unangenehm und übergriffig.

„Du hast Daniel getötet, oder?“, flüsterte Selena.

Sie hatte keine Ahnung, dass sie ihm diese Frage stellen würde, bevor sie ihr über die Lippen kam. Bislang hatte sie sich geweigert, sich ganz bewusst mit der Schlussfolgerung auseinanderzusetzen, zu der sie gelangt war, als Janice ihr von dem Jungen erzählt hatte, der umgekommen war. Doch sie kannte die Wahrheit, ob Selena sie sich nun eingestehen wollte oder nicht. Warum war sie sonst nach Hause gerast, um zu packen? Warum hatte sie sonst vorgehabt, den Mann zu verlassen, den sie liebte?

Cade starrte sie an und schüttelte den Kopf. „Nein“, flüsterte er und schüttelte von Neuem den Kopf. „Das war Lally.“ Er drehte sich um und schaute hinter das Sofa. Er reckte den Hals, um die Treppe hinauf zu schielen, und schüttelte schließlich ein drittes Mal den Kopf. „Das Spiel ist bloß für zwei.“

Wogen des Entsetzens brandeten durch Selenas Nervensystem. Ihre Kehle war wie zugeschnürt, und sie hatte Mühe, zu atmen. Trotzdem gelang es ihr irgendwie, weiter ruhig und abgeklärt zu wirken.

Selena senkte den Blick und hielt nach dem Nudelholz Ausschau. Ihre Schultern sackten vor Enttäuschung zusammen. Das Nudelholz war nach dem Aufprall auf dem Boden über den Läufer gerollt und lag jetzt unter dem Kaffeetisch. Sie würde es niemals schaffen, es zu fassen zu bekommen, bevor Cade reagierte.

Sie wandte sich Cade zu und tat ihr Bestes, die besorgte, liebende Ehefrau zu spielen. „Zu wissen, was Lally getan hat, muss schrecklich für dich gewesen sein", flüsterte sie.

Cade sah Selena an, als hätte er nicht die leiseste Ahnung, wovon sie da redete. Sie zwang sich, ihren Widerwillen zu unterdrücken, und berührte Cades Unterarm. „Cade, Liebling, wenn Lally im Haus ist, müssen wir hier weg. Warum verschwinden wir nicht?"

Cade blickte grimmig drein. Er drehte sich um und sah zur Vordertür hinüber. Er schüttelte den Kopf.

In diesem Moment ergriff Selena die Initiative. Sie dachte nicht darüber nach. Sie handelte einfach.

Sie sprang mit einem Satz vom Sofa auf und schnappte sich die Messinglampe auf dem Beistelltisch, der ihr am nächsten war. Sie riss das Kabel aus der in den Fußboden eingelassenen Steckdose.

Cade wollte aufstehen und nach Selena greifen, aber bevor er dazu kam, packte sie das obere Ende der Lampe (wobei sie den Lampenschirm zerknautschte) und schwang sie wie einen Baseballschläger, um Cade den Fuß der Lampe mit voller Wucht seitlich gegen den Kopf zu donnern.

Cade schwankte rückwärts und krachte dann gegen den Kaffeetisch. Er schlug mit der Schläfe gegen das Holz und sackte reglos zu Boden.

Selena wartete nicht ab, um zu sehen, ob Cade sich bewegen würde. Sie ließ die Lampe fallen und lief los.

Da Cades Körper ihr den Weg zur Haustür versperrte, eilte sie in Richtung Küche. Allerdings war sie noch keine zwei Schritte weit gekommen, als sie aus dem Augenwinkel heraus etwas Weißes aufblitzen sah. Selenas Blick ging ruckartig zu dieser Stelle. In diesem Moment regte Cade sich stöhnend.

Mittlerweile hatte Selena jeder gesunde Menschenverstand verlassen. Sie wirbelte herum und rannte die Treppe hoch.

Oben angekommen, erkannte Selena, dass sie einen idiotischen Fehler gemacht hatte. Sie hätte lieber versuchen sollen, zur Hintertür zu gelangen. Jetzt war sie im 1. Stock, und sofern sie nicht vorhatte, aus einem der Fenster zu springen, gab es von hier aus keine Möglichkeit, aus dem Haus zu entkommen. Sie schaute gehetzt die Treppe hinunter. Erneut hörte sie Cade stöhnen.

Nein, sie konnte es nicht riskieren, wieder runterzugehen. Ihr Blick wanderte durch den Flur. Wo konnte sie sich verstecken?

Aus dem Wohnzimmer drang ein Poltern. Selena lief den Flur entlang.

Als sie die Tür des Gästezimmers erreichte, stürmte sie blindlings in den Raum. Mit drei schnellen Schritten war sie beim Kleiderschrank, riss die Tür auf und kletterte zwischen ihre Vintage-Garderobe. Dann drehte sie sich um und zog die Schranktür hinter sich zu.

Es war vielleicht nicht unbedingt das beste Versteck der Welt, aber die Vertrautheit der Kleider um sie herum spendete Selena zumindest ein wenig Trost. Vielleicht half ihr das dabei, sich darüber klar zu werden, was sie als Nächstes tun sollte. Denn in diesem Moment hatte sie nicht die geringste Ahnung, was sie machen sollte. Natürlich wusste sie, dass sie sich nicht ewig hier drin verkriechen konnte. So groß war das Haus nun auch wieder nicht. Wenn Cade nach ihr suchte, würde er sie früher oder später finden. Und bevor es so weit war, sollte sie sich lieber einen Plan zurechtlegen.

Selena kauerte sich hinter den alten Kleidern zusammen. In der dunklen Enge klang ihr Atem so laut, dass es sich anhörte, als wäre sie mit einem Rudel hechelnder Hunde hier drinnen.

Einige Sekunden lang rang Selena angestrengt nach Luft. Dann zwang sie sich, sich zu beruhigen. Sie musste leise sein. Sie konnte nicht nach Cade lauschen, wenn sie nichts anderes hören konnte als ihren eigenen, rasselnden Atem.

Selena machte sich so klein, wie sie nur konnte, die Arme um ihre angezogenen Beine geschlungen, und stierte in die Dunkelheit, die sie umgab. Obwohl unter der Schranktür ein bisschen Licht hindurchsickerte, reichte die Helligkeit gerade so aus, um den Kleidern, hinter denen sich Selena versteckte, etwas Geisterhaftes zu verleihen. Selena starrte die vagen, schwebenden Formen an und versuchte, ihren Atem zu beruhigen.

Sie war gerade dabei, sich wieder unter Kontrolle zu kriegen, als sich die Kleider um sie herum bewegten. Dann drang ein Flüstern aus der Finsternis. Die Botschaft war in ihrer Bedeutung unmissverständlich.

„Hi.“

Selena schrie lauter als jemals zuvor in ihrem Leben.

Cades Bewusstsein verschwamm in Schwärze. Die Düsternis, die ihn umfing, trübte seine Gedanken.

Trotzdem drangen durch dieses geistige Nichts vage Geräusche an sein Ohr. Er hörte das Echo durchdringender Schreie. Dann übermannte ihn die Ohnmacht zur Gänze, und er versank in völligem Vergessen.

Cade hob den Kopf und stöhnte. Ihm war, als würde ein Bautrupp mit Vorschlaghämmern Nägel in seinen Schädel schlagen.

Cade berührte seinen Kopf und zuckte zusammen, als er unweit seiner Schläfe eine Beule ertastete.

Er setzte sich benommen auf und blinzelte, in der Hoffnung, dass sein verschwommenes Blickfeld sich dadurch klärte. Der Raum um ihn herum drehte sich. Mit einem Mal war ihm übel. Er hörte auf, sich zu bewegen, und saß einfach da, den Rücken gegen das Sofa gelehnt.

Cade versuchte, einen klaren Gedanken zu fassen. Aber sein Verstand arbeitete nur träge und widerwillig.

Warum hatte er auf dem Boden gelegen?

Er mühte sich, sich zu erinnern …

*Selena!*

Cade rappelte sich auf die Füße. Wieder begann der Raum zu rotieren, doch er schaffte es, sich auf den Beinen zu halten.

Wie lange war er bewusstlos? Er sah auf seine Uhr. Zu lange.

Schlagartig lichtete sich der Nebel in seinem Gehirn.

„Selena!“, rief Cade.

Seine Kehle war wie zugeschnürt. Ein gewaltiges, unsichtbares Gewicht lastete auf seiner Brust. Er hastete aus dem Wohnzimmer, eilte durch das Esszimmer und stürmte in die Küche. Er lief zur Vorratskammer hinüber und riss die Tür auf. Die Kammer war leer.

Cade rannte aus der Küche und den Flur entlang zu Selenas Arbeitszimmer. Er warf rasch einen Blick in den Raum. Als er sie nirgends entdeckte, eilte er zum Gästebad. Aber hier war sie auch nicht.

Cade kehrte ins Wohnzimmer zurück und überprüfte den Garderobenschrank. Doch alles, was er darin fand, waren Mäntel und Stiefel.

Cade lief zur Treppe. Immer zwei Stufen auf einmal nehmend, eilte er binnen Sekunden in den oberen Flur hinauf. Er stürmte den Gang entlang und riss dabei jede Tür auf, an der er vorbeikam. Er sah ins Bad und ins Schlafzimmer. Er schaute in den großen Kleiderschrank. Er kehrte hastig in den Flur zurück und eilte in Richtung Gästezimmer.

Dann blieb er plötzlich stehen.

„Nein“, flüsterte er.

Cade drehte sich um und starrte die geschlossene Tür des dritten Zimmers an. Die Tür war bloß eine Tür, aber mit einem Mal schien es ihm, als würde sie im selben wilden Rhythmus pulsieren, wie sein Herz in seiner Brust hämmerte.

Cade ging einen Schritt auf die Tür zu. Er schwankte und stützte sich an der Wand ab. Er machte noch einen Schritt.

Schließlich zwang er sich, sich wieder normal zu bewegen, und rannte zu der Tür.

Als er versuchte, den Knauf zu packen, rutschte seine Hand davon ab. Seine Handflächen waren vollkommen verschwitzt. Er wischte sie an seinen Hosen ab, ergriff von Neuem den Knauf und drehte ihn.

Cade stürmte in den leeren Raum. Ohne sich die Mühe zu machen, sich umzusehen, lief er geradewegs zum Schrank. Er riss die Tür auf und schleuderte den Stapel Decken beiseite, der auf der Truhe lag.

Er ließ sich vor der Truhe auf die Knie fallen und packte mit beiden Händen den Deckel.

Cade atmete tief ein und öffnete die Truhe.

„Nein!“, schrie er.

Er spürte, wie sich sein Gesicht vor Entsetzen zu einer Fratze verzog. Tränen schossen ihm in die Augen. Er schlug sich eine Hand vor den Mund, um sich nicht zu übergeben.

Alles in ihm schrie danach, den Blick vom grausigen Inhalt der Truhe abzuwenden, aber er konnte es nicht. Während er weiter wie gelähmt in die Truhe starrte, zuckten seine Schultern auf und ab, als ein Weinkrampf seinen Körper schüttelte.

Schließlich konnte er es nicht mehr länger ertragen. Er fiel nach hinten und vergrub sein Gesicht in den Händen.

Dann hob Cade ruckartig den Kopf, als er ein Flüstern vernahm. Es kam aus dem Schrank, von dem leeren Regal über der Kleiderstange. Eine Stimme, die ihm nur allzu bekannt war, flüsterte fünf Wörter, die ihm nicht minder vertraut waren:

„Das Spiel ist bloß für zwei!“

Die gezischten Worte trafen Cade wie die Gischt eines giftigen Nebels. Sie umfingen ihn, überwältigten ihn, und dann ließen sie ihn schweigend zurück.

Als Cade den oberen Absatz der Treppe erreichte, die hoch auf den Dachboden seines neuen Hauses führte, stellte er die drei Umzugskartons ab, die er die Stiege hinaufgeschleppt hatte. Quer über den Dachboden hinweg schaute er zu seiner Verlobten hinüber. Womit hatte er solchen Glück nur verdient? Er hatte den Jackpot geknackt. Schon wieder.

Debbie war wunderschön. Debbie war ein echter Männertraum: blond, blauäugig, zierlich und so süß, wie atemberaubend. Und für Cade war dieser Traum wahr geworden.

„Hey, Schatz“, sagte Debbie. „Das ist der Hammer, findest du nicht? Ich hatte noch nie einen Dachboden!“

Cade lächelte. Er liebte Debbies Enthusiasmus.

Über ihnen fiel Regen auf das Dach. Cade fand das sanfte Prasseln genauso beruhigt wie den dunklen, wolkenschwangeren Himmel, der über dem Haus hing wie ein grauer Schal.

Cade und Debbie waren gerade dabei, in ihr neues Zuhause einzuziehen, ein großes, altes, viktorianisches Haus am Stadtrand. Da das Gebäude stark renovierungsbedürftig war, hatten sie es für einen Schnäppchenpreis bekommen. Doch damit hatte Cade kein Problem. Er betätigte sich gern handwerklich.

Er ging zu Debbie hinüber und schlang seine Arme um ihre schlanken Schultern. „Ja, das ist echt der Hammer – genau wie du!“

Debbie lachte. Sie legte den Kopf zurück und küsste das Grübchen von Cades Kinn. Dann löste sie sich aus seiner Umarmung und schaute sich in dem Raum um.

„Ich kann's kaum erwarten, diesen Dachboden auszubauen", sagte Debbie. „Das hier wird ein grandioses Kunstatelier!"

Sie ging zu dem großen, achteckigen Fenster am Ostende des Speichers. Dann streckte sie die Arme aus und drehte sich im Kreis um die eigene Achse. „Wenn die Sonne scheint, ist das Licht hier drin dank des Fensters mit Sicherheit spektakulär!"

„Ein grandioses Kunstatelier für eine grandiose Künstlerin", sagte Cade.

Debbie lachte und kam zu ihm zurück. „*Du* bist grandios", sagte sie. „Einfach unglaublich. Chefprogrammierer des größten Tech-Unternehmens in diesem Bundesstaat. Das ist schwer zu toppen."

Cade warf Debbie einen „Ach was"-Blick zu, doch er widersprach ihr nicht. Sein neuer Job war großartig. Er konnte immer noch nicht so richtig glauben, dass er ihn tatsächlich bekommen hatte. Er war schon ganz aufgeregt, endlich anzufangen.

Für die neue Arbeit musste er zwar etwas weiter von seiner Mutter wegziehen, doch das schien ihr nicht allzu viel auszumachen. Janice hatte ihm versichert, dass sie zurechtkommen würde.

„Es war lieb von dir, wieder herzuziehen, um in meiner Nähe zu sein, Liebling", hatte seine Mom zu ihm gesagt. „Und es war toll, dich hierzuhaben. Aber jetzt … Jetzt denke ich, es wird Zeit für dich, weiterzuziehen. Mach dir um mich keine Sorgen. Ich kann hervorragend auf mich selbst aufpassen!"

Debbie ließ Cade stehen und fing an, Pappkartons umher zu räumen. Sie stellte einen der Kartons auf zwei andere. Dann reckte sie den Hals und warf einen Blick hinter den Stapel.

„Hey, diese Truhe sehe ich zum ersten Mal", sagte Debbie. „Was ist in dem alten Ding?"

Cade ging zu Debbie hinüber und schlang einen Arm um ihre schmale Taille. „Oh", sagte er leichthin, „bloß irgendwelches Zeugs aus meiner Kindheit."

Cade dirigierte Debbie in Richtung der Dachbodentür. „Also, ich könnte 'ne Pause vertragen, Schatz. Was ist mit dir? Gehen wir runter und gönnen uns etwas von der Limonade, die unsere neue Nachbarin vorbeigebracht hat. Wie ist noch gleich ihr Name? Irgendwas Altmodisches."

Debbie lächelte. „Winifred."

„Genau!", pflichtete Cade ihr bei. „Winifred."

Cade führte Debbie vom Dachboden und wandte sich um, um das Licht zu löschen. Während er mit halbem Ohr Debbies Geplapper darüber zuhörte, dass sie eine Tante mit dem nicht minder altmodischen Namen Octavia hatte, schaute Cade widerstrebend zu der Truhe hinüber, und irgendwie war es ihm, als würde die ramponierte alte Kiste seinen Blick erwidern.

Cade schaltete hastig das Licht aus und schloss die Dachbodentür.

Donner grollte, während sich der Himmel noch mehr verfinsterte. Der Dachboden war in dunkle Schatten gehüllt.

Es herrschte völlige Schwärze … bis über dem Deckel der alten Truhe mit einem Mal zwei winzige Lichtpunkte aufblitzten.

# BAUARBEITEN

„Das ist ja total abgefahren!“ Maya schaute auf und sah sich selbst in der neonbeleuchteten, verspiegelten Decke. In dem gleißenden Licht glommen ihre Augen rot. Einen Moment lang erschauderte Maya. Das sonderbare Leuchten in ihren Augen ließ sie aussehen wie eine dieser Untoten aus einem Zombie-Film. Maya schüttelte das ungute Gefühl ab und wandte rasch den Blick ab.

„Hab ich's dir nicht gesagt?“, rief Jaxon, um sich über die 80er-Jahre-Rockmusik hinweg Gehör zu verschaffen, die um sie herum aus den Boxen plärrte. Er strich seine Locken nach hinten, nahm einen großen Bissen Pizza und schaute von Maya zu ihrer rotblonden Freundin Noelle hinüber, die voller Ehrfurcht die grellgelben Schienen der Achterbahn begutachtete, die in den leuchtenden Röhren verschwanden, die sich wie Schlangen kreuz und quer durch die weite Fläche hinter dem Essbereich wanden.

Noelle griff nach ihrer Limo; in dem grellen Licht traten ihre Sommersprossen überdeutlich hervor.

„Ich denke zwar, dass dieser Hype von wegen ‚Mega-Pizzaplex‘ ziemlich übertrieben ist, aber hier ist es echt ziemlich cool!“ Sie saugte an ihrem Strohhalm und schwofte zum Rhythmus der Musik. Ihr Pferdeschwanz schwang hin und her.

„Ziemlich cool?!“ Jaxon ließ sein halb aufgegessenes Pizzastück sinken. „Das ist *ultracool*! Ich kann’s kaum erwarten, eine dieser VR-Brillen auszuprobieren.“

„Zuerst *AR*, Jax“, sagte Maya. Sie schaute an einer Reihe vorbeisausender Gokarts vorbei und richtete ihre Aufmerksamkeit auf das gläserne Separee unweit der Rasenden Untertassen, die alle in authentischem Pizza-Look gestaltet waren (jede Untertasse sah aus wie ein anderer Pizzabelag). Die große, kuppelförmige Spielkabine war der einzige Grund, warum sie heute Abend unbedingt herkommen wollte.

Jaxon verdrehte die Augen. „Ja, ja, ja, Geburtstagskind. Ganz wie du willst.“ Er ließ sein typisches verschwitztes Grinsen sehen und gab Noelle einen Stups, die Maya einen albernen Blick zuwarf.

Maya nahm eine übertrieben glamouröse Pose ein und betrachtete sich erneut im Spiegel unter der Decke. Bei der flackernden, psychedelischen Beleuchtung um sie herum wirkte ihr langes schwarzes Haar wie ein Ölfilm, in dem sich die bunten Lichter eines Kaleidoskops brachen. Wenn sie den Kopf zur Seite legte, sahen ihre Augen nicht länger rot aus – dann waren sie dunkelbraun, so wie immer. Sie fand, dass sie mit ihrer dunklen Haut, den vollen Gesichtszügen, ihrem roten Kleid und der roten Rose, die sie sich hinters Ohr gesteckt hatte, ein bisschen wie eine Flamenco-Tänzerin aussah.

Maya wandte ihre Aufmerksamkeit wieder ihren Freunden zu und warf eine zusammengeknüllte Serviette nach ihnen. „Bloß, weil ich vor euch beiden Losern sechzehn geworden bin, ist das noch lange kein Grund, mich zu hassen!"

Alle lachten.

Maya bemerkte, dass ihr bellendes Gelächter in dem Lärm ringsum fast vollständig unterging. Die laute Musik wetteiferte mit so vielen anderen Geräuschen, dass es schwierig war, alle auseinanderzuhalten. Allerdings konnte Maya das Rattern der Achterbahn auf ihren Schienen ausmachen, das Brummen der Gokarts, die blecherne Musik und das Piepen und Pingen der Videospielautomaten, die surrenden Laute vom Laser-Tag und die fröhlichen Schreie und Rufe und das Stimmengewirr, das über allem lag. Voller Zuneigung dachte Maya an ihre Schwester Elena, die es hier gehasst hätte. Elena hatte es am liebsten, wenn alles ruhig und friedlich war. Und Freddy Fazbear's Mega-Pizzaplex war das genaue Gegenteil von ruhig und friedlich.

Außerdem hätte Elena das grellbunte Chaos des Pizzaplexes verabscheut. Im Gegensatz zu Maya, die kräftige, knallige Farben vorzog, mochte ihre Schwester Weiß und Grau und Pastelltöne. Maya schaute auf ihr blutrotes Kleid hinab, ehe sie ihren Blick über Jaxons orangefarbenes Hemd und Noelles hellrosa Bluse schweifen ließ. Sie sah sich um. Im quietschbunten Regenbogen-Ambiente des Pizzaplexes fielen selbst ihre auffälligen Klamotten kaum auf.

Maya und ihre Freunde hatten sich in eine Ecknische im Hauptessbereich gequetscht. Der Raum war riesig, aber so vollgestopft mit glänzend roten Tischen und Stühlen mit verchromtem Rücken, dass er kleiner wirkte, als er tatsächlich war – vor allem, weil sich an jedem Tisch Familien,

Kinder und Teens drängten, die sich heißhungrig über ihre Pizzen hermachten. Die Kellner in ihren dunkelroten Freddy-Fazbear-Uniformhemden, mit ihren bunten, leuchtenden Halstüchern, schafften es kaum, sich durch die schmalen Gänge zwischen den Tischen zu schieben, um Pizzen und Getränke zu servieren. Die Schwingtür zur Küche an der Rückseite des Schankraums war praktisch pausenlos in Bewegung.

Wohin Maya auch schaute, blinkten und blitzten und schimmerten gleißende Lichter und grelle Farben. Alles im Pizzaplex war spektakulär beleuchtet. Überall waren LED-Lampen. Die LEDs strahlten rings um die Tischplatten und die protzigen Freddy-Poster an den Wänden und umrandeten die einzelnen Quadrate des schwarz-weißen Schachbrett-Fußbodens. Alles, das nicht von LEDs erhellt wurde, glänzte in grellem Neonlicht. Leuchtende Lichtbögen bildeten den Eingang zum Essbereich und zu jeder anderen Attraktion im Pizzaplex. Zusätzlich zu den LED-erhellten Freddy-Plakaten war das Etablissement mit Neonkunstwerken in Form von Freddy's-Charakteren und Pizzastücken in grellem Rot, Blau, Grün, Gelb, Rosa, Lila und Orange dekoriert. Die verspiegelte Decke fing all diese Lichter ein und brach sie, um jeden Winkel mit bunten Prismen zu versehen. Durch das von außen beleuchtete, mit Pizzamotiven verzierte Buntglaskuppeldach des Pizzaplexes fielen sogar noch mehr bunte Lichter auf das stete Gewirr darunter. Maya fühlte sich an ein Ballett aus sämtlichen Farben erinnert, die sie kannte – der ganze Laden war in ein flackerndes, flimmerndes Meer aus blendend grellen Farben.

„Dir ist schon klar, dass sechzehn auch nur eine Zahl ist, oder?“, rief Jaxon.

Maya zuckte zurück, als ein Stück teilweise durchgekauter Pizza auf ihrem Arm landete. Sie rümpfte die Nase und schnipste das Zeugs fort. Sie war es gewohnt, dass Jaxon sein Essen beim Reden quer über den Tisch spuckte, wenn er aufgeregt war. War er wegen irgendwas aufgedreht, sprach er so schnell, dass die Worte ineinander übergingen, und vergaß zu atmen. War er dann irgendwann mit seinen Monologen fertig, die er entschieden zu regelmäßig hielt, rang er jedes Mal förmlich nach Luft.

„Wie alt jemand ist, ist vollkommen irrelevant“, fuhr Jaxon fort. „So was wie Alter existiert nicht. Das ist bloß ein Gedankenkonstrukt, das allein vom Verstand des Subjekts abhängt.“

Noelle ächzte. „Oh, bitte, nicht schon wieder. Können wir dieses Thema nicht für den Physikunterricht aufheben?“

Maya tätschelte mitfühlend Noelles Arm. Doch die Wahrheit war, dass Maya Wissenschaft mochte – auch wenn sie nicht immer alles verstand, was damit zusammenhing. Maya interessierte sich am meisten für Biologie und hier besonders für Botanik. Sie liebte es, Dinge wachsen zu lassen – ihre Mom sagte immer, sie sei die geborene Gärtnerin. Doch hin und wieder war es ganz spaßig, Jaxons Grübeleien über die Physik und die „großen Fragen des Universums“ zu lauschen.

Noelle sah Jaxon stirnrunzelnd an. „Und abgesehen davon ist das Alter nicht bloß ein Konstrukt unseres Verstandes. Es ist eine empirische, unumstößliche Tatsache. Maya ist jetzt seit sechzehn Jahren am Leben, ganz gleich, was ihr Bewusstsein dazu sagt."

Jaxon wischte Noelles Worte mit einer Handbewegung beiseite. Maya musterte seine riesige, dunkle Hand. Jaxon war groß und hatte ebenholzschwarze Haut. Seine Mutter war Jamaikanerin. Sein Vater stammte aus dem tiefen Süden. Er sah aus wie ein Basketballstar; dabei hasste er Sport. Für ihn drehte sich alles um Wissenschaft und Philosophie. Er liebte es, sich mit Fragen zu beschäftigen, auf die es eigentlich keine richtige Antwort gab, und versuchte dann jedes Mal stundenlang mit Feuereifer, doch eine zu finden.

„Aber was bedeutet es, *am Leben* zu sein?", konterte Jaxon Noelles Logik. Er lehnte sich vor und hüpfte vor Begeisterung förmlich auf seinem Platz auf uns ab. „Gestern Abend hab ich einen Artikel über etwas gelesen, das sich ‚Quantenunsterblichkeit' nennt. Diese Theorie besagt, dass wir niemals wirklich sterben."

Noelle schaute zu der Spiegeldecke auf, als könnte sie ihr irgendwie helfen. Sie seufzte so laut, dass nicht einmal die Kakofonie um sie herum ihre Verzweiflung übertönen konnte.

Jaxon beachtete sie gar nicht. „Das ist ein bisschen wie bei der Viele-Welten-Theorie, wisst ihr. Ganz gleich, welchem Realitätsstrom ihr folgt, euer Bewusstsein erlebt Existenz. Jeder Pfad führt zu noch mehr Existenz. Alles, was wir jemals erfahren und erleben, ist Existenz. Also bestehen wir immer weiter und weiter."

„Na ja, *du* machst jedenfalls immer weiter und weiter", sagte Noelle.

Maya lachte.

Noelle hingegen lächelte nicht mal über ihren Scherz. Stattdessen verschränkte sie die Arme vor der Brust und warf Jaxon einen durchdringenden Blick zu. „Es sterben ständig Leute. Der Gedanke an Unsterblichkeit ist totaler Schwachsinn. Willst du mir etwa sagen, als mein Onkel von uns ging, starb er *nicht wirklich*?“ Am Ende ihrer Frage wurde ihre Stimme ein bisschen lauter.

Noelle und ihr Onkel hatten sich sehr nah gestanden. Als er vor einigen Wochen bei einem Autounfall umgekommen war, war sie vollkommen erschüttert und am Boden zerstört gewesen. Maya berührte Noelle einen Moment lang sanft am Arm.

Jaxon – wie üblich völlig unempfänglich für echte menschliche Gefühle – war blind für Noelles Verärgerung. „Na ja, die Quantenunsterblichkeit beschränkt sich allein auf den Betrachter. Daher können wir nicht mit Sicherheit sagen, ob er wirklich tot ist. Ich meine, sein Bewusstsein könnte auf einen Pfad abgebogen sein, der überhaupt nicht zu seinem Tod führt. Wir wissen nicht, wie das Jenseits aussieht, weil der Betrachter noch nicht da war. Was uns real erscheint, ist möglicherweise gar nicht wirklich die Realität, also …“

Maya, der Noelles schlechter werdende Stimmung nicht entging, knuffte Jaxon in die Seite. „Hast du fertig gegessen? Ich will endlich rüber zu der AR-Kabine!“

Jaxon musterte seinen leeren Teller. Er wirkte überrascht, ihn pizzafrei zu sehen.

Noelle atmete vernehmlich aus, so als würde sie ihre Verärgerung entweichen lassen. Sie legte den Kopf schief und zeigte mit dem Finger auf Jaxon. „Pizza ist bloß ein Gedankenkonstrukt, weißt du“, sagte sie. „Die existiert bloß in deinem Verstand!“

Jaxon grinste. „Touché, Mädchen.“ Er hielt Noelle seine geballte Faust hin, und Noelle, die ihm sein unsensibles Verhalten gerade offenbar schon wieder verziehen hatte, stieß mit ihrer dagegen, bevor sie aufstand.

Maya, Jaxon und Noelle hakten sich beieinander unter, als sie eine der VR-Kabinen verließen und sich unter die Menschenmenge mischten, die sich von einer Unterhaltungsattraktion zur nächsten schob. Noelle quiekte, als sie gegen einen Angestellten stieß, der ein Montgomery-Gator-Kostüm trug. Das phosphoreszierende grüne Alligator-Maskottchen tätschelte Noelle den Kopf und schlurfte weiter.

„Roxanne Wolf ist auch eine tolle Figur!“, plapperte Jaxon. „Habt ihr gesehen, wie …?“

Maya zog ihn am Arm weiter. „Ja, haben wir. Hey, ich war mit dir bei diesem VR-Spiel. Jetzt bin ich dran! Los! Kommt mir! Die AR-Kabine ist gleich da hinten.“

Doch Jaxon widersetzte sich ihr und deutete auf eine Schlange, die sich auf den Eingang der Achterbahn zuwand. „Ich will lieber *Fast Freddy* fahren“, maulte Jaxon. „Das ist das Nonplusultra in Sachen hochmoderner Achterbahn-Technik!“ Jaxon zog eine Werbebroschüre aus seiner Hosentasche. „Hier steht, dass jeder Wagen mit einem Touchpad ausgestattet ist, über das man seine eigene Musik wählen kann. Man hat fünf Genres zur Auswahl. Es gibt 28 LED-Lampen, die so programmiert sind, dass sie während der Fahrt die Farbe wechseln." Jaxon deutete an der langen Schlange vorbei. „Und seht ihr das da? Die Einstiegsplattform ist beweglich! Sie kommt nie komplett zum Stillstand!" Er wedelte mit der Broschüre. „Außerdem gibt's Kameras, einige in den Wagen, andere entlang der Schienen. Laser aktivieren bestimmte Mechanismen und Computer zeichnen die Bilder von den Passagieren auf und erstellen daraus ein Video, das auf die Musik abgestimmt ist, die man sich aussucht. Dieses Video kann man dann bei diesem Stand abrufen." Jaxon wies auf ein kleines, hüttenartiges Bauwerk, das von Stroboskoplichtern angestrahlt wurde. „Und das alles dauert nicht mal eine Minute, damit man sich beim Rausgehen das ultimative Andenken mitnehmen kann! Findest du nicht, dass das ein cooles Geburtstagsgeschenk wäre, Maya?" Jaxon atmete tief ein, um wieder Sauerstoff in die Lungen zu bekommen.

Über ihnen sausten Achterbahnwagen hinweg. Maya spürte, wie ein Schwall warme Luft ihr Gesicht streifte. Die fröhlichen Schreie der Achterbahnpassagiere stachen ihr in die Ohren. Sie schüttelte den Kopf. „Später. Erst die AR-Kabine."

Jaxon ließ den Kopf hängen. Dann verbeugte er sich mit großer Geste. „Was immer Ihr wünscht, Mylady."

Maya lachte. Jaxons breiter Südstaatenakzent ließ seinen Versuch, vornehmes Altenglisch zu sprechen, noch alberner klingen. „Los, kommt mit!", drängte sie ihre Freunde.

Noelle und Jaxon folgten ihr. Sie führte sie von der Achterbahn weg und an den Riesenschaukeln und dem Autoscooter vorbei.

Anfangs war Maya nicht sonderlich begeistert von der Idee gewesen, ihren Geburtstag in Freddy's Pizzaplex zu feiern. Als Jaxon ihr die Werbung für den Komplex gezeigt hatte, fand sie das Ganze dermaßen überzogen, dass es schon wieder langweilig wurde. Eins musste sie Fazbear Entertainment zugestehen: Die wussten, wie man Geld verdient. Vor der großen Galaeröffnung des Pizzaplexes verkaufte das Unternehmen zig Tausende Mini-Holo-Projektoren zu Billigpreisen, und das Erste, das der Projektor abspielte, war ein Hologramm von Glamrock-Freddy, der sein übliches Ding abzog: „Hey, Kids! Wollt ihr Pizza?! Tja, Fazbear Entertainment hat keine Kosten und Mühen gescheut, um den coolsten Familien-Freizeitpark der Welt zu erschaffen: Freddy Fazbear's Mega-Pizzaplex! Auf drei Stockwerken erwartet euch die fetzigste, krasseste, rockigste, spektakulärste Pizzeria, die das Universum je gesehen hat! Klar, dass Freddy und die Band es kaum erwarten können, euch zu sehen! Dank der allerneuesten Animatronik-Technologie könnt ihr mit den Stars persönlich so richtig abfeiern! Werdet an eurem nächsten Geburtstag in Freddy Fazbear's Mega-Pizzaplex zum SUPERSTAR!"

„Einen besseren Ort, deinen Sechzehnten zu feiern, gibt es nicht!", hatte Jaxon beharrt.

Doch selbst, als Jaxon ihr mit blumigen Worten sämtliche Unterhaltungsmöglichkeiten aufgelistet hatte, die geboten wurden, war Maya nicht überzeugt gewesen. „Natürlich gibt's eine Bühne für die Shows der Animatronics. Sie haben Videospielautomaten und Lasertag", hatte er ihr mit dem ihm eigenen Enthusiasmus erklärt. „Außerdem gibt's ein Theater, Riesenschaukeln und Rutschen und Kletterröhren und Fahrgeschäfte, unter anderem eine supercoole Achterbahn und Autoscooter und hochmoderne Elektro-Gokarts und ein total süßes Karussell. Oh, und natürlich Rummelspiele. Vielleicht gewinne ich ja einen Plüsch-Freddy für dich!"

„Schweig still, mein pochend Herz", hatte Maya spöttisch erwidert.

Als Maya auch weiterhin den Kopf schüttelte, hatte das Jaxon bloß dazu angespornt, noch schneller zu plappern. „Außerdem gibt's da total abgefahrene VR-Kabinen und Rollenspiel-Locations. Ach, ja, und sie haben diese AR-Kabine speziell für Geburtstage! Das ist eine ihrer Hauptattraktionen, denn Freddy's hat schon immer auf Geburtstagsfeiern gesetzt."

„Ich weiß, was VR bedeutet", hatte Maya gesagt. „Virtual Reality. Virtuelle Realität. Aber was ist *AR*?"

Jaxons Augen leuchteten auf. Er liebte es, anderen Dinge zu erklären. „AR steht für Augmented Reality. Also Erweiterte Realität. Das ist, als würde man die reale Welt mit einer virtuellen Welt vermischen. Im Grunde generiert der Computer Figuren oder Objekte, die dann in die reale Welt integriert werden. Angeblich ist die AR-Kabine im Pizzaplex ziemlich spektakulär. Es gibt visuelle, akustische, somatosensorische, olfaktorische und sogar haptische Sinnesmanipulationen."

„Haptische?", hatte Maya wiederholt.

„Haptisch bedeutet, dass man etwas anfasst. Im Wesentlichen lässt die AR-Einheit im Pizzaplex dich nach etwas greifen und Gegenstände in die Hand nehmen, die in

Wahrheit gar nicht da sind. Grob gesagt, verändert die AR die Realität, oder besser: deine *Wahrnehmung* der Realität. Diese Technik kann gleichermaßen konstruktiv und destruktiv genutzt werden, was heißt, es kann die physische Welt nicht nur um virtuelle Elemente erweitern, sondern auch real existierende Dinge verschwinden lassen. Während VR die Realität vollständig durch eine simulierte Welt ersetzt, ist AR eine Mischung aus realer und virtueller Welt. Die AR-Attraktion im Pizzaplex heißt: ‚Die Welt feiert dich!' Dabei wird die Illusion erzeugt, als würden alle Gäste im Pizzaplex *dich* abfeiern. Man hat also eine riesige Geburtstagssause ohne all den Ärger und die Kosten, die damit sonst verbunden sind. Besser kann man seinen Geburtstag nicht verbringen!"

Damit hatte er Maya schließlich von seiner Idee überzeugt. Obwohl sie wusste, dass ihre Familie und ihre Freunde ihren Geburtstag im Rahmen ihrer Möglichkeiten feiern würden, wusste sie auch, dass sie nicht mit einer großen Riesenparty rechnen konnte. Ihre Familie hatte schlichtweg nicht das Geld, um eine Feier zu schmeißen, wie Maya sie sich wünschte. Und irgendwie klang es ziemlich cool, dass ein ganzer Pizzaplex voller Menschen mit ihr ihren Geburtstag zelebrierte. Deshalb waren sie jetzt hier. Und Maya konnte es kaum erwarten, dass die Party endlich richtig losging!

Maya und ihre Freunde hielten sich mittlerweile schon einige Stunden im Pizzaplex auf. Erst waren sie einfach aufs Geratewohl herumspaziert, dann hatten sie (auf Jaxons Wunsch hin) etwas gegessen, ehe sie sich den VR-Bereich vorgenommen hatten (wiederum auf Jaxons Drängen).

Dementsprechend fand Maya sich in dem riesigen Komplex inzwischen ziemlich gut zurecht.

Der Pizzaplex war kreisförmig angelegt. Im Zentrum dieses Kreises führten Rampen zu einem separaten Schwarzlicht-Bereich für die kleinsten Kinder hinunter. Dieses höhlenartige Areal war voller leuchtender Kletterstangen, Rutschen und Schaumstoff-Baublöcke, die rings um eine Art Grube mit einer Discokugel gruppiert waren. Um diese herum standen gepolsterte Bänke für fürsorgliche Eltern, die ihren Nachwuchs auch beim Spielen gern im Auge behielten.

Oberhalb dieses unterirdischen Spielbereichs ragte unter der Buntglaskuppel eine prachtvolle, zweistöckige Theater-Rotunde wie ein Märchenschloss in die Höhe. Die übrigen Unterhaltungsattraktionen und Shops (in denen man natürlich jede Menge Freddy-Merchandise wie Klamotten, Kostüme, Souvenirs und Spielzeuge kaufen konnte) waren ringförmig darum angeordnet. Zwischen diesen Attraktionen und dem Theater führte eine Gokart-Bahn kreuz und quer über und unter den Laufstegen hindurch, die von einem Bereich des Pizzaplexes in den anderen führten. Entlang dieser Wege befanden sich mehrere VR-Kabinen. Und über alldem verliefen die Achterbahnschienen, die mit den Kletterröhren ein wildes Labyrinth bildeten. Die beiden Attraktionen wirkten wie eine moderne Kunstinstallation oder wie eine schwebende Schlange, die nur darauf wartete, all die Leute zu verschlingen, die darunter herumwuselten.

Maya zog ihre Freunde durch die Menge und zerrte Jaxon einfach weiter, als er versuchte, sie in Richtung des

Rollenspiel-Bereichs zu dirigieren. Sie hatte ihr Ziel fest im Blick: die AR-Kabine. Die Attraktion war bloß noch ein paar Meter entfernt und …

„Geschlossen?!“, rief Maya.

Sie blieb so abrupt stehen, dass Jaxon gegen sie rempelte. Noelle stieß gegen Jaxon. Die beiden grunzten und sahen Maya missmutig an. Dann schauten sie in dieselbe Richtung, in die Maya blickte.

Die AR-Kabine sah aus wie eine riesige Schneekugel … bloß ohne den Schnee. Die Basis der Kabine war knallrot, und jenseits der dicken Scheibe stand ein throngleicher, goldener Polstersessel in der Mitte der transparenten Kugel. Über dem gewölbten Glas blinkte ein grelles Neonschild: DIE WELT FEIERT DICH! Die Worte waren mit Neonsternen und -sternschnuppen verziert.

Bedauerlicherweise war da noch ein zweites Schild, das mit hellgelbem Klebeband – ähnlich dem, mit dem von der Polizei Tatorte abgesperrt wurden – am Eingang der AR-Kabine befestigt war und quer darüber verlief. Auf diesem Schild stand: WEGEN BAUARBEITEN GESCHLOSSEN.

„Bauarbeiten?!“, schnappte Maya. „Wie können die so ein Gewese um eine ihrer ‚Hauptattraktionen‘ machen und dann ist sie auch Wochen nach der Eröffnung noch nicht fertig? Das ist Werbebetrug!“

Maya wirbelte herum und starrte Jaxon grimmig an. „Du hast gesagt, ich kriege meine große Party!“

Jaxons sonst so heitere Miene war ehrlich betrübt, als er die geschlossene AR-Kabine ansah. Seine Schultern sackten nach unten. „Tut mir echt leid, Maya. Das wusste ich nicht.“

Noelle drückte Maya. „Ach, komm. So schlimm ist das nun auch wieder nicht, oder? Du hast doch uns! Und …“ Sie streckte ihre Arme aus, um auf den Trubel zu deuten, der überall sonst im Pizzaplex herrschte. „… es ist ja auch nicht so, als würden wir uns hier zu Tode langweilen.“

Maya blinzelte die Tränen fort, die ihr unvermittelt gekommen waren. Sie kam sich vor wie eine verzogene Göre, weil sie so aufgewühlt war, und sie wollte nicht vor ihren Freunden heulen. Aber sie war so schrecklich enttäuscht. Sie hatte sich einfach unheimlich darauf gefreut, dieses AR-Dings auszuprobieren.

Maya starrte das GESCHLOSSEN-Schild zornig an. Dann atmete sie tief durch und schaute sich um. Niemand achtete auf sie und ihre Freunde. Da traf sie ihre Entscheidung. Sie eilte vorwärts und duckte sich unter dem Absperrband hindurch.

„Maya!“, keuchte Noelle. „Du kannst da nicht rein!“

Maya trat über die Schwelle und warf ihren Freunden über die Schulter einen spitzbübischen Blick zu. „Scheint, als könnte ich das *doch*“, gab sie zurück. „Kommt ihr?“

Noelle schüttelte den Kopf. Sie sah hinter sich und schaute nach oben. Maya folgte ihrem Blick.

Über einem mit NUR FÜR PERSONAL gekennzeichneten Bereich ragte eine riesige, verspiegelte Konstruktion mit gewölbten Wänden empor, die aussah, als wäre sie groß genug, um all die Büros und Maschinenräume zu beherbergen, die nötig waren, um etwas so Aufwendiges wie den Pizzaplex zu betreiben. Es war klar, dass es sich bei den Flächen um sogenannte Spionagespiegel handelte, die es erlaubten, von der anderen Seite hindurchzusehen, und dass in dieser erhöhten Einfriedung das Sicherheitspersonal saß, das von dort aus ein Auge auf das Geschehen hatte. Offenkundig unterstützt von den Dutzenden Überwachungskameras, die Maya überall bemerkt hatte, wo sie und ihre Freunde gewesen waren, war Maya sicher, dass dort oben ein Haufen selbstgefälliger, gut bezahlter Angestellter hockte, die Big Brother spielten. Doch selbst, wenn dem so war, selbst, wenn diese Typen sie beobachteten, kümmerte sie das nicht.

„Die sollen ruhig kommen und mich hier rauszerren“, sagte Maya trotzig. „Ich geh da jetzt rein. Kommt mit oder bleibt hier. Eure Entscheidung.“

Noelle und Jaxon wechselten einen Blick. Jaxon zuckte mit den Schultern. „Was können die schon Schlimmes tun? Uns rauswerfen?“ Er schaute sehnsüchtig zur Achterbahn hinüber, bevor er erneut mit den Schultern zuckte. „Dann gehen wir eben nach Hause und arbeiten an unseren Physik-Projekten.“

Noelle schnalzte verächtlich mit den Lippen. „Von wegen.“

Maya wandte ihren Freunden den Rücken zu und betrat die AR-Kammer. Sie war erst ein paar Schritte weit gekommen, als sie hörte, wie Jaxon und Noelle ihr folgten.

„Mann, ist das cool!“ Jaxon ging um den Sessel herum, beugte sich dann darüber und nahm ihn genauer in Augenschein. „Da drunter ist ein Prozessor angebracht.“ Er deutete auf die Scheiben um sie herum. „Das Glas ist quasi der Bildschirm, auf dem das, was ihr gerade durch die Kuppel seht, computergenerierte Elemente hinzugefügt werden.“ Er bückte sich und hielt ein Stirnband in die Höhe, das –

halb versteckt – auf dem Sessel gelegen hatte. „Das sieht aus wie ein Sinnesmanipulator. Seht ihr?“ Er deutete auf eine Anordnung von Dioden und winzigen Impulsgebern auf der Innenseite des Stirnbands. „Ich schätze, das verstärkt deine Sinne, damit sich die Erfahrung auf jede nur mögliche Weise real anfühlt. Ich glaube, das funktioniert so, dass – “

„Wie auch immer“, sagte Maya. Sie eilte zu dem Sessel hinüber und schnappte sich das Stirnband. Falls das Sicherheitspersonal gesehen hatte, wie sie die AR-Kabine betraten, blieb ihr nicht viel Zeit. Sie setzte sich.

Maya streifte sich das Stirnband über den Kopf. Sie sah sich um. Alles war genauso wie zuvor. „Wie schaltet man dieses Ding ein?“

Jaxon bückte sich und fummelte an irgendwas herum.

Plötzlich verschwanden die Glaswände der AR-Kabine. Maya konnte geradewegs auf die gewaltige Fläche des Pizzaplexes hinausblicken. Und alles war voller Luftballons, Girlanden und haufenweise Geburtstagsgeschenke! Außerdem waren da Hunderte von Leuten, die in Rollpfeifen tröteten und ihr zujubelten. Es war, als hätten alle Besucher des Komplexes mit dem aufgehört, was sie gerade taten, um Maya ihre ungeteilte Aufmerksamkeit zuteilwerden zu lassen!

Sämtliche Kinder und Erwachsene auf den Laufstegen hatten sich umgedreht, um sie anzusehen. Alle Leute im Essbereich schauten mit zum Zuprosten erhobenen Gläsern in ihre Richtung. Die Fahrgeschäfte liefen zwar noch, aber alle Fahrgäste reckten die Hälse, um zu Maya herüberzusehen, während sie vorbeisausten oder -wirbelten. Besucher und Angestellte gleichermaßen lächelten Maya an, als wäre sie der wichtigste Mensch auf dem Planeten.

„Überraschung!“, riefen alle gleichzeitig.

Ein Gefühl von Wichtigkeit überkam Maya, als sie ihren Blick über die Menge schweifen ließ. Dann schossen ihr von Neuem die Tränen in die Augen, als sie ihre Familie entdeckte. Sie waren alle da. Ihre Eltern und Elena, ihre Tante Sofia und ihr Onkel Rafael. Ihre Tante Luciana und ihr Onkel Peter. Sie sah all ihre Cousinen und Cousins und sogar ihren Lieblingsvetter, den kleinen Axel. Sie sah ihre Nachbarn: Die Davis-Zwillinge hüpften aufgeregt auf und ab und winkten Maya zu, und die drei Thompsons-Kinder hielten ein riesiges HAPPY BIRTHDAY-Banner hoch. Sogar der alte Mr. Lambert und seine Frau – das griesgrämige Ehepaar, das in der Straße gegenüber von Maya wohnten – waren unter den Versammelten. Mrs. Lambert hielt ein Tablett mit ihrem preisgekrönten Wickelkuchen in den Händen („Seit zwanzig Jahren ununterbrochene Siegerin des County-Backwettbewerbs, Liebes.“); allein Mayas Begeisterung für diesen Kuchen war es zu verdanken, dass sie sich überhaupt mit dem grantigen Rentnerpärchen abgab. Maya entdeckte ihre Lieblingslehrerin, Mrs. Carpenter, und Pastor Ben, ihren Pfarrer. Da waren alle Mitglieder ihres Chors und ihre Klassenkameraden aus der Schule. Alle hatten lustige Partyhütchen auf und wirkten, als wäre Mayas Geburtstag der schönste Tag in ihrem ganzen Leben.

Als Maya noch dabei war, all die Leute in der Menge auszumachen, die sie kannte, teilte sich die Schar, und Glamrock-Chica kam in Sicht. Sie trug ein knallrosa Kleid, das im Glanz der gleißenden Lichter funkelte, und kam auf Maya zu. Sie schob einen großen Rollwagen vor sich her. Darauf thronte eine riesige, sechsstöckige Geburtstagstorte mit cremigem Guss und roten Dekorzuckerrosen. (Rote Rosen waren Mayas Lieblingsblumen.) Oben auf der Kerze brannten sechzehn große Kerzen.

Maya merkte, dass sie so breit grinste, dass ihr allmählich die Wangen wehtaten. Dann stimmte die Freddy's-Band eine wilde Rockversion von „Happy Birthday" an, in die alle einstimmten, und sie grinste noch mehr.

Maya streckte die Arme aus und ergriff Jaxon und Noelle bei den Händen. „Sehr ihr? Die Attraktion war gar nicht offline!"

„Happy Birthday, Maya!" Noelle umarmte Maya und trat dann einen Schritt zurück, damit Jaxon es ihr gleichtun konnte.

Der Kirschduft von Noelles Shampoo und der Geruch von Jaxons Pizza-Atem ließen Maya lächeln, auch wenn sie wusste, dass das, was sie da vor sich sah, nicht real war. Der Pizzaplex konnte sich unmöglich von einem Moment zum anderen in die Geburtstagsparty ihrer Träume verwandelt haben. All die Leute, die sie kannte, waren nicht auf magische Weise hierher teleportiert worden, und natürlich unterbrachen die Gäste, die sie nicht kannte, auch nicht ihre sonstigen Aktivitäten, um für eine vollkommen Fremde ein solches Spektakel zu veranstalten. Aber es *fühlte sich real an.* Und die vertrauten Düfte und Gerüche ihrer Freunde verankerten sie in der Welt, die *tatsächlich* real war.

Die Kombination aus Illusion und Wirklichkeit war

berauschend. Sie riss Maya aus ihrer tristen Realität in eine Traumwelt voller Lachen und Ausgelassenheit.

Zuerst fühlte es sich so an, als würde Maya sich bloß die Feierlichkeiten um sich herum ansehen, wie eine unbeteiligte Zuschauerin, doch je länger die Party dauerte, desto mehr verschwammen die Grenzen. Sie wurde von der Feier genauso mitgerissen, wie es der Fall gewesen wäre, wenn dies alles real gewesen wäre.

Nachdem die Freddy's-Band ihr Geburtstagsständchen zu Ende gespielt hatte, fingen alle an zu skandieren: „Wünsch dir was! Wünsch dir was!" Maya grinste und wünschte sich, dieser Moment würde niemals enden. Dann pustete sie die Kerzen ihrer Geburtstagstorte aus. Der Kerzenrauch stieg in gekräuselten Spiralen in die Höhe, während alle applaudierten. Maya lachte entzückt.

Die Band begann, einen von Mayas Lieblingsrocksongs zu spielen. Jaxon ergriff ihre Hand und wirbelte sie in die Menge, die automatisch zurückwich und einen Kreis um die provisorische Tanzfläche in der Mitte des Laufstegs bildete.

Jaxon und Maya gingen nicht miteinander. Sie waren kein Paar. Für sie war er mehr ein Bruder als ihr Freund-Freund, aber sie hatten schon immer großartig miteinander getanzt. Jaxon hatte einige tolle Moves drauf und Maya war von Natur aus anmutig. Als sie anfingen, sich zum Stakkato-Rhythmus des Liedes zu bewegen, legten sie eine Reihe komplizierter Schritte hin, die sie nie zuvor geprobt hatten, die für ihr Publikum jedoch wie eine einstudierte Choreografie wirken musste. Maya fühlte sich wie die Ballkönigin, als Jaxon sie gekonnt durch die Luft wirbelte und zwischen seinen Beinen durchrutschen ließ und sogar über seine Schulter warf.

Als der Song zu Ende ging, drehte die Menge völlig ab, und als das nächste Lied einsetzte, strömten immer mehr Paare auf die freie Fläche. Sie tanzten und tanzten und tanzten.

Maya vermochte nicht zu sagen, wie viel Zeit vergangen war, als Jaxon – verschwitzend und grinsend wie ein Irrer – sie schließlich durch die Menge zu ihrer Torte führte. Dort angelangt, reichte Glamrock-Chica Maya ein Messer mit funkelnder Klinge (das unter anderen Umständen ziemlich furchteinflößend gewirkt hätte), und Maya schnitt die zweite Ebene ihrer wunderschönen Torte an. Sie selbst bekam das erste Stück und frohlockte vor Wonne, als sie ihre Zähne in das üppige Zuckerwerk grub, das herrlich nach Pistazien und Buttercreme schmeckte, ihren Lieblingsaromen.

Mehrere Angestellte eilten herbei, um die Torte an die Geburtstagsgäste zu verteilen. Alle umarmten Maya oder gaben ihr ein High-Five, als sie an ihr vorbeikamen. Sie kannte keinen Einzigen von ihnen, aber alle vermittelten ihr den Eindruck, als wären sie schon ihr ganzes Leben lang befreundet.

Die Musik röhrte und die Menge lachte und tanzte und plauderte. Als sie von einer Gruppe Feiernder zur anderen ging, um alle zu begrüßen, fühlte Maya sich ein bisschen wie ein umherhüpfender Wasserball. Sie wurde wieder und wieder in den Arm genommen. Ihre Verwandten küssten sie und klopften ihr auf die Schultern und sagten ihr, dass sie sie liebten. Ihren liebsten Kuss bekam sie vom süßen kleinen Axel – sein Schmatzer war feucht und klebrig von der Zuckerglasur, die rings um seinen Mund verschmiert war.

Die Zeit schien sich auf sonderbare, verwirrende Weise gleichzeitig in die Länge zu ziehen und wie im Flug zu vergehen. Dann fand Maya sich plötzlich neben dem riesigen Haufen hübsch verpackter Geburtstagsgeschenke wieder. Nachdem ihre Mutter ihr zugeflüstert hatte, dass sie ihr Präsent von ihren Großeltern wie üblich erst später bekommen würde, begann sie, Maya ihre Geschenke zu reichen, die Maya eins nach dem anderen aufmachte.

Die meisten Präsente waren in Papier mit Blumenmuster eingewickelt, jeder wusste, wie sehr sie Blumen liebte. Und auch all die Dinge, die sie aus den festlich verpackten Päckchen zutage förderte, waren Sachen, die sie mochte: Sie bekam Klamotten in knallbunten Farben geschenkt, jede Menge Liebesromane und Garten-Ratgeber, Notenbücher und CDs mit ihrer Lieblingsmusik, Make-up und Schmuck, Teddybären und Poster und Drucke mit Blumen und süßen Kätzchen, duftende Lotionen und Seifen und Kerzen, ein tragbares Keyboard, eine neue Gitarre und – der absolute Knaller! – einen nagelneuen Laptop und eine Digitalkamera (um die Blumen, die sie züchtete, zu fotografieren und zu katalogisieren, sagte ihre Mom). Das Aufmachen ihrer Präsente schien ewig zu dauern. Irgendwann fing Maya sogar an, sich deswegen schlecht zu fühlen; sie war sicher, dass alle anderen sich dabei zu Tode langweilen mussten, ihr dabei zuzusehen, wie sie ihre Geschenke öffnete. Doch wann immer sie den Blick hob und die Leute um sich herum anschaute, schienen sie bestens gelaunt zu sein und jede Menge Spaß zu haben, als hätten sie die beste Zeit ihres Lebens.

Maya jedenfalls konnte sich keine perfektere Geburtstagsfeier vorstellen. Sie wünschte, der Abend würde niemals vorübergehen.

Maya, Jaxon und Noelle duckten sich unter dem Absperrband hindurch und ließen ihren Blick über die lärmenden Gruppen von Kindern und Familien schweifen, die sich im Pizzaplex vergnügten. „Unglaublich, dass hier vor ein paar Sekunden noch meine Geburtstagsparty tobte", sagte Maya.

„Ich sagte doch, das wird super!" Jaxon strahlte, als hätte er die AR-Attraktion höchstpersönlich entwickelt.

Maya beugte sich zu ihm. „Ja, hast du. Und du hattest recht!"

„Und *ich* kann nicht glauben, dass die uns nicht rausgeschmissen haben", sagte Noelle mit Blick auf das Kabuff des Sicherheitsdienstes.

Maya folgte Noelles Blick und runzelte die Stirn. Da hatte Noelle nicht unrecht. Zweifellos war die AR-Kammer mit Überwachungskameras ausgestattet; irgendwer musste sie gesehen haben.

Dann zuckte sie trotzig die Schultern. „Wie auch immer. Ich bin einfach nur froh, dass ich meine große Party bekommen habe!"

„Können wir jetzt endlich mit der Achterbahn fahren?", fragte Jaxon.

Maya lachte. „Ja. Fahren wir Achterbahn!"

Die Freunde hakten sich wieder beieinander unter und

marschierten zur Schlange vor der Achterbahn hinüber. Während sie sich ihren Weg durch das Gedränge fröhlicher Menschen bahnten, war Maya, als würde sie mehr schweben als gehen. Ihre virtuelle – oder künstlich erweiterte oder was auch immer – Geburtstagsparty war mit Abstand die beste Geburtstagsfeier, sie sie je hatte. Nicht, dass sie die Geburtstagspicknicks nicht zu schätzen wusste, die ihre Familie für gewöhnlich für sie organisierte; diese Festivitäten fanden stets in ihrem Hinterhof statt, alle brachten irgendwas zu Essen mit, und es gab immer einen Blechkuchen und eine billige Piñata. Dabei wollte sie schon immer so eine Party, wie sie sie gerade in der AR-Kammer gefeiert hatte. Und jetzt hatte sie eine gehabt. Sie war ein glückliches Mädchen.

„Ich gebe zu, diese Achterbahn macht einiges her", sagte Noelle, als sie sich für das Fahrgeschäft anstellten. „Allerdings kann ich mir nicht vorstellen, dass eine Achterbahn, die bloß drei Stockwerke hoch ist, großen Spaß macht. Das Ding ist einfach nicht hoch genug." Sie schaute zum höchsten Punkt der Konstruktion hinauf.

„Nicht die Höhe macht den Nervenkitzel aus", erklärte Jaxon. „Es sind die Geschwindigkeit und die Schleifen und die … anderen Dinge."

„Was für andere Dinge?", fragte Maya.

„Wirst schon sehen", sagte Jaxon mit unheilvoller Stimme. „Muhahahaha!"

Noelle verdrehte die Augen. „So gruselig kann's gar nicht sein."

Aber das war es.

Maya und ihre Freunde mussten nicht allzu lange warten,

bis sie an der Reihe waren, in einen der gelb-rot-gestreiften Wagen zu klettern, die auf die Einstiegsplattform zurollten, die selbst keine Sekunde lang stillstand. Sofern man nichts dagegen hatte, sich ein bisschen zusammenzuquetschen, boten die Wagen genügend Platz für drei Personen, darum folgten Maya und Noelle Jaxon in eins der bunten Vehikel. Wie angewiesen, zogen sie die Sicherheitsbügel fest über ihre Brust, und sobald die Bügel einrasteten, verschwand der Wagen in einem dunklen Tunnel.

„Rock 'n' Roll, richtig?", rief Jaxon, als er die Hand nach dem Touchpad vor ihnen ausstreckte. Das Pad war das Einzige, das in der Finsternis leuchtete.

„Immer!", gab Noelle zurück.

Wummernde Bässe gingen in ein kreischendes Gitarrenriff über, und der Wagen gewann an Tempo. Als sie immer schneller werdend um eine Kurve bogen, ragte vor ihnen plötzlich ein riesiger Piratenfuchs auf. Der Fuchs hob eine glänzende Hakenhand und ließ den scharf geschliffenen Stahl genau in dem Moment über ihre Köpfe hinwegsausen, als der Wagen ruckartig nach links fuhr.

Maya und Noelle schrien. Jaxon johlte vor Begeisterung.

Der Wagen schwang scharf herum, ehe er aufwärts schoss und sich auf den Kopf drehte, um sie – kopfüber – in eine weitere 180°-Kehre zu katapultieren, bevor sie wieder umgedreht wurden und weiter in die Höhe sausten.

Ab diesem Moment nahm Maya den Rest der Fahrt bloß noch verschwommen wahr. Alle paar Sekunden tauchte ein anderer Freddy's-Charakter – überlebensgroß und gleißend grell erleuchtet – aus dem Nichts auf und jagte ihnen einen Höllenschrecken ein. Nach dem dritten Schockmoment, bei dem spitze, animatronische Zähne auf ihr Gesicht zuschossen, schloss Maya die Augen. Der Rest der Fahrt war für sie ein Durcheinander aus Bewegung und Geräuschen und blinkenden Lichtern hinter ihren Lidern. Glücklicherweise war das Ganze gefühlt genauso schnell wieder vorbei, wie es begonnen hatte.

Als der Wagen langsamer wurde und die Sicherheitsbügel nach oben klappten, sprang Jaxon aus dem Gefährt. Noelle kletterte ihm hinterher. Maya folgte ihnen schwankend. Die Fahrt hatte wahrlich ihren Tribut von ihr gefordert; ihre Beine fühlten sich an wie Puddingstelzen.

„War das nicht der absolute Wahnsinn?!“, rief Jaxon und ergriff Maya und Noelle an den Händen. „Los, holen wir uns unsere Videos!“ Er zog sie zu dem kleinen Stand in der Nähe des Ausgangs der Achterbahn hinüber.

Einige Minuten später hatten sie ihre individuellen Souvenirvideos, auch wenn Maya sich nicht sicher war, dass sie sich ihres jemals ansehen würde. Irgendwie stand ihr nicht der Sinn danach, sich selbst dabei zuzuschauen, wie sie mit zusammengekniffenen Augen und verängstigter Miene mit hundertfünfzig Stundenkilometern durch eine Albtraumlandschaft brauste, oder wie schnell die Bahn auch immer gewesen war. Zwar hatte Jaxon während der Fahrt immer wieder die Geschwindigkeit gebrüllt, aber Maya war viel zu sehr damit beschäftigt gewesen, ihren rebellierenden Magen unter Kontrolle zu behalten, um darauf zu achten.

„Und was jetzt?“, fragte Jaxon.

Maya schüttelte den Kopf. „Entscheide du, Jax.“ Sie war heute Abend bloß wegen der AR-Geburtstagsparty hergekommen, und die hatte sie bekommen. Was sie nun noch machten, war ihr eigentlich egal.

Als Maya die Hintertür ihres Elternhauses aufschob, die in die kleine, freundliche Küche führte, war es bereits nach zweiundzwanzig Uhr. Sie hängte ihre Schlüssel an den Haken neben dem türkisen Retro-Kühlschrank.

Wie sie es erwartet hatte, saßen ihre Eltern an dem mehrfarbigen Fliesentisch, tranken heiße Schokolade und spielten Karten. Das machten sie regelmäßig vor dem Zubettgehen, und Maya nahm an, dass es außerdem ein guter Vorwand für sie war, aufzubleiben und zu warten, bis ihre Teenagertochter heimkam.

Mayas Mom zog eine Karte und schaute lächelnd zu ihr auf. „Und, hattest du Spaß, Liebes?“

Maya grinste. „Es war super! Sogar noch besser, als Jaxon versprochen hat. Unglaublich, was es dort alles gibt! Die …“ Maya hielt inne. Sie wollte ihnen von der AR-Kabine berichten, aber das hätte bedeutet, ihnen von der grandiosen Party zu erzählen, die alles geboten hatte, was sie sich jemals von einer Geburtstagsfeier erträumt hatte. Und sie wollte nicht, dass ihre Eltern das Gefühl hatten, sie wüsste die Feiern nicht zu schätzen, die sie für ihre Tochter veranstalteten.

„Bist du mit der Achterbahn gefahren?“, fragte Mayas Dad. „Ich hab davon gelesen. Ich wette, die ist ziemlich cool.“

Maya lachte. „Du klingst genau wie Jaxon! Er hat die ganze Zeit davon geredet.“ Maya holte die Videokassette hervor, die sie an dem Stand bekommen hatte. „Hier ist ein

Video von unserer Fahrt. Da seht ihr, wie ich schreie und meine Augen so fest zusammengekniffen habe, wie ich nur konnte."

Mayas Mutter schüttelte den Kopf. „Na, *das* klingt doch mal spaßig." Ihre Worte trieften vor Sarkasmus.

Maya ging zu ihrer Mom und umarmte sie. Sie legte ihre Wange auf den Kopf ihrer Mutter und schloss die Augen, um den Duft der geschmeidigen, weichen, kurzen, schwarzen, von grauen Strähnen durchzogenen Locken ihrer Mom tief in sich einzusaugen. Ihre Mutter roch nach Jasmin, wie immer.

Dann richtete Maya sich auf, trat um den Tisch herum und beugte sich vor, um ihren Dad fest zu drücken. *Sein* Kopf war nicht weich. Er trug sein dünner werdendes Haar so kurz geschoren wie möglich, sodass es sich anfühlte, als würde Maya ihr Kinn auf Schmirgelpapier stützen. Doch das kümmerte sie nicht. Sie liebte ihren Vater und wie er immer nach Druckerfarbe und Toner roch.

Maya gab ihren Dad frei und wandte sich dem Gasherd zu, der genauso türkis war wie der Kühlschrank und so gestaltet, dass er wie ein Überbleibsel aus den 1950er-Jahren wirkte. Sie wusste, dass auch für sie noch heiße Schokolade im Topf war. Sie goss sie in einen Becher und setzte sich zu ihren Eltern an den Tisch.

Sie nippte an der Schokolade und sagte: „Kann ich nächste Runde mitmachen?"

„Na, klar", entgegnete ihr Dad.

Maya lächelte, während sie zusah, wie ihre Eltern ihre Partie zu Ende spielten. Zum tausendsten Mal dachte sie daran, welches Glück sie hatte, so tolle Eltern zu haben.

Ihre Mom – dunkelhaarig, zierlich und hübsch – war zwar Grundschullehrerin, hatte aber immer jede Menge Zeit, um sich um ihre Familie zu kümmern. Mayas Dad, dessen kantiges Gesicht Lachfältchen rings um die Augen und den Mund auswies, betrieb ein Geschäft für Bürobedarf nebst Copyshop. Obwohl er viel arbeitete, schaffte er es irgendwie immer, Maya und Elena das Gefühl zu vermitteln, sein Leben würde sich nur um sie drehen. Er verbrachte jeden Tag so viel Zeit mit ihnen, wie er nur konnte.

Als ihre Eltern ihre Partie schließlich beendet hatten und ihr Dad die Karten für die nächste Runde austeilte, dachte Maya erneut an die AR-Party. Sie war sich nicht sicher, warum es ihr so wichtig gewesen war, die Erfahrung zu machen, einmal im Mittelpunkt der gesamten Aufmerksamkeit zu stehen; immerhin war es ja nicht so, als fände sie sonst im Leben keinerlei Beachtung. Vielleicht lag es daran, dass ihre Eltern dermaßen entspannt waren, dass nichts jemals eine große Sache zu sein schien. Manchmal wünschte Maya sich einfach, dass irgendwas auch *aufregend* war und nicht bloß unbeschwert.

Doch jetzt, in diesem Moment, als sie den Duft der Schokolade im Becher vor sich einatmete und in die zufriedenen Gesichter ihrer Eltern schaute, konnte Maya gut mit dieser Unbeschwertheit leben. Sie nahm ihre Karten auf.

Nachdem sie eine gute halbe Stunde Karten gespielt hatten, küsste Maya ihre Eltern, sagte Gute Nacht und ging gemächlich den schmalen Flur zum Badezimmer entlang. Hin und wieder blieb sie stehen, um sich ein paar der Dutzenden gerahmten Familienfotos anzusehen, die die Wände bedeckten. Klar, die Bilder hingen dort schon seit Jahren, aber die Party hatte Maya an all die Leute erinnert, denen sie wichtig war, die sie liebten. Sie nahm sich einige Sekunden Zeit, die Fotos zu betrachten, bevor sie sich die Zähne putzte.

Als Maya schließlich in ihrem Zimmer war, machte sie sich nicht einmal die Mühe, ihren Pyjama anzuziehen. Mit einem Mal war sie völlig erledigt. Sie ließ sich einfach rittlings auf ihr Bett fallen, und das mit solchem Schwung, dass das Bettgestell über den Holzboden schabte.

Elena setzte sich ruckartig in dem anderen Bett auf, das noch in den kleinen Raum gequetscht war. „Waaas?" Im trüben gelben Schein des kuppelförmigen Nachtlichts machte Maya Elenas verschlafenes Gesicht aus. Ihr lockiges schwarzes Haar war ein einziges Durcheinander.

„Sorry, El", sagte Maya. „Ich bin's nur."

„Wie spät ist es?" Elena rieb sich ihre großen braunen Augen, die genauso aussehen wie die von Maya.

„Spät." Maya stand von ihrem Bett auf und ging zu Elena. „Rutsch rüber."

Elena grummelte zwar, rutschte aber zur Seite. Maya kuschelte sich neben ihre Schwester und schlang ihre Arme um sie. Maya genoss die weiche Wärme von Elenas flanellbekleideten Schultern und ließ den Blick durch ihr kleines Zimmer schweifen.

Obwohl der Raum gerade genügend Platz für die zwei Betten, einen Nachttisch, eine Kommode und einen Schreibtisch bot, den sich die beiden Schwestern teilten, war dieses Zimmer schon ihr ganzes Leben lang Mayas und Elenas Reich. Maya konnte sich noch gut daran entsinnen, als die Wände noch rosa gestrichen gewesen waren und auf den Betten weiße, rüschenbesetzte Decken lagen. Jetzt war die eine Hälfte des Raums in Mayas Lieblingsfarbe (rot) gehalten, die anderen Hälfte grau. Mayas Bettdecke war mit einem Rosenmotiv versehen, Elenas dagegen schlicht hellblau.

Maya dachte an all die Geschenke, die sie auf ihrer großen virtuellen Geburtstagsparty bekommen hatte, und lächelte. Bloß gut, dass das Ganze nicht real gewesen war, denn wie hätte sie diese ganzen Sachen in diesem winzigen Raum unterbringen sollen? Zu schade, dass die AR-Einheit nicht gleich auch noch ein großes Haus für sie und ihre Familie generiert hatte.

Aber das war natürlich völliger Blödsinn. Maya liebte dieses gemütliche kleine Haus. Es war voller schöner Erinnerungen. Wie sollte ein großes, neues Zuhause da mithalten?

„Was ist los?“, fragte Elena.

Maya lachte. „Ich hab Geburtstag, das ist los!“

Elena starrte mit zu Schlitzen zusammengekniffenen Augen auf die blauen Leuchtziffern ihres Radioweckers auf dem Nachttisch, den sie sich miteinander teilten. „Erst in zweiundvierzig Minuten und fünfzehn Sekunden.“

Maya lachte erneut und drückte ihre pingelige Schwester. „Meinetwegen. Abgesehen davon hatte ich meine große Party bereits!“

Elena runzelte die Stirn. „Aber ich war gar nicht dabei.“

„Doch, warst du! Alle waren da! Es war die beste Feier aller Zeiten!“

Elena rümpfte ihre breite Nase und zog eine Grimasse. Sie löste sich aus Mayas Umarmung. „Du bist echt schräg.“

„Nein, *du* bist schräg!“

Elena verdrehte die Augen und ließ sich in ihre Kissen zurückfallen. „Raus aus meinem Bett. Ich brauch meinen Hirnschlaf.“

Maya lächelte. Mayas Mutter ermahnte ihre Töchter ständig, sie bräuchten ihren Schönheitsschlaf, doch damit hatte die kluge Elena, die sich nicht übermäßig um ihr Aussehen scherte, so ihre Probleme. Sie meinte, sie zöge Hirnschlaf vor, weil ihr das dabei half, noch gescheiter zu werden.

In dieser Hinsicht waren die beiden Schwestern grundverschieden. Ein bisschen überspitzt könnte man sagen, Maya war die Hübsche und Elena die Kluge. Elena war vielleicht kleiner und unscheinbarer als Maya, doch was ihr an Attraktivität fehlte, machte sie durch Köpfchen und Selbstvertrauen wieder wett. Elena mochte ein Jahr jünger als Maya sein, doch in puncto Bildung und schulischer Leistung war sie ihrer Schwester um Lichtjahre voraus. Maya war vollauf zufrieden damit, eine Jugendliche zu sein. Elena hingegen konnte es kaum erwarten, erwachsen zu werden. Sie war ein echtes Mathegenie und würde nächstes Jahr aufs hiesige College gehen. Doch Maya war nicht im Geringsten neidisch auf Elenas Brillanz, im Gegenteil. Maya war superstolz auf Elena. Maya gefiel es, einfach nur Maya zu sein, und sie feierte Elena für ihr Elena-Sein ab. Trotzdem musste sie zugeben, dass es großartig gewesen war, bei ihrer Pizzaplex-Geburtstagsparty im Mittelpunkt der Aufmerksamkeit zu sehen. Normalerweise hatte Maya keine Gelegenheit, so hervorzustechen, und sie würde diese einzigartige Erfahrung niemals vergessen.

Am nächsten Tag veranstaltete Mayas Familie auf der Veranda und dem Rasen vor dem Haus ihre übliche Geburtstagsfeier. Da ihr Vorgarten nicht besonders groß war, breitete sich die Party jedes Mal auf die Straße und die angrenzenden Grundstücke aus. Und obwohl sich die Dekoration in Grenzen hielt, lieferten die imposanten Eichen und die Trauerweiden, die die Häuser in ihrem Viertel säumten, die schönste Kulisse für ihren Ehrentag, die Maya sich nur wünschen konnte. Maya hatte im Mai Geburtstag (was anscheinend auch die Wahl ihres Namens beeinflusst hatte), und zu dieser Jahreszeit war es draußen immer warm. Wie gewöhnlich schwirrten schimmernde Kolibris durch die Luft und gelbe Monarchfalter flatterten um die Blumenbeete am Fuße des Verandageländers vor ihrem Elternhaus herum. Die waren viel besser als Luftballons.

In diesem Jahr gesellte sich zu dem üblichen schlichten HAPPY BIRTHDAY-Banner, das an der Vorderseite des Hauses aufgespannt war, ein Schild mit der Aufschrift SWEET SIXTEEN, das Mayas jüngste Cousins und Cousinen gebastelt hatten. Die Buchstaben auf dem großen Pappschild waren mit Buntstift geschrieben und mit Glitzer und kindlichen Zeichnungen roter Rosen verziert. Die Piñata erinnerte von der Form her wie üblich vage an ein Pferd (dabei mochte Maya Pferde nicht einmal). Es gab einen großen flachen Schokoladenkuchen, auf dem in gekaufter Zuckerglasur ziemlich schief „Happy Birthday, Maya“ geschrieben stand.

Die Feier hätte nicht unterschiedlicher sein können zu der im Pizzaplex. Die einzige Gemeinsamkeit war, dass Mayas ganze Familie und ihre Freunde da waren und Mrs.

Lambert ihren preisgekrönten Wickelkuchen servierte. Für den Wickelkuchen war Maya tatsächlich dankbar, denn den Apfel-Streuselkuchen mochte sie lieber als den Schokokuchen, den ihre Familie Jahr für Jahr für sie hatte.

„Danke, dass Sie gekommen sind, Mr. und Mrs. Lambert", sagte Maya, als sie sich zu ihnen setzte. Das ältere Ehepaar hatte seine eigenen Klappstühle mitgebracht und es sich unter der knorrigen Eiche am Straßenrand bequem gemacht. Sie beäugten die Party mit so grimmigen Mienen, als wären sie im Krieg statt auf einer Party.

„Hmmpf", sagte Mr. Lambert erwartungsgemäß.

„Ich hoffe, mein preisgekrönter Wickelkuchen hat geschmeckt", sagte Mrs. Lambert.

„Er war köstlich, wie immer!", versicherte Maya ihr. Eigentlich wollte sie die alte Dame umarmen, aber Mrs. Lamberts aufrechte Haltung und ihre steifen Schultern wirkten besser als jedes STOPP-Schild.

Maya überließ die Lamberts wieder sich selbst und ging zurück zur Veranda. Als sie den Rasen überquerte, rieb sie sich die Schläfen. Als sie heute Morgen aufgestanden war, tat ihr die Stirn weh – genau da, wo einige der Sensoren des AR-Stirnbands ihre Haut berührt hatten. Anfangs hatte sie angenommen, das Material, aus dem das Stirnband bestand, hatte bloß irgendwelche Hautreizungen ausgelöst, doch mittlerweile fühlte es sich eher an wie leichte Kopfschmerzen.

„Hey, Geburtstagskind!", rief Noelle zu ihr herüber.

Maya verdrängte ihre Kopfschmerzen und gesellte sich wieder zu ihren Freunden.

Nach dem Anschneiden des Geburtstagskuchens schlugen Maya und die anderen Kinder und Teenager reihum auf die Piñata ein. Wie immer waren es die im Duo zudreschenden Davis-Zwillinge Wesley und Wendy (beide flachsblond), die das Pappmaschee aufbrachen. Dann stritten sie miteinander, wer von ihnen sich zuerst etwas von den Süßigkeiten nehmen durfte. Alle anderen hielten sich derweil zurück. Die Streitereien der beiden hoch aufgeschossenen, schlaksigen Dreizehnjährigen waren berüchtigt. Am besten war es, ihnen dabei nicht in die Quere zu kommen.

Obwohl es einen kleinen Tisch mit Geschenken gab, war das Öffnen der Präsente keine große Sache. Mayas Mom betonte stets, dass Geschenke kein Muss waren. „*Gegenwart* ist viel wichtiger als *Geschenke*", schrieb sie immer auf die Einladungskarten, nicht zuletzt, weil sie wusste, dass ihre Nachbarn und die Familien von Mayas Schulkameraden im Allgemeinen nicht sonderlich gut betucht waren.

Bei den Geburtstagen von Angehörigen von Mayas Familie war es Tradition, dass Geschenk hier und jetzt aufgemacht wurden, falls derjenige, von dem es kam, zugegen war und gern dabei sein wollte, wenn es geöffnet wurde. Und wie üblich waren diejenigen, die es am wenigsten erwarten konnten, dass Maya ihr Präsent aufmachte, die Thompson-Kinder.

Donny (zehn), Parker (sechs) und Aurora (fünf) waren Mayas Lieblingskinder (nach ihren Cousins und Cousinen, natürlich). Sie babysittete sie regelmäßig, weil ihre Eltern – die immer noch ziemlich jung waren, weil sie bereits mit achtzehn geheiratet hatten, um dann ein paar Monate später Donny zu bekommen – nach wie vor den Drang verspürten, hin und wieder Party zu machen. Sie gingen regelmäßig abends aus. Doch sie waren tolle Eltern und Mrs. Thompson eine großartige Bäckerin. Maya tummelte sich noch gern ein bisschen in der makellosen Küche der Thompsons, wenn das Paar von seinen Verabredungen zurück war. „Zimtplätzchen-Zeit!", sagte Mr. Thompson dann immer und dann naschten Maya und die Thompsons einen der großen, weichen Kekse, während Mr. Thompson Witze erzählte. Seine Lieblingswitze waren typischer Dad-Humor.

„Klopf, Klopf", hatte Mr. Thompson einige Nächte zuvor gesagt.

Maya hatte pflichtschuldig geantwortet: „Wer ist da?"

„Luke."

„Luke wer?"

„Luke durch den Türspion und find's raus!"

Maya und Mrs. Thompson hatten unisono die Augen gedreht und gestöhnt.

Wenn Mr. Thompson Maya zu Fuß nach Hause begleitete, schaffte er es immer, sie ein paarmal zum Lachen zu bringen. Die Kekse und die Witze waren klasse, aber außerdem bezahlte das Paar Maya auch gut.

In den letzten drei Jahren – seit sie ein paar Häuser neben Maya eingezogen waren – hatten die Thompson-Kinder Maya Geburtstagsgeschenke gemacht. Im ersten Jahr waren es Lesezeichen aus Zungenspateln (Mrs. Thompson war Krankenschwester) und mit Buntstiften und Glitzer verzierte braune Frühstückstüten, die aussahen, als wären sie schon benutzt worden. Letztes Jahr bekam sie eine „Halskette" aus Pfeifenreinigern. In diesem Jahr hatten sich die Kids selbst übertroffen: Sie hatten ihr aus (noch mehr) braunen Frühstückstüten ein Album gebastelt, in dem Fotos der drei Kinder waren, dekoriert mit eingeklebten Knöpfen und Wollfäden.

„Das ist ja wundervoll!", platzte Maya heraus, als die drei darauf bestanden, dass sie ihr Geschenk aufmachte.

„Ich hab die Knöpfe ausgesucht!", verkündete die stupsnasige Aurora. Sie strahlte vor Freude und ihre Brüder schnaubten.

„Das habt ihr echt toll gemacht! Wahnsinn, dass ihr euch solche Mühe für mich gegeben habt!", sagte Maya. Sie umarmte die Kinder, um ihnen zu danken, ehe die Kids davonwuselten, um zu schauen, ob Wesley und Wendy drüben bei der Stelle, wo sie die Piñata verdroschen hatten, vielleicht irgendwelche Süßigkeiten im Gras übersehen hatten.

Maya mochte ihre Party und hatte viel Spaß daran, mit ihren Cousins und Cousinen zu spielen, besonders mit Klein-Axel, dem jüngsten Spross von Tante Sofia und Onkel Peter. Axel war ein pausbäckiger Vierjähriger mit dunklen Augen und einem fröhlichen Dauergrinsen, das niemals zu verschwinden schien. Maya liebte es, auf ihn aufzupassen. Er war besessen von „Backe, backe, Kuchen", dass sie so lange spielten, dass Mayas Handflächen schmerzten, wenn Axel endlich müde genug war, dass er sich auf ihrem Schoß zusammenrollte und einschlief.

Als Tante Sofia, ihre langen Zöpfe oben auf ihrem Kopf zu einem komplizierten Knoten gebunden, ihren jüngsten Sohn dann hochhob, um ihn ins Bett zu bringen, küsste sie Maya auf die Stirn und sagte: „*Feliz cumpleaños, mi sobrina.*"

„Danke, Tante Sofia.“ Als Sofia daraufhin eine Augenbraue hochzog, sagte Maya grinsend: „Ich meine*: Gracias, Tia Sofia.“*

Mayas Großeltern hatten ihre Kinder – Sofia, Luciana und Violeta, Mayas Mutter – erst bekommen, nachdem sie in die USA immigriert waren. Sie hatten schnell Englisch gelernt und von Anfang an Wert darauf gelegt, dass ihre drei Töchter zweisprachig aufwuchsen. Dasselbe galt für ihre Enkelkinder. Mayas Mutter und ihre Tanten hatten Mayas Großeltern mütterlicherseits zwölf Enkel geschenkt. Auf das „Konto“ von Sofia und Peter gingen sechs davon. Luciana und Rafael hatten vier Kinder. Mit ihren zwei Mädchen bildete Mayas Mutter so was wie die Nachhut. Seit Kurzem war Sofia ganz besessen davon, das puertoricanische Erbe ihrer Familie zu zelebrieren. Sie nahm dafür extra Spanischunterricht und beharrte darauf, dass Maya ebenfalls Spanisch lernen solle. Was Maya nicht vorhatte. Aber zumindest machte sie ihrer Tante eine Freude damit, dass sie hin und wieder diesen einen Satz sagte, den sie konnte.

Glücklicherweise interessierten sich Mayas Großeltern väterlicherseits nicht besonders für ihre familiären Wurzeln. „Wir haben größtenteils irische Gene, aber ich glaube, ein bisschen was Tschechisches, was Griechisches und ein bisschen was Walisisches ist auch dabei“, hatte ihr Dad Maya erklärt, als sie ihn danach fragte. Sie war froh darüber, dass sich keiner viel aus ihrer ursprünglichen Herkunft machte. Sie konnte sich beim besten Willen nicht vorstellen, Gälisch zu lernen oder, noch schlimmer, Tschechisch. Außerdem war sie erleichtert, dass ihr Vater ein Einzelkind war. Nicht, dass sie ihre Cousins und Cousinen nicht mochte – im Gegenteil. Aber ihre Familienzusammenkünfte waren auch so schon chaotisch genug, ohne dass noch mehr kleine Kinder herumrannten.

Nachdem Mayas Tanten und Onkel und Cousins und Cousinen gegangen waren, machten Maya und ihre Eltern es sich zusammen mit Mayas Großeltern im Hinterhof rings um ein kleines Lagerfeuer gemütlich. In ihrer Familie war es Tradition, dass das Enkelkind von seinen Großeltern noch ein besonderes Geburtstagsgeschenk bekam, wenn die Party vorbei war. Maya liebte diesen Teil ihres Geburtstags genauso sehr, wie sie ihre Großeltern liebte.

Mayas Großeltern mütterlicherseits und väterlicherseits hätten nicht unterschiedlicher sein können. Die Eltern ihrer Mutter waren dunkelhäutig, klein und rundlich, ihre Gesichter faltig von Jahren des Lächelns, ihre Hände schwielig von Jahren der Arbeit. Sie hatten eine Baufirma. Selbst mit Anfang sechzig waren beide nach wie vor imstande, einen Hammer genauso wuchtig zu schwingen, wie jeder ihrer jüngeren Angestellten – sogar Mayas Oma konnte mit nur zwei Schlägen einen Nagel versenken. Mayas Großeltern väterlicherseits hingegen waren groß, blass und tiefenentspannt. „Nana“ und „Pappy“, selbst ernannte Althippies, verdingten sich als Künstler, und das Einzige, das ihre Hände über sie preisgaben, waren die Farben, die sie bei ihren jüngsten Kreationen verwendet hatten. Sie sahen wesentlich jünger aus als die sechzig plus Jahre, die sie auf dem Buckel hatten, und anhören taten sie sich sogar noch jünger.

„Tja, jetzt bist du sechzehn, Maya“, sagte Pappy gerade. „Auf den Tag genau.“ Er tätschelte ihr Knie.

Maya bemerkte, dass sich zu den Sommersprossen auf Pappys Handrücken allmählich Altersflecken gesellten. Pappy repräsentierte den irischen Teil der Wurzeln ihres Vaters. Im Gegensatz zu ihrem Dad, der schwarzes Haar hatte, war Pappys von dunklem Kastanienbraun.

„Weil dies ein ganz besonderer Geburtstag ist“, begann Nana, „haben wir alle zusammengelegt, um etwas, nun, ja, Besonderes für dich zu besorgen, Liebes.“ Sie schaute erst ihren Mann und dann Mayas andere Oma und ihren anderen Opa an. „Nicht wahr?“

Oma nickte. Sie holte einen kleinen roten Samtbeutel aus der Tasche ihrer Bauernkaro-Schürze hervor, die sie immer noch anhatte, obwohl sie schon seit Stunden nicht mehr in der Küche gewesen war. Sie hielt Maya den Beutel hin, und sie nahm ihn entgegen.

Maya zog die Schnur auseinander, die das Beutelchen verschloss, und kippte den Beutel ein bisschen zur Seite. Eine feine Goldkette mit einem filigranen goldenen Anhänger in Rosenform glitt auf ihre Handfläche.

„Oh!“ Maya keuchte überrascht. „Die ist wunderschön!“

Nana stieß Pappy mit dem Ellbogen an. „Ich sagte dir doch, sie wird sie lieben!“

Pappy zuckte mit den Schultern und zwinkerte Maya zu. „Ich war ja eigentlich für eines dieser Videospieldinger. Ich dachte, jemand in deinem Alter will lieber irgendwelchen Technikkram.“

Maya schüttelte den Kopf. „Technikkram hatte ich dieses Jahr schon genug, Pappy.“ Sie lächelte breit, als sie an ihre virtuelle Geburtstagsfeier am Vorabend dachte. „Das hier ist perfekt!"

Elena half Maya dabei, die Kette umzulegen, und umarmte sie dann. „Happy Birthday, große Schwester!"

Auch Mayas Eltern und ihre Großeltern nahmen Maya reihum in die Arme. Anschließend schnappte Mayas Vater sich seine Gitarre; im Schein des Lagerfeuers wirkte seine Kopfhaut, die durch sein spärliches, kurz geschorenes Resthaar hindurchschimmerte, als würde sie leuchten. Die nächste Stunde über sangen Maya und ihre Eltern und ihre Großeltern alte Folksongs, bis Elena schließlich meinte, ihr Hirn brauche jetzt seinen Schlaf.

Als Maya an diesem Abend unter ihre Bettdecke schlüpfte und auf Elenas leises Schnarchen lauschte (ihre Schwester besaß die beneidenswerte Fähigkeit, binnen Sekunden einzuschlafen, sobald sie sich hingelegt hatte), presste sie ihre Finger gegen ihre Stirn. Die leichten Kopfschmerzen, die ihr den ganzen Tag über immer mal wieder zu schaffen gemacht hatten, waren jetzt stärker und hartnäckiger. Hing das vielleicht irgendwie mit ihrer Zeit in der AR-Kabine zusammen? *Nein,* dachte Maya. *Ist vermutlich bloß ein Zufall.* Sie war einfach bloß übermüdet.

Maya schloss die Augen. Das war wirklich ein perfekter Geburtstag gewesen. Sie hatte ihre große Party und ihre traditionelle Party. In ihrer Welt war alles vollkommen. Mit diesem Gedanken schlief sie ein.

Als Maya später, als alles immer mehr zum Teufel ging, zurückblickte, konnte sie nicht sagen, wann genau die Dinge anfingen, auf sonderbare Weise schief zu laufen. Natürlich erinnerte sie sich an den ersten Schock. Doch zu diesem Zeitpunkt kam ihr das Ganze gar nicht so seltsam vor. Traurig, ja, und bedauerlich. Aber nicht seltsam. Schließlich ist es nicht ungewöhnlich, dass zweiundsechzig Jahre alte Frauen Brustkrebs bekommen. Und es ist auch nicht ungewöhnlich, dass sie ihren Kampf gegen die Krankheit trotz wochenlanger Chemotherapie und Bestrahlung manchmal verlieren.

Abgesehen von Omas Krebsdiagnose passierte im Jahr nach Mayas sechzehntem Geburtstag eigentlich nichts Außergewöhnliches. Alles lief ziemlich normal … jedenfalls abgesehen von Mayas regelmäßig wiederkehrenden Kopfschmerzen. Allerdings waren ihre Kopfschmerzen, so nervig sie auch waren, nie so schlimm gewesen, dass Maya irgendwem davon erzählt hätte. Insgeheim fragte sie sich, ob das AR-Stirnband vielleicht irgendwie ihre Nerven geschädigt hatte. Doch da die Attraktion eigentlich ohnehin geschlossen gewesen war, als sie sie benutzt hatte, war sie der Ansicht, dass sie kein Recht hatte, sich darüber zu beklagen. Außerdem hielten sich die Schmerzen in Grenzen und traten immer nur kurzzeitig auf. Darum redete sie sich ein, dass schon nichts Ernsteres dahintersteckte.

Mayas 17. Geburtstag war ganz anders als der davor. Obwohl Oma darauf pochte, dass die Party genauso stattfand wie immer, war keiner auch nur entfernt in Feierlaune. Am Tag vor Mayas Geburtstag war Oma bloß noch ein blasser Schemen ihres früheren Selbst, so als hätte jemand mit zittrigen Händen versucht, ihr Abbild auf hauchdünnes Pauspapier zu übertragen.

Am Abend ihres 17. Geburtstags saß Maya nicht wie

gewöhnlich zusammen mit ihren Eltern, ihrer Schwester und ihren Großeltern um ein Lagerfeuer herum. Stattdessen drängte Maya sich mit ihrem Opa, ihren Eltern, ihrer Schwester, ihren Tanten und Onkeln und ihren Cousins und Cousinen um Omas Bett im Wohnzimmer von Omas und Opas Haus. Oma hatte sich gewünscht, zu Hause zu sterben, darum hatten sie den vormals sehr gemütlichen, komfortablen Raum zu einem Krankenzimmer umgewandelt. Der Raum bot kaum genügend Platz für all die Leute, die gekommen waren, um sich von der abgemagerten Frau in dem schmalen Bett zu verabschieden. Noch weniger Platz war darin für all die Liebe, die die Familie dieser wunderbaren Frau entgegenbrachte, die dabei war, ihren letzten Atemzug zu tun. Und auch für den Kummer, der die Versammelten erfüllte und in der Sekunde mit voller Wucht über sie hereinbrach, als Oma schließlich für immer eingeschlafen war, war das Zimmer viel zu klein.

Als Maya und Elena sich später in Elenas Bett aneinanderschmiegten, fragte Maya: „Warum Oma? Warum nicht der fiese alte Mr. Vance vom Ende der Straße? Ich hab mal gesehen, wie er seinen Hund getreten hat. Der Typ ist ein Arschloch. Warum nicht er?“

Elena drückte Maya noch fester an sich. „So läuft das nun mal nicht. Bei so was gibt’s keine Gut- und Böse-Liste wie beim Weihnachtsmann. Das hat was mit Biologie zu tun und mit Chemie und mit der DNA und – “

„Und mit BS“, sagte Maya. „Denn das ist einfach nur Bullshit. Warum Oma? Das ist einfach so *ungerecht* …“ Maya brach in Tränen aus und berührte die goldene Rose, die um ihren Hals hing. Seit sie die Kette angelegt hatte,

hatte sie sie kein einziges Mal abgenommen. Jetzt umklammerte sie den Anhänger ganz fest, als könnte sie dadurch, dass sie die Kette festhielt, auch an ihrer Oma festhalten.

Als Maya schließlich in ihr eigenes Bett kroch und versuchte, einzuschlafen, dachte sie daran, dass dieser Geburtstag alles andere als perfekt gewesen war. In ihrer Welt war nicht alles vollkommen. Sie hatte gerade einen ihrer liebsten Menschen auf dem Planeten verloren. Was würde wohl als Nächstes passieren?

Nur einige Tage später bekam Maya die Antwort auf ihre Frage. Als Nächstes wurde bei Pappy Krebs entdeckt. Die Krankheit saß in seinem Gehirn und wuchs schnell. Kaum einen Monat nach seiner Diagnose konnte er sich schon nicht mehr selbst versorgen. Maya, ihre Familie und ihre Verwandten taten alles für Pappy, was in ihrer Macht stand. Und noch bevor es mit Pappy zu Ende ging, erkrankte auch Opa an Krebs.

„Er wird sich nicht behandeln lassen“, sagte Mayas Mutter an dem Tag, als sie davon erfuhren, zu ihrem Dad. Maya und ihre Eltern saßen am Esstisch und stocherten auf ihren Tellern mit Spaghetti herum. Keiner hatte Appetit. Doch ansonsten wirkte Mayas Mutter stoisch und gefasst; ihre Augen waren trocken. Maya hingegen war, als würde sie in Tränen ertrinken. Außerdem fiel ihr das Atmen schwer; ihr war, als würde ein riesiger Troll auf ihrer Brust hocken und alle Luft aus ihren Lungen pressen. Warum widerfuhr ihrer Familie so viel Unglück?

Als Maya sich an diesem Abend bettfertig machte, saß Elena vor dem Laptop, den sie sich miteinander teilten.

„Wären es bloß Oma und Opa“, sagte Elena beim Tippen, „würde ich irgendwas Krebserregendes in den Baumaterialien vermuten, mit denen sie tagaus, tagein zu tun hatten. Aber Pappy hat’s auch erwischt. Vielleicht wegen seiner Farben?“

Maya schaute ihrer Schwester über die Schulter. Als Elena mit der Maus klickte, verschwand der Artikel, den sie im Internet gelesen hatte, und machte einer Webseite Platz, auf der die Worte „Im Aufbau“ prangten. Elena seufzte theatralisch.

„Ich geh ins Bett“, sagte Maya.

„Mmm“, machte Elena und klickte mit der Maus, um ein neues Suchfenster zu öffnen.

An den nächsten Abenden blieb Elena lange auf, um Nachforschungen über die Ursachen von Krebs anzustellen. Maya hatte für so was weder das Talent noch die Geduld, darum verbrachte sie ihre freie Zeit damit, ihren Großvätern vorzulesen. Natürlich verstand Pappy sie nicht mehr. Doch sie wusste, dass er ihre Gegenwart wahrnahm. Opa hingegen ermahnte sie ständig, ihre Zeit nicht damit zu vergeuden, sich um einen sterbenden „alten Knacker“ zu kümmern. „Geh lieber auf ein Date“, sagte er mehrmals zu ihr.

Maya versuchte, sich daran zu erinnern, wann ihr das letzte Mal der Sinn danach gestanden hatte, sich zu verabreden und auszugehen. Vor ein paar Monaten war sie ganz verschossen in den Quarterback der Juniorenauswahl ihrer Schule. Doch wenn sie jetzt an sein sorgloses Grinsen und sein zerzaustes Haar zurückdachte, empfand sie allenfalls Verdrossenheit.

Maya war gedanklich so mit ihren kranken Großeltern beschäftigt, dass sie kaum wahrnahm, wie es den anderen Menschen in ihrer Umgebung erging. Erst nachdem Nana an Krebs gestorben war, und nur wenige Tage, nachdem auch Opa und Pappy von ihnen gegangen waren, tauchte Maya lange genug aus dem trüben Nebel ihrer Trauer auf, um zu erkennen, dass noch mehr Menschen in ihrem Umfeld an dieser verfluchten Krankheit litten.

Mr. und Mrs. Lambert starben nur kurze Zeit nach Mayas Großeltern. Maya wusste nicht mal, dass sie krank gewesen waren, bis ihre erwachsenen Kinder auftauchten, um das Haus auszuräumen und zu verkaufen. Als sie von Mr. und Mrs. Lamberts Tod erfuhr, fühlte Maya sich miserabel; seit Oma krank geworden war, hatte sie das grummelige alte Paar nicht mehr besucht. Seltsamerweise kam ihr in diesem Zusammenhang flüchtig der Gedanken in den Sinn, was jetzt wohl aus Mrs. Lamberts preisgekröntem Wickelkuchenrezept werden würde.

Doch schon bald hatte sie ganz andere Sorgen.

Mr. und Mrs. Davis waren die Nächsten, bei denen Krebs diagnostiziert wurde. Dann waren Mr. und Mrs. Thompson an der Reihe. Weil Maya so mit ihren Großeltern beschäftigt gewesen war, war ihr nicht einmal aufgefallen, dass die Thompsons sie schon eine ganze Weile nicht mehr gebeten hatten, bei ihnen babyzusitten. Als Maya mitbekam, dass Mr. und Mrs. Thompson krank waren, ging sie zu ihnen hinüber und bot ihnen an, ihnen im Haushalt zu helfen und sich um die Kinder zu kümmern. Dasselbe tat sie für Familie Davis. Die Davis' und die Thompsons zu unterstützen und außerdem auch noch ihre Verpflichtungen zu Hause zu erfüllen, kostete sie alle Zeit, die sie neben der Schule irgendwie aufbringen konnte.

Im Unterricht selbst war sie kaum bei der Sache. Allerdings wurde selbst ihr in ihrem benommenen Zustand irgendwann bewusst, dass sie das Wort *Krebs* wesentlich öfter hörte, als normal gewesen wäre.

„Mein Bruder wurde gestern Abend in die Onkologie eingeliefert", sagte Brynn, die Junior-Chefcheerleaderin, zu ihrem Team, als Maya in der lärmenden Schulkantine an ihrem Tisch vorbeikam.

„Wir pflegen meine Schwester zu Hause", sagte Makenzie, Brynns beste Freundin. „Das Krankenhaus meinte, auf der Krebsstation ist kein Platz mehr. Tatsächlich gibt's *im ganzen Krankenhaus* keine freien Betten mehr. Wenn Leute in die Notaufnahme kommen, stellen sie die Betten draußen auf den Flur."

Brynn erwiderte nichts darauf, und auch die anderen Mädchen am Tisch wirkten eher unbekümmert.

Maya blieb stehen und starrte sie an. Die Mädchen bemerkten sie nicht einmal.

„Hast du diese neue Wimperntusche ausprobiert, von der ich dir erzählt habe?", fragte Brynn eins der anderen Mädchen.

Das Mädchen, eine hübsche Blondine, klimperte mit den Wimpern. „Na, rate mal!"

Alle am Tisch bewunderten die langen Wimpern des Mädchens. Maya hingegen schüttelte nur fassungslos den Kopf und ging mit ihrem Tablett rüber zu dem Tisch, an dem Jaxon und Noelle saßen.

Maya ließ sich in den Plastikstuhl fallen und donnerte ihr

Tablett auf die zerkratzte Hartgewebe-Tischplatte. Sie deutete zu den Cheerleaderinnen hinüber. „Ist das zu glauben? Die tun so, als wäre das alles keine große Sache!"

„Als wäre *was* keine große Sache?", fragte Noelle.

„Na, dieser ganze Krebs", gab Maya grimmig zurück.

Jaxon zuckte mit den Schultern. „Bei meiner Mom haben sie's letzte Woche auch diagnostiziert."

Mayas Kinnlade klappte herunter. „O Gott! Das tut mir so leid! Warum hast du nichts gesagt?"

„Was gibt's da zu sagen?", fragte Jaxon und mampfte das Chili auf seinem Teller. Die kräftigen Gerüche von Tomaten und Zwiebeln erfüllten die Luft. „Wollen wir am Wochenende in den Pizzaplex? Die neue Animatronics-Show soll der absolute Hammer sein."

Maya starrte Jaxon an. Dann schweifte ihr Blick zu Noelle, die an einem Salat herumknabberte. Auch Noelle war vollkommen entspannt.

„Im Ernst jetzt?", blaffte Maya. Die Worte kamen zu schrill und zu laut über ihre Lippen.

Jaxon und Noelle sahen Maya stirnrunzelnd an. Mehrere Kinder an den Nachbartischen drehten sich um und musterten Maya mit hochgezogenen Augenbrauen.

Maya senkte ihre Stimme und beugte sich zu ihren Freunden hinüber. „Warum tut ihr so, als wäre alles so wie immer?"

Jaxon und Noelle wechselten einen verblüfften Blick. Dann sah Jaxon Maya über den Tisch hinweg an. „Ähm, weil alles so wie immer *ist*?"

Maya schlug mit der flachen Hand auf den Tisch. Das Krachen übertönte die chaotischen Unterhaltungen und das

Klappern von Geschirr und Besteck im Raum. Von einer Sekunde zur anderen herrschte Stille im Raum, und mehrere Köpfe schwangen in Mayas Richtung. Doch Maya ignorierte die fragenden Blicke.

Als sie erneut das Wort ergriff, achtete sie darauf, leise und ruhig zu sprechen. „Ist euch denn nicht aufgefallen, dass momentan jeder Krebs zu kriegen scheint? Gerade hat meine Tante Sofia ihre Diagnose bekommen. Mein Onkel Rafael vor einem Monat. Und in den letzten dreizehn Monaten sind all meine Großeltern daran gestorben. Das ist doch merkwürdig. Irgendwas geht hier vor."

Jaxon zuckte die Schultern. „Krebs ist scheiße, keine Frage. Aber nichts daran ist merkwürdig."

Maya schickte sich an, ihm zu widersprechen, doch was hätte das gebracht? Was wollte sie dagegen sagen? Frustriert schnappte sie sich ihr Tablett und stapfte aus der Kantine. Sie wollte keine Minute länger mit ihren Freunden abhängen. Die beiden waren völlig unbedarft. Sie konnte es nicht ertragen, in ihre unbekümmerten Gesichter zu sehen.

In den folgenden Wochen sah Maya Jaxon und Noelle immer seltener. Der Sommer kam und ihre Freunde arbeiteten in der lokalen Burger-Bude. Maya hatte keine Zeit für einen Ferienjob. Sie teilte ihre Zeit zwischen dem Krankenhaus auf, wo sie ihren Tanten und Onkeln (Tante Lucia und Onkel Peter hatten mittlerweile auch Krebs) beistand, wenn sie ihre Chemos bekamen, und dem Zuhause besagter Tanten und Onkel, um dabei zu helfen, sich um ihre älteren Cousins und Cousinen zu kümmern, von denen vier ebenfalls Krebs hatten und im Sterben lagen. Außerdem half sie nach wie vor bei den Davis' und den Thompsons aus.

Maya verbrachte ihre Tage damit, Essen zu machen, Bettwäsche zu wechseln, Bettpfannen zu leeren und Medikamente zu verteilen. Nachts warf sie sich unruhig von einer Seite auf die andere und lauschte Elenas leisem Schnarchen.

Als ihre Großeltern krank geworden waren, war Elena genauso erpicht gewesen, Antworten drauf zu finden, warum ausgerechnet *sie* Krebs bekommen hatte, wie Maya. Doch Elena hatte schon lange aufgehört, in die Bücherei zu gehen, um Nachforschungen anzustellen. Wann immer Maya sie jetzt fragte, warum so viele Leute an Krebs starben, zuckte Elena bloß mit den Schultern und steckte ihre Nase wieder in ihr Mathebuch.

Manchmal dachte Maya daran, selbst zu versuchen, rauszufinden, was hier vorging. Denn obwohl sie keine große Lust hatte, zu recherchieren, wusste sie, wie man das macht. Aber wann hatte sie schon Zeit dafür? Sie war viel zu sehr damit beschäftigt, sich um kranke Menschen zu kümmern.

Eines Nachmittags Ende August, kurz vor Beginn von Mayas Abschlussjahr, kamen Maya ausnahmsweise mal gute Neuigkeiten zu Ohren: Mrs. Carpenter, ihre Lieblingslehrerin, hatte ihr erstes Kind bekommen. Noelle kam vorbei, um Maya davon zu erzählen.

Die beiden Mädchen standen vor der Waschmaschine und dem Trockner in Mayas Elternhaus. Auch Mayas Vater litt inzwischen seit einem Monat an Krebs. Weil ihre Mom ihn pflegte, machte Maya jetzt die gesamte Hausarbeit: das

Kochen, das Putzen, das Einkaufen, das Wäschewaschen, sogar das Bezahlen der Rechnungen. Sie war sich nicht sicher, wie lange sie das alles noch schaffen würde. Die Chemo-Behandlungen hatten bei ihrem Dad deutliche Spuren hinterlassen und ihn extrem geschwächt. Wie lange konnte er noch arbeiten?

„Woher weißt du das?", fragte Maya, während sie und Noelle ein Bettlaken zusammenlegten.

„Meine Mom liegt jetzt auf der Hospizabteilung im Krankenhaus. Als es mir zu langweilig wurde, bei ihr zu sitzen, bin ich auf die Säuglingsstation gegangen, um mir die Babys anzusehen."

Wegen der Gleichgültigkeit, mit der Noelle über den Zustand ihrer Mutter sprach, hätte Maya sie am liebsten sofort hochkant rausgeworfen, doch sie zwang sich, sich ausnahmsweise mal auf etwas Hoffnungsvolles zu konzentrieren. Und ein Baby bedeutete Hoffnung.

„Ist sie noch im Krankenhaus?", fragte Maya. „Mrs. Carpenter, meine ich?"

Noelle schüttelte den Kopf. „Ich glaube, sie und das Baby wurden schon entlassen."

Noelles Augen leuchteten auf. „Sollen wir sie besuchen?"

Maya nickte. „Sie wohnt nicht weit von hier. Nehmen wir die Fahrräder."

Maya und Noelle brauchten bloß eine Viertelstunde, um die paar Blocks zu Mrs. Carpenters Adresse zu fahren. Sie erreichten das kleine Häuschen im Landhaus-Stil genau in dem Moment, als ein Sommergewitter losbrach. Regen prasselte hernieder. Donner grollte. Blitze zuckten quer über den Himmel. Sie ließen ihre Räder auf der schmalen

Einfahrt fallen und liefen zur überdachten Vorderveranda hinüber.

Als sie klopften, erhellte ein Blitz das Firmament hinter ihnen. Als Mrs. Carpenter Sekunden später die Tür öffnete, krachte neuerlicher Donner.

„Mädels! Was für eine nette Überraschung!"

Mrs. Carpenter war gar nicht so viel älter als Maya und Noelle. Sie hatte angefangen, sie zu unterrichten, als Maya in der 6. Klasse war. Sie war groß und schlank, mit gewelltem, braunem Haar und hellgrünen Augen; selbst jetzt, wie sie mit einem in Decken eingewickelten Bündel an der Schulter vor ihnen in der Tür ihres Hauses stand, wäre sie mühelos noch als Teenager durchgegangen.

Maya reckte den Hals, um einen flüchtigen Blick auf das Kind zu erhaschen. „Herzlichen Glückwunsch!", sagte sie. „Wir sind gekommen, um uns Ihr Baby anzusehen." Maya hielt ihrer Lehrerin einen Strauß Rosen hin, die sie hinten in ihrem Garten gepflückt hatte, bevor sie und Noelle sich auf ihre Fahrräder geschwungen hatten. Bei alldem, was sie zu tun hatte, war Maya in den letzten Monaten kaum Zeit geblieben, ihre Blumen zu pflegen, doch das war offenbar auch gar nicht nötig. Die Blumen kümmerten sich um sich selbst. Die pfirsichfarbenen Blüten in Mayas Hand waren wunderschön und dufteten herrlich.

Als sie Mrs. Carpenter die Blumen hinstreckte, fiel Maya plötzlich ein, dass sie auch etwas für das Baby hätten mitbringen sollen. „Oh, tut mir leid", platzte Maya heraus. „Wir hätten ihr ein Spielzeug oder so was kaufen sollen. Ist es eine sie? Oder ein er?"

Mrs. Carpenter ging zwei Schritte zurück und bedeutete

den Mädchen, hereinzukommen. Sie betraten ein zwar beengtes, aber sauberes Wohnzimmer. Der Raum war hell, mit weißen Wänden und gelben Polstermöbeln. Es roch nach zitroniger Möbelpolitur. Und im ganzen Haus duftete es nach frisch gebrühtem Kaffee. Das überraschte Maya. Nach der Geburt von jedem und jeder ihrer jüngeren Cousins und Cousinen hatte sie ihre Tanten und Onkel zu Hause besucht, und bei denen roch es immer nach einer Mischung aus dreckigen Windeln und Talkumpuder und Erbrochenem und süßer Milch. Soweit es Maya betraf, war das für sie der typische „Babygeruch", ein unverkennbarer Geruch, der einfach zu Säuglingen dazuzugehören schien.

„Eine sie", sagte Mrs. Carpenter. „Ich habe sie Cecilia genannt." Vor einem kleinen steinernen Kamin blieb sie stehen. „Möchtest du sie mal halten?"

„Klar!" Maya nahm das Bündel entgegen, das Mrs. Carpenter ihr reichte.

Maya drückte das Baby fest an ihre Brust, atmete ein und roch … nichts. Sie schnüffelte noch einmal. Nichts. Gar nichts. Das war irgendwie seltsam.

Maya verlagerte das Baby in ihren Armen und wiegte den Kopf des Säuglings vorsichtig in einer Hand. Mit der anderen Hand zog Maya die Decke beiseite, die das Gesicht des Neugeborenen verhüllte.

Maya rang keuchend nach Luft.

Und ließ Mrs. Carpenters Baby beinah fallen.

Mrs. Carpenters *Baby*?

Maya starrte das Ding, das sie in den Armen hielt, entsetzt an. Sie musste all ihre Willenskraft zusammennehmen, um es Mrs. Carpenter nicht panisch wieder in die Hände zu drücken und schreiend aus dem Haus zu flüchten.

Maya schluckte schwer. Schweiß rann ihr Rückgrat hinab, als sie zu Mrs. Carpenter aufschaute. Mrs. Carpenter schenkte Maya ein strahlendes Lächeln, ehe sie ihre neugeborene Tochter voller Stolz und Zuneigung ansah.

Mayas Blick schweifte zu Noelle hinüber. Hatte Noelle gesehen, was Maya hier in den Armen hielt?

Ja. Noelle schaute dem Baby direkt ins Gesicht.

Doch eigentlich war da überhaupt kein Gesicht. Das Baby hatte einen Kopf, ja. Aber keine Gesichtszüge. Der Kopf sah aus wie ein unfertiger, durchsichtiger Puppenschädel.

Maya zwang sich, möglichst unbekümmert zu wirken, und fing an, das Ding hin und her zu wiegen, so, als hielte sie ein richtiges Baby. Mit zitternder Stimme begann sie, ein Wiegenlied zu singen.

Noelle fing an, mit Mrs. Carpenter völlig unbeeindruckt über die Fütterungszeiten des Säuglings zu plaudern. Maya nutzte die Gelegenheit, um sich von ihrer Freundin und ihrer Lehrerin abzuwenden und verstohlen den Rest der Decke zurückzuschlagen, damit sie das ganze … Ding … sehen konnte, das sie in den Armen hatte.

Nein, das war kein Baby. Sie hatte keine Ahnung, was das war. Aber es war definitiv kein Baby.

Das, was in die Decke gewickelt war, war glatt und schlaff, wie eine mit Wackelpudding gefüllte, leblose Schaufenster-Babypuppe mit widerlich glitschiger, durchscheinender Haut. Unter der Haut zogen sich die vagen Schemen blassblauer Fäden wie Adern durch den Körper des Dings. Doch abgesehen von diesen kaum wahrnehmbaren Fäden war das Innere des Dings so durchscheinend wie seine äußere Hülle.

In dem Sommer, bevor Maya und ihre Freunde den Pizzaplex besucht hatten, um hier Mayas AR-Geburtstag zu feiern, hatte Jaxon Noelle und Maya ins Kino geschleift, in einen Science-Fiction-Streifen, in dem es ums Klonen ging. Das Ding, das sie hielt, erinnerte sie an die unfertigen Klone. Das hier war kein Säugling. Eher so was wie ein Platzhalter für einen Säugling.

„Soll ich sie wieder nehmen?“, fragte Mrs. Carpenter.

Maya wirbelte herum. Sie versuchte, ihre Stimme wiederzufinden, aber es gelang ihr nicht. Darum nickte sie nur stumm und gab das schlaffe … was? Wesen? Geschöpf? Aber nicht Baby, das war mal sicher.

Maya gab Cecilia ihrer Mutter zurück.

„Soll ich euch Mädels was zu knabbern holen?“, fragte Mrs. Carpenter.

„Nein, vielen Dank“, entgegnete Maya im selben Moment, als Noelle sagte: „Gern!“

Mrs. Carpenter schaute von Maya zu Noelle. Maya warf ihrer Freundin einen durchdringenden Blick zu.

„Sorry, aber ich muss wieder nach Hause“, sagte Maya zu Mrs. Carpenter. „Ich hab noch viel zu erledigen.“

„Trotzdem war es nett von dir, vorbeizukommen“, sagte Mrs. Carpenter. „Cecilia steht gern im Mittelpunkt der Aufmerksamkeit.“ Mrs. Carpenter blickte auf Cecilia hinab, als wäre das Baby das süßeste Ding auf der Welt. „Stimmt’s nicht, Kleine?“ Mrs. Carpenter hätschelte das glatte, flache, schwammige Gesicht des Babys.

Übelkeit überkam Maya. „Ähm, wir müssen jetzt los. Bye, Mrs. Carpenter."

Maya packte Noelles Hand und zerrte ihre Freundin förmlich aus dem Haus der Lehrerin.

Draußen in der Auffahrt saugte Maya die nach Ozon und feuchter Erde riechende Luft tief in ihre Lungen. Das Gewitter hatte sich genauso schnell wieder verflüchtigt, wie es sich gebildet hatte. Der Boden war aufgeweicht und die Wärme der Sonne ließ die Feuchtigkeit zu Dunst verdampfen, der flüchtig wie Geister von der Erde und dem Asphalt aufstieg. Maya beugte sich vor und hielt sich den Magen. Ihr war übel und schwindelig.

„Alles okay mit mir?", fragte Noelle.

Maya richtete sich auf und warf Noelle einen fassungslosen Blick zu. „Hast du das nicht gesehen?"

„Was gesehen? Cecilia? Doch, die Kleine ist echt zuckersüß." Noelle schaute Maya fragend an. „Was hast du für ein Problem?"

Den Rest des Tages über hatte Maya keine Zeit, um eingehender über Mrs. Carpenters „Baby" nachzudenken. Obwohl, das stimmte nicht ganz. Obgleich sie viel zu tun hatte, hatte Maya in Wahrheit eigentlich an *nichts anderes* denken können als an Mrs. Carpenters Baby, und an Noelles seltsame Reaktion auf „sie". Doch die Sache machte Maya solche Angst, dass sie sich jedes Mal, wenn ihr das Bild des schlaffen, puppenartigen Säugling-Dings in den Sinn kam, dazu zwang, sich auf etwas anderes zu konzentrieren.

Als der Tag zu Ende ging, hatte sie sich erfolgreich eingeredet, dass sie sich das Ganze bloß eingebildet hatte.

Außerdem sorgte die Neuigkeit, die sie beim Abendessen erfuhr, dafür, dass alles andere mit einem Schlag bedeutungslos wurde: Jetzt hatte auch ihre Mutter Krebs.

Ihre Eltern informierten Maya mit ruhiger Stimme darüber, während ihre Mutter ihnen Rindergulasch auffüllte und ihr Vater den Brotkorb herumgehen ließ, in dem Brötchen lagen, die Maya an Cecilias gesichtslosen Schädel erinnerten.

Nein. *Aufhören!*, ermahnte sie sich. Sie würde nicht daran denken.

Maya gab das Körbchen an Elena weiter, ohne sich ein Brötchen zu nehmen.

Maya hatte keinen Hunger. Sie nahm ihren Löffel und fuhr damit durch ihren Eintopf, um kreisförmige Muster in die nach Estragon duftende Brühe zu malen. Ihre Eltern würden sterben. Wie konnten sie da hier sitzen und essen, als wäre alles in bester Ordnung? Wie konnte Elena unter diesen Umständen von den Kursen plappern, die sie im neuen Schuljahr belegen wollte?

Maya ließ ihren Löffel klappernd auf die Tischdecke fallen. „Hör auf damit, Elena!", schnappte sie.

Elena erstarrte mitten in der Bewegung, mit einem Babyschädel – nein, einem Brötchen – halb in ihrem Mund. Sie zog die Augenbrauen hoch. „Was ist dein Problem?", fragte sie Maya.

„Was denkst du, wie's für uns weitergeht, wenn Mom und Dad nicht mehr sind?", fragte Maya. Sie schaute von Elena zu ihren Eltern und zurück. „Denkst du, du kannst dann einfach weiter zur Schule gehen?"

Mayas Dad tätschelte ihre Hand. „Keine Sorge, Liebes.

Du und Elena, ihr kommt schon klar. Ich weiß, es sieht aus, als hätten wir nicht viel, aber wir haben einige Ersparnisse. Genug, um euch beide durch die Schule zu bringen. Und dieses Haus ist abbezahlt."

Mayas Dad wandte sich wieder seinem Teller zu und aß friedlich weiter seinen Eintopf, als hätte er mit ihr bloß über das heutige Unwetter geplaudert. „Das Essen schmeckt großartig, Schatz", sagte er zu Mayas Mom. „Wie immer."

Ihre Mom lächelte. Sie nahm den Brotkorb und hielt ihn Maya hin. „Bist du sicher, dass du kein Brötchen willst, Liebes?"

Maya sprang ruckartig von ihrem Stuhl auf, schlug die Hand vor den Mund und stürmte aus dem Raum. Sie schaffte es gerade noch so ins Bad, bevor sie sich übergab.

Hatte sie jetzt etwa auch Krebs?

Nein, Maya hatte keinen Krebs. Ihre Mom fuhr am nächsten Tag mit ihr ins Krankenhaus. Dort führten die Ärzte die üblichen Tests durch. Doch im Gegensatz zum Großteil der aktuellen Weltbevölkerung war mit Maya alles in Ordnung.

Obwohl das so natürlich nicht stimmte. Maya war kein bisschen in Ordnung. Sie war ein Wrack.

Obgleich die Schule inzwischen wieder angefangen hatte, hatte Maya sich ihr Abschlussjahr völlig anders vorgestellt. Das lag zum einen daran, dass die meisten Lehrer tot waren oder im Sterben lagen. Und zum anderen war die Hälfte ihrer Mitschüler ebenfalls an Krebs erkrankt.

Mayas schulische Lieblingsaktivität – der Chor – wurde ebenso abgesagt wie die meisten außerschulischen Aktionen. Es gab einfach nicht genügend Teilnehmer.

Und trotzdem …

Trotzdem taten alle so, als wäre das alles völlig normal.

Maya hatte noch nie gern die Nachrichten geschaut. Genau wie ihre Familie. Sie zogen es vor, über fröhliche Ereignisse zu sprechen und spaßige Dinge zu unternehmen, anstatt sich mit dem zu beschäftigen, was in der Welt gerade schieflief. Doch in letzter Zeit konnte Maya gar nicht *aufhören,* die Nachrichten zu sehen. Wann immer sich ein Fernseher in der Nähe befand, hockte sie wie gebannt davor. Es war, als würde man an einem Autounfall vorbeifahren. Es war grässlich, aber sie konnte nicht wegsehen.

Doch die Nachrichten fesselten sie nicht so sehr, weil es darin bloß um Weltuntergangsszenarien ging, um Tod und Verderben. Tatsächlich vermittelten sie das genaue *Gegenteil* der Panik, die in der gegenwärtigen Situation nicht bloß verständlich, sondern angebracht gewesen wäre. Anstelle nüchterner Berichte über Krankheit und Tod verbreiteten die Nachrichtensendungen begeisterte Updates über die Zahl der Menschen, bei denen Krebs diagnostiziert worden war, die sich aktuell in Behandlung befanden oder im Sterben lagen. Es war, als würde man einen Newsticker der neuesten Krebs-Statistiken verfolgen, die – begleitet von fröhlicher Instrumentalmusik und der munteren Moderation der Nachrichtensprecher – ohne Pause über den Bildschirm rollten.

„Gestern starben in China weitere 342 128 Menschen, Bob“, verkündete eine kunstvoll frisierte Nachrichtensprecherin in einem Tonfall, als würde sie die Footballergebnisse verlesen. „Wie sieht’s in Europa aus?“

„Ganz ähnlich, Pam. Die letzten Zahlen betätigen 312 572

neue Todesfälle", entgegnete Bob. „Derweil hat Großbritannien ein Gesetz zur Massenkremation verabschiedet, um der großen Anzahl Verstorbener Herr zu werden."

Doch so verrückt diese emotionslosen Meldungen auch sein mochten, waren sie nicht das, was Maya nachts wach bleiben ließ. Sie starrte nicht wegen der explodierenden Krebsfälle in aller Welt in die Dunkelheit über ihrem Bett. Ja, nicht einmal wegen ihrer eigenen kranken Familie. Nein, was sie daran hinderte, die Augen zu schließen, waren die Babys. Oder besser: die *Nicht*-Babys. Sie konnte einfach nicht aufhören, an die unfertigen, grob babyartigen Dinger zu denken, die gegenwärtig als Neugeborene durchgingen.

Mrs. Carpenters Cecilia war das erste dieser Babys gewesen, das Maya gesehen hatte, doch mittlerweile wusste sie, dass Cecilia nicht missgebildet war. Alle Neugeborenen sahen heutzutage aus wie Cecilia. Kein einziges Baby, das gegenwärtig auf die Welt kam, war normal.

Doch es kam noch schlimmer: Diese neuen Kinder waren nicht bloß unnormal, sie wuchsen auch nicht im selben Tempo wie gewöhnlich.

Einige Tage, nachdem sie Cecilia das erste Mal gesehen hatte, musste Maya zur Apotheke, um Medikamente für ihre Eltern zu besorgen. Sie umrundete gerade ein Schild, das auf BÜRGERSTEIG-BAUARBEITEN hinwies, als sie Mrs. Carpenter entdeckte, die soeben dabei war, in ihren Wagen zu steigen. „Hi, Mrs. Carpenter!", hatte Maya gerufen.

„Hi, Maya!"

„Wie geht's Cecilia?", hatte Maya gefragt, bloß um höflich zu sein. Eigentlich wollte sie nicht das Geringste über dieses Ding wissen, das Mrs. Carpenter ihr Baby nannte.

„Oh, ihr geht's großartig", sagte Mrs. Carpenter und deutete auf den Beifahrersitz ihres SUVs.

Als Maya an Mrs. Carpenter vorbeischaute, rechnete sie damit, dass das Bündel in einer Babyschale auf dem Sitz lag. Doch das, was dort auf dem Beifahrersitz dräute, war kein Baby. Es war eine kindergroße … was? Masse?

Das Ding, das Mrs. Carpenter Cecilia nannte, war so strukturlos, dass es kaum mehr als einen vage menschlichen Umriss besaß. Vielmehr war es ein *tropfender* Haufen klebriger, pampiger Materie, die sich über die Ränder des ledernen Beifahrersitzes ergoss. Doch offensichtlich steckte Leben in diesem reglosen Etwas. Wie hätte das groteske Kind-Ding in kaum zwei Tagen sonst um das Vierfache wachsen können?

Und Mrs. Carpenter war offenkundig nicht der Ansicht, dass daran irgendetwas sonderbar war.

Wahrscheinlich hielt sie dieses rasende Wachstum deshalb nicht für seltsam, weil diese unbeweglichen, puppenähnlichen Kreaturen mittlerweile überall waren. Wohin Maya auch ging, sah sie eins dieser Übelkeit erregenden Dinger in irgendeiner Phase der Entwicklung.

Als die Weihnachtszeit anbrach, lagen Mayas Eltern in Krankenhausbetten im Wohnzimmer ihres Hauses. Händchenhaltend und mit Infusionsschläuchen in den Armen sahen sie sich alte Filme an, während Maya ihr Bestes tat, um ihre Mutter und ihren Vater zu pflegen – und ihre Schwester.

Elena war jetzt auch krank. Von allen Menschen, die

Maya lieb und teuer waren, hatte es Elena als Letzte erwischt. Jaxon und Noelle lagen im Sterben. Alle Cousins und Cousinen von Maya lagen im Sterben. Mr. und Mrs. Davis waren tot; ihre Zwillinge waren auf sich allein gestellt, und auch sie waren krank und würden bald sterben. Mr. Thompson war auch schon tot, doch Mrs. Thompson lebte – noch. Denn auch sie lag im Sterben, und nun waren auch ihre Kinder an Krebs erkrankt und würden es nicht mehr lange machen. Alle starben.

Gleichzeitig kamen überall diese mit Glibber gefüllten Puppen-Babys auf die Welt, die scheinbar mit jedem Tag, der verging, schneller wuchsen. Eine beruhigende, immer größer werdende Zahl der Dinger tauchte in der Öffentlichkeit auf. Sie versammelten sich auf Parkplätzen und an Straßenecken. Sie bewegten sich nicht. Sie lagen einfach nur da, neben und übereinander, wie Haufen humanoid wirkenden Abfalls, die immer höher wuchsen, weil niemand sie wegräumte. Maya konnte nicht begreifen, warum die Haufen immer größer und größer wurden. Und wo sie überhaupt herkamen.

Ein paar Tage vor Heiligabend kam Pastor Ben vorbei. Als Maya zögerlich die Haustür öffnete (voller Angst davor, eins der neuen, puppenartigen „Nachbarskinder" auf der Veranda liegen zu sehen), war sie über alle Maßen erleichtert, ihren Pfarrer vor sich stehen zu sehen, der sie anlächelte, als gebe es nicht aus auf der Welt, um das man sich Sorgen machen musste.

Maya warf die Arme um den breitschultrigen Mann mit dem widerspenstigen blonden Haar. „Pastor Ben! Sie leben noch!"

Maya war schon seit Monaten nicht mehr in der Kirche gewesen. Wie hätte sie dafür auch noch die Zeit finden sollen? Abgesehen davon wusste sie aus den Nachrichten, dass die Kirchen überall im Land in Hospize für die Sterbenden umgewandelt worden waren.

„Wohlauf und munter." Pastor Ben gluckste. „Offenbar ist meine Zeit noch nicht gekommen … *noch* nicht."

Maya musterte Pastor Ben eingehender und erkannte, dass auch er krank war. Seine Haut wies dieselbe graue Blässe auf, die sie bei allen gesehen hatte, die sie kannte, und bei allen, die sie nicht kannte. Seit sie ihn das letzte Mal gesehen hatte, hatte er viel Gewicht verloren. Er wirkte wie ein fleischgewordener Kleiderständer, an dem ein schwarzes Hemd und schwarze Hosen hingen; sein weißer Priesterkragen war ihm jetzt zwei Nummern zu groß.

Trotzdem tat Maya so, als wäre alles in bester Ordnung, als sie die Tür zur Gänze öffnete und Pastor Ben ins Haus ließ. Sie deutete in Richtung Wohnzimmer, wo ihre Eltern körperlich geschwächt, aber voller Freude Weihnachtslieder sagen.

Pastor Ben lächelte breit, als er Mayas Mom und ihren Dad begrüßte. „Welch freudiger Gesang!", rief er.

Als wäre dies die normalste Situation der Welt, schnappte Pastor Ben sich einen Esszimmerstuhl und zog ihn neben das Bett ihres Vaters. Dann stimmte er in ihr Lied ein und ergänzte den brüchigen Sopran ihrer Mutter und den rasselnden Tenor ihres Vaters durch seinen vollen Bariton. Pastor Ben bedeutete Maya, ebenfalls mitzumachen, aber sie hatte nicht einmal ein einfaches „Fa la la la la" in sich. Stattdessen schenkte sie ihm ein erschöpftes Lächeln und sagte: „Ich muss dringend …“ Dann eilte sie aus dem Zimmer, bevor sie den Satz zu Ende bringen konnte.

Einige Minuten war sie gerade dabei, Elena in der Küche ein Erdnussbuttersandwich zu schmieren, als Pastor Ben hereinkam. Sie sah ihn an und legte das Messer beiseite, das sie in der Hand hielt.

„Was ist hier los, Pastor Ben? Warum sterben alle?“

Pastor Ben ließ sich auf einen der Küchenstühle sinken. „Es ist nicht an uns, nach dem Warum zu fragen. Jeder Tag ist uns gegeben, um zu leben, nicht, um zu hinterfragen.“

„Aber was ist mit diesen ganzen Dingern?“, fragte Maya.

Pastor Ben runzelte verwirrt die Stirn. „Dinger?“

Maya deutete durch das Fenster in Richtung Straße. „Die Glibber-Leute.“

Pastor Ben wirkte immer noch, als hätte er keine Ahnung, wovon sie sprach.

Maya warf gereizt die Hände in die Luft. „Na, diese Dinger, die aussahen wie in Frischhaltefolie gewickelte Silikonpuppen!“

Pastor Ben schüttelte den Kopf. „Der Herr unterscheidet Leben nicht nach seinem Aussehen. Alles Leben ist heilig.“

„Aber diese Dinger sind nicht lebendig!“, rief Maya. „Das sind bloß – “

„Ist das Erdnussbutter?“, unterbrach Pastor Ben. „Um ehrlich zu sein, könnte ich ein Sandwich vertragen. Bei all diesen Beerdigungen und Taufen komme ich nur selten dazu, mich zu stärken.“

Maya starrte den Priester ungläubig an. „Sie taufen diese Dinger?“

Pastor Ben lächelte. „Das ist Teil meiner Aufgabe, Maya.“

Maya schüttelte den Kopf. Was sollte sie darauf erwidern? Sie hatte das Gefühl, sich an Bord eines sinkenden Schiffs zu befinden – bloß, dass außer ihr keiner wusste, dass das Schiff unterging. Ganz gleich, wie sehr sie auch versuchte, Alarm zu schlagen, alle gingen einfach weiter ihren Geschäften nach und taten so, als wäre die Welt genauso, wie sie sein sollte.

Seufzend legte Maya das Sandwich, das sie für Elena gemacht hatte, auf einen Unterteller und reichte ihn Pastor Ben. Er tätschelte ihr dankbar die Hand.

Pastor Ben nahm das Sandwich und sagte: „Die Welt ist ein Paradoxon, Maya. Das Gute und das Böse sind im Gleichgewicht. Menschen sterben, ja, aber das Leben wächst und gedeiht. Abgesehen davon, dass mit einer nie da gewesenen Geschwindigkeit Babys geboren werden, wachsen sie binnen weniger Tage zu Jugendlichen und dann zu Erwachsenen heran, anstatt in Jahren. Tragödien und Wunder gehen meist Hand in Hand."

Maya unternahm gar nicht erst den Versuch, mit Pastor Ben über seine Verwendung des Wortes „Baby" zu diskutieren. Er sah bloß das, was er wollte; er sah das, was nicht da war.

Oder war *sie* diejenige, die Dinge sah, die nicht da waren? Waren die Glibber-Wesen real?

Ja, das mussten sie sein. Maya hatte nicht genügend Fantasie, um sich diese grässlichen Wesen auszudenken.

In den folgenden Tagen versuchte Maya, die Wunder zu entdecken, von denen Pastor Ben gesprochen hatte. Doch es war hoffnungslos. Der Pfarrer war genauso wahnhaft und verblendet wie alle anderen auch.

Eines Abends, nachdem Maya Elenas Erbrochenes weggemacht, die Bettpfannen ihrer Eltern geleert und ihre Mutter – deren Schmerzen nicht länger von Medikamenten im Zaum gehalten werden konnten – in den Schlaf gesungen hatte, ging Maya zu später Stunde hinaus in ihren sträflich vernachlässigten Blumengarten.

Sie setzte sich auf die kleine Holzbank, die ihr Vater einige Jahre zuvor für sie gezimmert hatte, starrte die verkümmerten, blütenlosen Stängel an und versuchte, sich an die kräftigen, frohen Farben zu erinnern, die den Garten sonst im Sommer mit Leben erfüllten.

Sobald sie versuchte, sich die Blumen vorzustellen, wie sie früher waren, stellte sie fest, dass sie Schwierigkeiten dabei hatte, überhaupt Farben zu sehen. Heutzutage war alles so verblasst und grau. Die Kranken und die Sterbenden … waren farblose Hüllen. Und diese neuen Puppen-Dinger? Das waren bloß Gefäße, gefüllt mit nichts als durchsichtigem Glibber, wie Quallen in Menschengestalt.

Wie sie es schon viele Male zuvor getan hatte, seit ihre Welt dabei war, sich in Wohlgefallen aufzulösen, tastete sie nach ihrer goldenen Rose und hielt sie fest umklammert, als sie sich zurücklehnte und zum Nachthimmel aufschaute. Obwohl die Welt unter ihnen nicht mehr länger in hellem Glanz erstrahlte, funkelten die Sterne nach wie vor an der schwarzen Weite des Firmaments.

Maya blinzelte, während sie die Sterne betrachtete. Sie atmete scharf ein und setzte sich aufrecht hin. Das Funkeln hatte eine Erinnerung in ihr wachgerufen – eine Erinnerung an die AR-Kabine im Pizzaplex.

Damals hatte alles angefangen, vor die Hunde zu gehen. Oder nicht?

Maya legte eine Hand an ihre Schläfe. Die kaum wahrnehmbaren Kopfschmerzen, die sie tagaus, tagein begleiteten, hatten an dem Morgen nach ihrer AR-Party eingesetzt. Aber wie hingen diese Schmerzen mit allem anderen zusammen?

Maya versuchte, sich zu entsinnen, wann bei ihrer Oma erstmals Krebs diagnostiziert wurde. Sie wusste nicht mehr genau, wie viel Zeit seit ihrem Geburtstag vergangen war, bevor Oma krank wurde. Vermutlich erinnerte sie sich nicht mehr daran, weil damals nichts Außergewöhnliches gewesen war. Natürlich war es aufwühlend und traurig, aber in keiner Weise sonderbar.

Was, wenn …?

„Maya?“, rief eine schwache Stimme.

Maya ließ ihren goldenen Rosenanhänger los, sprang auf und lief ins Haus. War das ihre Mom oder Elena?

Als Erstes eilte sie zu ihrer Mutter und fand sie schlafend vor. Sie hastete den Flur entlang zu ihrem eigenen Zimmer.

Elena hatte die Hand nach dem Plastikeimer auf dem Nachttisch ausgestreckt. Maya nahm ihn und hielt ihn Elena unters Kinn. Als sie ihrer Schwester das Haar hielt, während Elena sich zum x-ten Mal an diesem Tag übergab, tadelte Maya sich dafür, dass sie sich die Zeit genommen hatte, sich draußen hinzusetzen. Den Luxus, unter den Sternen zu sitzen, hatte sie nicht. Und sie hatte auch keine Zeit, sich zu fragen: „Was, wenn …?“

Alles, wofür Maya am nächsten und am übernächsten

und am überübernächsten Tag Zeit hatte, war, von einem kranken Familienmitglied oder Freund zum anderen zu eilen und zu helfen, so gut sie konnte. Sie machte sich schon lange nicht mehr die Mühe, zur Schule zu gehen, zumal ohnehin nur sehr wenige Kurse stattfanden.

Hätte es eine andere Möglichkeit gegeben, hätte sie das Haus überhaupt nicht verlassen. Sie hasste es, draußen auf der Straße sein zu müssen. Mittlerweile waren die Glibber-Leute überall. Sie schienen sich immer schneller und schneller zu multiplizieren. Sie verstopften die Geschäfte und blockierten die Gehsteige. Überall, wohin Maya musste, stieß sie auf Ansammlungen der Dinger.

Wie waren die Glibber-Leute überhaupt dorthin gelangt, wo sie sich befanden? Maya hatte noch nie gesehen, dass sich eins der Dinger bewegte. Sie hatten zwar Gliedmaßen, aber die schienen nicht zu funktionieren. Sie konnten bloß rumliegen. Und sie sprachen auch nicht miteinander. Wie hätten sie das auch tun sollen? Sie hatten ja schließlich keine Münder. Sie hatten weder Organe noch Blut noch Gehirne. Sie waren *nicht menschlich.* Sie täuschten nur vor, Menschen zu sein, doch in Wahrheit waren das auf unerklärliche Weise wachsende Objekte, die sich aber nie zu etwas wirklich Funktionsfähigem entwickelten.

Und sie wuchsen nicht einfach bloß. Sie vermehrten sich … von allein.

Als sie eines Tages auf dem Weg zu Jaxons Haus war, wäre Maya fast mit ihrem Fahrrad gestürzt, als sie sah, wie eine der transparenten Kreaturen eine kleinere transparente Kreatur hervorbrachte. Glücklicherweise war Maya nicht so nah bei den Dingern, dass sie deutlich hätte erkennen können, was geschah, aber es schien, als würde das neue, glitschige Un-Leben aus dem größeren herausgleiten wie ein Säugling aus dem Geburtskanal. Maya schlug sich eine Hand vor den Mund, um einen Schrei zu unterdrücken. Wie war das möglich? Die Glibber-Wesen-Haufen gebaren noch mehr Glibber-Wesen!

„Findest du das nicht auch bizarr?", fragte Maya Jaxon eines Nachmittags, als sie neben seinem Bett saß und ihn dazu zu bringen versuchte, sein Proteingetränk zu leeren.

Jaxons Eltern waren einige Wochen zuvor gestorben. Genau wie seine ältere Schwester. Doch er hatte sich davon nicht unterkriegen lassen. „Ich kann auf mich selbst aufpassen. So wie wir alle es jetzt tun müssen, richtig?" Nachdem er seine Familie begraben hatte, hatte er einfach weitergemacht, als wäre alles in bester Ordnung. Er las weiterhin seine Wissenschafts- und Philosophie-Bücher. Er tanzte weiterhin zu der Musik, die aus seinem Gettoblaster wummerte.

Aber dann war er ebenfalls erkrankt. Und es ging schnell mit ihm bergab.

Jaxon schaffte es, einen Schluck von dem Vanille-Proteinshake zu nehmen, den Maya ihm anbot, aber er spuckte ihn sofort wieder aus. Der säuerliche Vanillegeruch ließ Mayas Nase zucken.

Maya probierte es noch einmal, aber Jaxon schob die Trinkflasche nur kraftlos beiseite. „Was ist bizarr?", fragte er. Seine vormals so tiefe Stimme war kaum zu hören und so kratzig, als hätten sich seine Stimmbänder in Dornengestrüpp verfangen.

„All die … Dinger da draußen." Maya winkte mit der

Hand in Richtung Straße. Als sie sich halb zum Fenster umwandte, fiel ihr Blick auf mehrere der Glibber-Kreaturen, die sich draußen zu einem Haufen auftürmten.

Jaxon schaute zum Fenster hinüber und zuckte mit den Schultern. „Alle Erfahrungen sind kostbar." Er hustete. Blut befleckte seine Unterlippe.

Maya streckte den Arm aus und wischte Jaxon den Mund ab. Sie schaute auf die Uhr. Sie musste nach Hause und nach Elena sehen. Aber was war mit Jaxon? Er war nicht mehr länger imstande, für sich selbst zu sorgen. Genauso wenig wie Noelle. Deren Familie war auch tot.

Seit Tagen raste Maya zwischen ihrem Zuhause und dem von Noelle und dem von Jaxon und denen mehrerer ihrer Nachbarn hin und her. Von ihrer eigenen Familie waren bloß noch ihre Eltern, ihr jüngster Cousin, ihre jüngste Cousine und ihre Schwester am Leben. Sie hatte ihren Cousin und ihre Cousine zu sich nach Hause geholt, um sie pflegen zu können.

„Ich muss los", sagte Maya. „Ich bin mir nicht sicher, ob meine Eltern diesen Tag überleben." Maya stellte den Proteindrink auf Jaxons Nachttisch. „Trink das, wenn du kannst."

In diesem Moment wurde ihr bewusst, dass sie gerade über den baldigen Tod ihrer Eltern gesprochen hatte, ohne zu weinen. Vermutlich, mutmaßte sie, waren ihre Tränenkanäle mittlerweile ausgetrocknet.

„Ich schaue morgen Früh wieder vorbei." Maya überprüfte Jaxons Infusion und tauschte noch rasch seinen Medikamentenbeutel aus.

*Ich habe vielleicht keine Tränen mehr*, dachte Maya. *Aber mittlerweile bin ich eine super Krankenschwester.* Als sie anfing, sich um all ihre kranken Freunde und Angehörigen zu kümmern, war sie kaum imstande gewesen, ihre „Patienten“ sauber zu machen, ohne dass ihr dabei übel wurde. Inzwischen konnte sie Erbrochenes und Urin und alle anderen Körperflüssigkeiten, die es sonst noch gab, wegwischen, ohne mit der Wimper zu zucken. Außerdem war sie mittlerweile imstande, Spritzen zu verabreichen, ohne dass es wehtat, und praktisch mit verbundenen Augen Infusionskatheter wechseln. Mrs. Thompson hatte ihr gezeigt, wie man das machte, bevor sie so krank gewesen war, dass sie überhaupt nichts mehr tun konnte.

Maya dachte an die Zeit zurück, als sie noch voller Begeisterung darüber sinniert hatte, wie ihre Zukunft wohl aussehen würde. Manchmal hatte sie davon geträumt, Ärztin zu sein. Später wollte sie dann lieber Biologin oder Botanikerin werden. Doch solche Gedanken waren inzwischen hinfällig. Sie würde gar nichts werden. Alles, was sie tun konnte, war, für die Menschen da zu sein, die sie liebte.

Und wenn sie heute noch nach allen in ihrer Obhut sehen wollte, musste sie sich beeilen.

Maya beugte sich vor und gab Jaxon einen Kuss auf die Stirn. Eine seiner fettigen Locken streifte ihre Wange.

„Mach dir um mich keine Sorgen“, rasselte Jaxon. „Kümmer dich um deine Schwester.“

Jaxons Augenlider fielen flatternd zu; er war eingeschlafen. Maya deckte ihn richtig zu. Dann verließ sie sein Haus. Sie schwang sich auf ihr Fahrrad, umrundete die Glibber-Leute und fuhr heim.

Als Maya ihr Elternhaus erreichte, stellte sie schockiert fest, dass es mittlerweile fast vollständig von Haufen dieser Puppen-Dinger umgeben war. Auf der Straße, auf den Gehsteigen und in der Gasse hinter dem Haus türmten sich so viele davon, dass sie eher wie ein einziger riesiger Organismus wirkten, als wie mehrere individuelle Säcke durchsichtigen Glibbers.

Maya schaffte es kaum, sich an einer Ansammlung der Dinger vorbeizuquetschen, um zur Haustür zu gelangen. Sobald sie drinnen war, schlug sie die Tür hinter sich zu und schob den Riegel vor. Dann lief sie zum Fenster, das nach vorn zur Straße hinausging, und schloss die Jalousien.

Erst, nachdem der Raum in völliger Dunkelheit versunken war, sah sie nach ihren Eltern. Und sobald sie das zur Krankenstation umgewandelte Wohnzimmer betrat, wurde ihr schlagartig klar, dass sie nicht das hörte, was sie eigentlich hören sollte.

In den vergangenen Tagen hatte die Atmung ihrer Eltern verschleimt und gequält geklungen. Beim Einatmen hörte es sich an, als würden sie Luft durch einen Strohhalm einsaugen, und beim Ausatmen war da ein feuchtes Rasseln, das Maya nur schwer ertragen konnte. Die Geräusche, die ihren Kampf um Luft begleiteten, waren permanent zu vernehmen gewesen. Sie schienen im Haus widerzuhallen und überall zu hören zu sein, ganz gleich, wo Maya sich befand und was sie auch gerade machte.

Aber jetzt war alles still.

Maya schaltete eine Lampe an und eilte an die Seite ihrer Mutter. Ihre Mom regte sich nicht. Ihre Augen waren offen und glasig. Maya schloss sanft ihre Lider.

Als Maya zu ihrem Dad hinüberschaute, sah sie, dass seine Augen bereits zu waren. Doch auch er bewegte sich nicht. Er war ebenfalls tot.

Maya wäre gern noch länger bei ihren Eltern verweilt, aber dafür hatte sie keine Zeit. Sie war zu lange fort gewesen. Sie musste nach ihrer Schwester, ihrem Cousin und ihrer Cousine sehen.

„Ich liebe euch, Mom und Dad“, flüstere sie. Dann eilte sie zum Schlafzimmer ihrer Eltern.

Maya hatte ihren Cousin und ihre Cousine im Doppelbett ihrer Eltern untergebracht. Sie hatte Kissen um sie herum gelegt, damit sie nicht herausfallen konnten. Jetzt nahm sie Axel in die Arme, hob ihn aus dem Bett und drückte ihn fest an sich. Seine Wangen waren schon lange nicht mehr pummelig. Er hatte ewig nicht mehr gelächelt. Aber zumindest trank er noch Milch oder Saft aus seiner froschförmigen Lieblingsschnabeltasse.

Maya holte rasch die Tasse und schob die Öffnung in Axels schlaffen Mund. Während sie ihn sanft drängte, zu trinken, schweifte ihr Blick zu seiner Schwester hinüber. Abril war fünf. Früher war sie ein regelrechter Wirbelwind. Sie sauste ständig durch die Gegend, weil sie es liebte, sich zu bewegen. Sie tanzte gern, musste immer irgendwas unternehmen und konnte keine Sekunde still sitzen. Jetzt rührte Abril sich kaum noch. Ihre Zöpfe, früher kräftig und glänzend, hingen schlaff und stumpf herab. Maya wollte Abril eigentlich schon seit Tagen die Haare waschen, aber Abril und ihren Bruder und all die anderen in ihrer Obhut zu füttern, hatte nun einmal Priorität.

„Abril, *niña*“, sagte Maya.

Die Augen des kleinen Mädchens öffneten sich flatternd.

„Kannst du was essen?“ Während sie für Axel weiterhin die Schnabeltasse hielt, versuchte Maya, Abril einen kleinen Becher Pudding zu reichen. Doch Abril machte die Augen wieder zu, verzog das Gesicht und schüttelte den Kopf.

Im selben Moment nahm Axel den Mund von der Schnabeltasse und erbrach sich auf Mayas Oberkörper. Maya legte den Jungen rasch zurück ins Bett und vergewisserte sich, dass er keine Kotze eingeatmet hatte. Dann machte sie ihn so gründlich sauber, wie sie konnte, und eilte ins Bad.

Maya zog ihr Hemd über den Kopf und wusch sich. Sie verließ das Bad und ging zu ihrem Zimmer. Im Vorbeigehen schnappte sie sich ein T-Shirt von dem Haken an der Rückseite der Tür und streifte es über. Als ihr eine Woge Schweißgeruch entgegenschlug, zog sie eine Grimasse. Dieses Shirt war nicht viel sauberer als das Hemd, das sie gerade ausgezogen hatte. Doch sie hatte keine saubere Kleidung mehr. Sie hatte keine Zeit mehr gefunden, Wäsche zu machen seit … Sie konnte sich nicht einmal an das letzte Mal erinnern.

Elena lag kraftlos in ihrem Bett und stöhnte. Maya eilte an ihre Seite.

Als sie den Infusionsständer überprüfte, sah sie, dass Elenas Medikamentenbeutel leer war. Deshalb hatte sie Schmerzen.

Maya griff nach einem neuen Beutel und stellte fest, dass keiner mehr da war. Sie hatte vergessen, Nachschub zu besorgen. Sie musste noch mal nach draußen.

Als klar wurde, dass das medizinische Personal außerstande war, all die Kranken und Sterbenden zu versorgen, hatte die Regierung in jeder Stadt des Landes Chemotherapie-Ausgabestelle eingerichtet. Besaß man eine Krankenversicherung, holte man das Medikament einfach ab und verabreichte es selbst, statt dafür eine der örtlichen Chemo-Stationen aufzusuchen … falls man das Glück hatte, dort überhaupt reingelassen zu werden.

Maya war die Einzige aus ihrer Familie und ihrer gesamten Nachbarschaft, die noch gesund und stark genug war, sich um irgendwas zu kümmern. Als sie das letzte Mal bei der Ausgabestelle gewesen war, hatte sie versucht, genug für alle mitzunehmen, die sie pflegte. Doch offensichtlich war es trotzdem zu wenig.

Nachdem sie Elena so viel Wasser zu trinken gegeben hatte, wie ihre Schwester zuließ, und – erfolglos – versucht hatte, hoch etwas Essen in Axel und Abril hineinzubekommen, schnappte Maya sich die Autoschlüssel und ging in die Garage. Die Ausgabestelle war zu weit weg, um mit dem Fahrrad hinzufahren. Und abgesehen davon machten die Glibber-Leute Radtouren für Maya zu einer entsetzlichen Tortur.

Das hatte nichts damit zu tun, dass diese nur teilweise ausgeformten humanoiden Säcke womöglich gefährlich waren. Soweit Maya das beurteilen konnte, waren diese Geschöpfe, die vage an menschenförmige, durchsichtige Wasserballons erinnerten, harmlos. Sie besaßen einfach nicht genügend Masse, um bösartig zu sein. Und selbst, falls sie doch irgendwas im Schilde führten, was konnten sie schon tun? Schließlich waren sie außerstande, sich zu bewegen.

Trotzdem … Ihre bloße Existenz genügte bereits, um Maya eine Heidenangst einzujagen. Alles an diesen Dingern war so falsch, dass Maya allein beim Gedanken an die Kreaturen ein eisiger Schauder über den Rücken lief. Die Unnatürlichkeit der Puppen-Wesen bereitete ihr Unbehagen. Tatsächlich rechnete Maya trotz allem damit, dass sie sich früher oder später zu einer echten Bedrohung entwickeln würden. Ihre schiere Masse war furchteinflößend. Wie lange würde es wohl dauern, bis sie die gesamte Oberfläche des Planeten bedeckten?

Sie zwang sich, nicht weiter darüber nachzugrübeln. Sie hatte andere Sorgen.

In der Garage ließ Maya den Minivan ihrer Eltern an, bevor sie auf den Toröffner drückte. Falls sich die Glibber-Leute auf der Einfahrt türmten, wollte sie nicht riskieren, dass sie in die Garage strömten, bevor sie den Wagen zum Laufen gebracht hatte.

Maya wartete kaum, bis sich das Garagentor so weit geöffnet hatte, dass das Dach des Vans darunter hindurch passte, bevor sie den Rückwärtsgang einlegte und aufs Gaspedal trat. Wie sie befürchtet hatte, tummelten sich mehrere der unheimlichen Puppen-Dinger in der Einfahrt. Nun, sie war bereit, einfach durch sie hindurchzufahren, wenn ihr keine andere Wahl blieb.

Maya setzte schwungvoll aus der Garage zurück und drückte erneut auf den Toröffner. Da ihr Blick auf die Straße hinter ihr gerichtet war, konnte Maya nicht mit Gewissheit sagen, ob irgendwelche der Glibber-Dinger in ihre Garage geschwappt waren. Aber falls doch, entschied sie, würde sie sich später darum kümmern.

Sobald der Wagen erst mal auf der Straße war, war es relativ einfach, sich im Slalom ihren Weg zwischen den Ansammlungen von Glibber-Säcken hindurch zu bahnen. Abgesehen von den Puppen-Dingern waren die Straßen größtenteils verlassen. Praktisch alle waren entweder selbst krank oder zu Hause, um die Kranken zu versorgen. Als sie durch die Stadt fuhr, begegnete Maya bloß wenigen anderen Autos. Der Rest stand in den Einfahrten oder Garagen. Sie sah zwar auch einige auf öffentlichen Parkplätzen, aber das waren nicht viele. Ja, viele Menschen lagen im Sterben, aber sie waren nicht schlagartig tot umgefallen. Und genau das machte das alles so unheimlich. Es war nicht wie bei einer Zombie-Apokalypse oder so was. Es gab kein Killervirus. Keine fremde Nation hatte eine tödliche Chemikalie freigesetzt. Es war Krebs, und obgleich die Krankheit die Leute mit erschreckender Schnelligkeit dahinraffte, hatten alle mehr als genug Zeit, zum Sterben ins Krankenhaus oder zu sich nach Hause zu fahren. Darum glich Mayas Viertel jetzt einer Geisterstadt – im wahrsten Sinne des Wortes.

Ignorierte man ihre sonderbar glibberige Beschaffenheit und den Umstand, dass sie sich nicht rührten, hatten die Puppen-Dinger beunruhigende Ähnlichkeit mit Gespenstern. Aber Maya wusste, dass sie keine Geister waren. Sie waren … Na ja, eigentlich waren sie *gar nichts*. Sie hatten kein Herz, keine Emotionen. Sie besaßen keinen Verstand oder ein Bewusstsein. Sie waren wie Klumpen aus Nichts in transparenten Kunststoffhüllen, wie menschliche Überreste.

Als Maya Cecilia das erste Mal gesehen hatte, erinnerte

der Kopf des Babys sie an die Brötchen ihrer Mutter, aber jetzt, fand sie, wirkten die Glibber-Dinger eher wie roher Teig als wie irgendetwas Fertiges. Sie waren wie Teiglinge, die darauf warteten, im Ofen gebacken zu werden.

Unweit der Ausgabestelle versperrte Maya ein STRASSENARBEITEN-Schild den Weg. Sie wollte gerade nach rechts abbiegen, um darum herumzufahren, als sie stattdessen bremste und das Schild anstarrte. Was hatte es mit all diesen BAUARBEITEN-Schildern auf sich, die sie ständig sah? Irgendwie schien sich momentan alles im Bau zu befinden. Maya runzelte die Stirn und versuchte, sich an die anderen Schilde zu erinnern … angefangen bei dem am Eingang der AR-Kabine.

Während sie sich darüber klar zu werden versuchte, wie viele dieser Schilder sie gesehen hatte, trommelte sie mit den Fingern auf dem Lenkrad herum. Andererseits: Was spielte das für eine Rolle? Inwiefern hatte das eine etwas mit dem anderen zu tun? Maya hatte nicht die geringste Ahnung. Darum zuckte sie schließlich mit den Schultern, schüttelte den Kopf und fuhr weiter.

Die restliche Fahrt zur Chemo-Ausgabestelle verlief ohne weitere Zwischenfälle. Dort angekommen, war es zwar ein bisschen herausfordernder, den Anhäufungen der Glibber-Dinger aus dem Weg zu gehen, um in das Flachdach-Fabrikgebäude zu gelangen, aber sie schaffte es.

Hinter dem Schalter verrichtete nur noch eine einzige Frau ihren Dienst. Sie schien nicht viel älter zu sein als Maya. Vermutlich war sie aufs College gegangen, bevor dies alles begann. Und wahrscheinlich war sie früher ziemlich hübsch. Doch jetzt war sie offensichtlich selbst krank; ihre Augen waren eingesunken und ihre Haut fahl wie Asche. Sie strich sich eine fettige braune Haarsträhne aus dem Gesicht und signalisierte Maya mit einem Winken, dass sie sich das sonst übliche Ausfüllen des Papierkrams sparen konnte.

„Nimm dir einfach, was du brauchst." Die Stimme der Frau war kaum mehr als ein Flüstern, wie ein von einem Windhauch zum Rascheln gebrachtes Seidenpapier.

Maya widersprach ihr nicht. Sie verstaute so viele Infusionsbeutel wie möglich in den Einkaufstaschen, die sie mitgebracht hatte. Dann verließ sie das Gebäude wieder.

Draußen auf dem Parkplatz stellte Maya überrascht fest, dass sich jetzt rings um die äußersten Stellplätze mehrere Ansammlungen von Glibber-Leuten häuften. Waren die schon da gewesen, als sie eben gekommen war? Hatte sie sie bloß einfach nicht bemerkt?

Maya blieb nicht stehen, um über diese Fragen nachzugrübeln, denn direkt neben dem Minivan türmte sich eine gewaltige Pyramide aus Glibber-Wesen auf. Sie lief zu ihrem Wagen, warf die Einkaufstaschen hinein und schlug die Tür zu. Genau in dem Moment, als der Motor lief und sie den Gang einlegte, um loszufahren, kullerten mehrere neugeborene Glibber-Dinger von dem Haufen herunter, der ihr am nächsten war, und landeten unmittelbar vor der vorderen Stoßstange. Maya setzte hastig zurück und beeilte sich, schleunigst von dem Parkplatz zu verschwinden.

Sie zwang sich, ihren Blick auf die Straße voraus zu richten. Sie war entschlossen, nicht in den Rückspiegel zu schauen, um zu sehen, was hinter ihr vorging.

Auf dem Heimweg überlegte Maya, beim Supermarkt zu

halten. Zwar stapelten sich in der Küche die Dosensuppen, Puddingpackungen und Flaschen mit Proteinshakes, aber sie nahm an, es konnte nicht schaden, noch mehr Vorräte zu besorgen. Gleichwohl, als sie den Laden erreichte, hatten die Glibber-Dinger fast den gesamten Parkplatz unter sich begraben. Sie waren überall, wie Berge unverpackten Wackelpuddings. Allein der Gedanke daran, sich ihren Weg durch die wabbelnde Masse zu bahnen, war mehr, als Maya ertragen konnte.

Sie fuhr zurück in ihr Viertel.

Als sie dort ankam, musste sie zu ihrem Entsetzen erkennen, dass die Straße, in der sie wohnte, voll von den durchsichtigen Kreaturen war. Sie schaute zu ihrem Haus hinüber. Es sah aus, als hätte ein Laster einen riesigen Berg Götterspeise auf die Auffahrt gekippt. Sie schaute nach rechts.

Sie stand mit laufendem Motor vor dem Haus der Thompsons. Rings um das zweistöckige Gebäude lagen nur eine Handvoll der Puppen-Dinger auf dem Rasen. Maya tat ihr Bestes, um sich um das letzte noch lebende Familienmitglied zu kümmern, den Sohn Donny. Sie gelangte zu dem Schluss, dass sie den Wagen ebenso gut auch hier stehen lassen und reingehen konnte, um nach ihm zu sehen. Mit etwas Glück konnte sie vielleicht hinter den Häusern nach Hause laufen, um sich auf diese Weise von so vielen Glibber-Leuten fernzuhalten wie möglich.

Maya bog in die Einfahrt der Thompsons ein. Sie stieg schnell aus dem Wagen und schlang sich die Tüten mit den Arzneimitteln um die Schultern. Sie eilte um das Haus herum und ging durch die Hintertür hinein. Sie schloss die Tür hinter sich und verriegelte sie.

„Donny!“, rief sie. „Ich bin’s!“

Wie als Antwort darauf hörte sie ein schwaches Stöhnen.

Maya stellte die Tüten auf den vermüllten Küchentisch und seufzte, als sie sich in dem schmutzigen, verwahrlosten Raum umsah. Die blitzblanken Oberflächen und die liebevoll angeordneten Töpfe, Pfannen und Kochgerätschaften, durch die sich Mrs. Thompsons Reich früher ausgezeichnet hatte, waren Vergangenheit. In der Spüle stapelte sich dreckiges Geschirr. Die Granitküchentresen waren voller verschmierter Flecken – sie zwang sich, nicht daran zu denken, um was für Flüssigkeiten es sich dabei wohl handeln mochte. In der Küche stank es wie nach verfaultem Essen.

Maya entsann sich noch gut, wie sie in der Küche der Thompsons gesessen, Zimtplätzchen genascht und sich Mr. Thompsons grottenschlechte Witze angehört hatte. Die Erinnerung war so lebhaft, dass Maya ihn fast hören konnte.

„Zwei Brüder sitzen unterm Weihnachtsbaum. Der eine lacht und sagt: ‚Ich hab doppelt so viele Geschenke bekommen wie du! Ich weiß, wen von uns Mama und Papa mehr lieben!‘ Darauf der andere: ‚Und *ich* weiß, wer von uns Krebs hat …‘“

Das war der letzte Scherz gewesen, den er ihr erzählt hatte. Sie hatte sich zu einem gekünstelten Lachen durchgerungen – und war hemmungslos in Tränen ausgebrochen, als er ihr einen Briefumschlag voller Geld in die Hand drückte. „Hast du ein Auge auf die Kinder, bis das Jugendamt kommt?“, hatte er sie flehentlich gefragt.

Maya hatte bloß genickt. Sie brachte es nicht übers Herz, ihm zu sagen, dass das Jugendamt mit all den Waisenkindern hoffnungslos überfordert war. Doch Maya schwor sich, sich bis zum Schluss um Donny, Parker und Aurora zu kümmern.

Als sie jetzt nach einem Fruchtcocktail im Kühlschrank griff, fragte Maya sich, ob die Erinnerungen an die besseren Zeiten, die sie in diesem Raum verbracht hatte, tatsächlich aus *diesem* Leben stammten. Es kam ihr vor, als hätte das eine andere Maya erlebt, vielleicht in einer diese Parallelrealitäten, über die Jaxon früher so gern gesprochen hatte.

Plötzlich erstarrte Maya, eine Hand im Kühlschrank. Parallelrealitäten.

War das hier *real*?

Unwillkürlich kam ihr die Was-wenn-Frage in den Sinn, die an ihr nagte, seit sie an jenem Abend zu den Sternen hinaufgeschaut hatte. Was, wenn dies hier *nicht* real war?

Denn schließlich: Wie *konnte* dies alles real sein? Dass allc an Krebs verreckten? Dass die Straßen voller schnell wachsender Glibber-Wesen waren?

Was, wenn sie in Wahrheit immer noch in der AR-Kabine war?

Und falls dem so war, wie konnte sie sich dessen vergewissern?

Sie dachte an ihre prachtvolle, virtuell aufgepeppte Geburtstagssause zurück. Als sie mit all diesen Gratulanten gefeiert hatte, hatte es sich kein bisschen virtuell angefühlt. Vielmehr war es ihr genauso real vorgekommen wie alles andere, das sie je erlebt hatte. Also woher sollte sie dann wissen, dass *das hier* die Realität war?

Maya nahm den Fruchtcocktail und schloss mit einem dumpfen *Tschump* die Kühlschranktür. Der Kühlschrank brummte. Maya rührte sich nicht vom Fleck, wie gebannt von dem Geräusch … bis im hinteren Teil des Hauses ein dumpfer Schlag ertönte.

Maya riss sich aus ihrer Trance, schnappte sich rasch einen Infusionsbeutel aus der Tüte und verließ eilig die Küche. Es hatte sich angehört, als sei Donny aus dem Bett gefallen. Sie hastete zu seinem Zimmer.

Tatsächlich: Donny lag auf dem Boden.

„Was machst du denn da unten, Kumpel?“, sagte Maya fröhlich, als wäre sein Gesicht nicht schmerzverzerrt, seine Lippen nicht aufgerissen und er nicht bis auf die Knochen abgemagert gewesen.

Donny murmelte etwas, das wie „Brr“ klang, aber sie wusste, dass er ihr zu sagen versuchte, dass er „Bert“ fallengelassen hatte, sein Stoffkrokodil. Maya hob das speichelbesudelte Plüschtier auf. Dann wuchtete sie das, was von dem ehemals so ungestümen kleinen Jungen noch übrig war, mit dem sie immer Verstecken gespielt hatte, ohne jede Mühe ins Bett zurück.

„Möchtest du ein bisschen Obst?“, fragte sie und hielt den Fruchtcocktail in die Höhe.

Donny schüttelte den Kopf.

Maya seufzte und wechselte seinen Infusionsbeutel. Dabei warf sie einen Blick auf ihre Uhr. Sie musste nach Hause. Elena war schon zu lange ohne ihre Medikamente. Außerdem musste sie Abril und Axel irgendwie dazu bringen, etwas zu essen. Unterwegs würde sie außerdem noch nach den Davis-Zwillingen sehen.

Maya stellte den Fruchtcocktail auf Donnys Nachttisch und klemmte Bert unter den schlaffen Arm des Jungen. „Ich komme bald wieder vorbei, Kumpel“, versicherte sie ihm.

Er schaute blinzelnd zu ihr auf. Sein Blick klärte sich, als würde er auf einmal erkennen, wer sie war. Einen Moment lang wirkte sein Gesicht viel lebhafter als zuvor. Kraftlos hob er die Hand und deutete auf die andere Seite des Zimmers.

Maya drehte sich um und musterte die Regale an der Wand gegenüber von Donnys Bett. Worauf zeigte er?

„Gssscch", krächzte Donny.

Maya sah ihn an. Er wirkte angestrengt, aber entschlossen, dafür zu sorgen, dass sie verstand, was er meinte.

Maya ging zu den Regalen hinüber. Und dann sah sie es. Auf einem der Regale lag ein unbeholfen eingewickeltes Päckchen, auf dem ihr Name stand.

Mit zitternden Fingern nahm sie das Päckchen. Ein gefalteter Bogen rotes Tonpapier war mit Klebeband daran befestigt. Sie faltete den Zettel auseinander und las: „Happy Birthday, Maya!" Sie erkannte Donnys kindliche, krakelige Schrift.

Maya schaute rüber zu Donny. Er beobachtete sie mit mehr Aufmerksamkeit, als sie seit Tagen bei ihm gesehen hatte. Sie ging zurück zu seinem Bett und öffnete das Geschenk.

Als sie die „Vase" – eine mit Goldlack besprühte und mit golden angemalten Steinchen beklebte Blechdose – in der Hand hielt, merkte sie, dass ihre Tränen doch noch nicht versiegt waren. Sie quollen aus ihren Augen und rannen ihre Wangen hinab, während sie in Donnys erschöpftes, aber verbissenes kleines Gesicht blickte.

„Das ist ja wunderschön!", rief sie.

Donny blinzelte. Dann schloss er zufrieden die Augen.

Maya wurde klar, dass das Geschenk seit ihrem 17. Nicht-Geburtstag hier auf sie gewartet haben musste. Wahrscheinlich hatte er es vergessen. Aber warum hatte er sich ausgerechnet jetzt wieder daran erinnert?

Maya wischte sich mit dem Handrücken über die Augen, beugte sich vor und küsste Donny auf die Stirn. Sie drückte die Vase an ihr Herz und verließ sein Zimmer.

Zurück in der Küche spritzte Maya sich Wasser ins Gesicht. Sie nahm die Einkaufstüten und verstaute die Vase bei den Medikamenten. Sie warf einen Blick aus dem Küchenfenster und verkrampfte, als sie sah, wie viele Glibber-Leute sich jetzt im Vorgarten der Thompsons tummelten. Zehnmal mehr als vorhin. Sie würde die Hintertür nehmen und sich durch die Gasse hinter den Häusern schleichen müssen. Sie ging nach nebenan in den Hauswirtschaftsraum und öffnete vorsichtig die Tür.

Maya atmete erleichtert auf. Im Hinterhof der Thompsons waren keine Puppen-Dinger. Sie verließ das Haus, schloss die Tür hinter sich und sperrte ab. Dann huschte sie zur Rückseite des Grundstücks und kletterte über den Zaun in die Gasse.

Dort erstarrte sie. Vielleicht war ihre Idee, diesen Weg zu nehmen, doch nicht so clever. In der Gasse wimmelte es nur so vor Glibber-Wesen. Es war unmöglich, allen auszuweichen. Doch zumindest bildeten sie keine solide Masse. Maya ging davon aus, dass es ihr gelingen würde, die Kreaturen zu umrunden. Sie atmete tief durch und lief in zügigem Joggingtempo los.

Zwischen dem Haus der Thompsons und ihrem befanden sich sechs weitere Grundstücke. Das erste gehörte Mr.

Vance, dem fiesen alten Mann, der seinen Hund getreten hatte. Als sie an seinem Haus vorbeikam und mehr oder weniger zufällig einen Blick in eins der hinteren Fenster warf, an denen sie vorbeikam, wäre sie fast gestolpert, als sie sah, wie er sie durch die Scheibe beobachtete. Mr. Vance lebte noch? Bislang dachte sie, alle alten Leute im Viertel wären längst tot. *Wahrscheinlich ist der alte Knacker sogar zu störrisch, um zu sterben*, dachte sie und beschleunigte ihre Schritte noch mehr.

Die Davis-Zwillinge lebten zwei Häuser weiter. Sie brauchte bloß ein paar Sekunden, bis sie den Zaun hinter dem Gebäude erreichte. Doch unglücklicherweise war die Rückseite des Davis-Hauses von den durchsichtigen Glibber-Wesen umstellt. Mayas Gesicht wurde blass. Sollte sie es trotzdem versuchen?

Als Maya die Kreaturen musterte, die sich um das Davis-Haus scharten, glaubte sie, einen Pfad auszumachen, der zwischen den Dingern hindurch zur Hintertür führte. Doch noch während sie hinschaute, verschwand der potenzielle Weg.

Die Dinger vermehrten sich mittlerweile immer schneller, direkt vor Mayas Augen. So nah war sie ihnen noch nie zuvor gewesen, wenn sie weitere Glibber-Wesen gebaren. Sie konnte sogar sehen, wie ihre wabbelnde Masse erzitterte, bevor sie neue, kleinere Versionen ihrer selbst hervorbrachten. Das machten sie wieder und immer wieder. Sie … spawnten, wie die Gegner in Computerspielen.

Nein, sie konnte es nicht riskieren, zum Haus der Davis zu gehen. Sie musste zu Elena, zu ihrem Cousin und zu ihrer Cousine. Sie war sowieso schon zu spät dran. Die Zwillinge würden warten müssen. Maya setzte sich wieder in Bewegung und hastete weiter.

Sie wich einer Schar Glibber-Kreaturen aus. Dann lief sie, so schnell sie konnte, zur Rückseite ihres Elternhauses. Dort angelangt, musste sie bestürzt erkennen, dass ihr geliebter Garten komplett von den gallertartigen Puppen-Dingern bevölkert war. Sie hatte gerade noch genügend Platz, um sich an ihnen vorbei zur Hintertür zu schlängeln.

Als sie sich an der letzten Kreatur vorbeischob und hektisch am Schloss herumfummelte, kam sie versehentlich dagegen. Das Gefühl der kalten, öligen Haut des Dings ließ sie erschaudern. Hinten in ihrem Rachen stieg Galle auf. Sie schluckte sie wieder runter und schlug die Hintertür hinter sich zu. Sie verriegelte sie und lehnte sich gegen das solide Holz. Ihre Brust hob und senkte sich hektisch.

Einige Sekunden lang konnte Maya sich nicht rühren. Ihre eigenen Gliedmaßen kamen ihr so unnütz und substanzlos vor wie die der Dinger draußen vor der Tür.

In diesem Moment drang ein leiser Schrei aus dem Schlafzimmer ihrer Eltern. Das brachte sie wieder zu sich.

„Ich komme!“, rief sie. Sie konnte nicht sagen, ob Axel oder Abril geschrien hatte.

Als sie in den Raum stürmte, erkannte sie, dass es Abril gewesen war. Axel war bewusstlos; seine kleinen Fäuste waren um den oberen Saum der schmutzigen Decke gekrampft, mit der er zugedeckt war. Der Anblick der dreckigen Bettwäsche erfüllte Maya mit Scham. Sie musste sich endlich die Zeit nehmen, das Bettzeug zu waschen und all ihre „Patienten“ mal wieder gründlich sauber zu machen.

Maya eilte zu Abril hinüber, ließ die Tüten fallen und

nahm den Puddingbecher, den sie für das kleine Mädchen auf dem Nachttisch stehengelassen hatte. Natürlich war der Pudding noch zu. Abril schlug im Bett wild um sich. Ihr Gesicht war eine einzige schmerzerfüllte Grimasse.

Maya nahm Abril in die Arme und hielt sie ganz fest. „Ich bin ja da, *niña*. Ich bin ja da.“

Abril stöhnte und schrie von Neuem. Maya strich dem Mädchen das feuchte, verfilzte Haar von der klammen Stirn. Sie wiegte das Kind in ihren Armen und begann, ein Schlaflied zu summen.

Maya wusste nicht genau, wie lange sie Abril so wiegte und ihr etwas vorsummte. Doch offenbar eine ganze Weile, denn irgendwann merkte sie, dass sie kein Gefühl mehr in einem ihrer Arme hatte, mit denen sie Abril stützte. Maya legte ihre Cousine vorsichtig zurück auf ihre Kissen. Dann sah sie zu Axel hinüber.

Axels Hände waren nicht länger zu Fäusten geballt, sondern schlaff. Genau wie sein Gesicht. Er war tot.

Maya schloss die Augen und wartete darauf, dass die Tränen wieder flossen. Doch sie kamen nicht. Vielleicht hatte sie ihre letzte Reserve aufgebraucht, als sie Donnys Geschenk gesehen hatte.

Maya schlug die Augen wieder auf, beugte sich vor und küsste Axels bereits kühler werdende Haut. „Lebwohl, mein süßer Junge“, flüsterte sie.

Maya richtete sich auf. Ihr Verstand war genauso gefühllos wie ihr Arm. Sie drehte sich um und verließ das Schlafzimmer ihrer Eltern. Sie drückte die Schultern durch und ging den Flur hinunter, um nach Elena zu sehen. Lebte sie noch oder war sie auch tot?

Und falls sie tot war, wäre das so schlimm?

Unmittelbar vor ihrer Zimmertür ließ Maya sich zu Boden sinken. Sie machte die Augen zu und ließ ihren Kopf mit einem dumpfen *Tschump* gegen die Wand fallen; sie spürte es kaum.

Sie konnte einfach nicht mehr. Wem wollte sie etwas vormachen? Es war unmöglich, sich noch länger um die Menschen zu kümmern, die sich in ihrer Obhut befanden. Sie zu füttern und mit Medikamenten zu versorgen. Wozu auch? Wo war da der Sinn? Sie würden sowieso alle sterben.

Alle – außer Maya.

Maya öffnete die Augen. Warum wurde sie nicht krank? Warum schien es nur alle um sie herum zu erwischen? Es war, als stünde sie im Mittelpunkt von allem.

Genau wie auf ihrer großen Geburtstagsparty.

Vielleicht war sie ja *tatsächlich* noch in der AR-Kabine.

Maya berührte ihre Stirn, hinter der sie immer noch diesen schwachen Schmerz spürte. Sie war in letzter Zeit viel zu beschäftigt gewesen, um darauf zu achten, aber er war da. Warum? Vielleicht, weil sie nach wie vor das Stirnband trug?

Sie schüttelte den Kopf. Nein, das hier war alles viel zu … intensiv, als dass es sich um ein computergeneriertes Szenario hätte handeln können.

Aber was ging hier sonst vor?

Hatte die AR-Einheit irgendwie die ganze Welt verändert? War sie in ein Paralleluniversum geraten?

Maya seufzte. Sie wusste nicht genug, um diese Fragen zu beantworten. Vermutlich konnte das niemand.

Maya rappelte sich auf.

Sie musste aufhören, in Selbstmitleid zu ertrinken. Außerdem musste sie immer noch nach Elena sehen. Selbst, wenn ihre Schwester sterben würde, verdiente sie es, dass Maya ihr die Zeit, die Elena noch blieb, so angenehm wie möglich machte.

Als Maya zu Elenas Bett hinüberging, warf sie einen Blick aus dem Fenster. Und wünschte sofort, sie hätte es nicht getan.

Allein in den paar Minuten, die sie sich im Flur aufhielt, hatten sich die Glibber-Wesen in besorgniserregender Zahl vermehrt. Ein wahrer Berg der Dinger drückte gegen das Haus, als würden sie versuchen, mit dem Gebäude zu verschmelzen.

Maya starrte das dünne Fensterglas an. Womöglich war die Bedrohung, die sich zusammen mit den Glibber-Kreaturen in ihr Leben geschlichen hatte, schließlich da.

Aber was sollte sie dagegen unternehmen?

Maya beschloss, Vogel Strauß zu spielen. Aus den Augen, aus dem Sinn. Sie kehrte dem Fenster den Rücken zu und ging zu ihrer Schwester hinüber.

Elena lag so reglos in ihrem Bett, dass Maya im ersten Moment glaubte, sie sei tot. Sie griff nach dem dürren, zerbrechlichen Handgelenk ihrer Schwester. Nein, Elena lebte noch. Gerade so. Unter ihrer papierdünnen Haut flatterte ein schwacher Puls.

Ohne zum Fenster zu schauen, langte Maya in eine der Einkaufstaschen und holte einen Infusionsbeutel daraus hervor. Sie hakte ihn an den Ständer und stellte an dem kleinen Drehregler die Tropfgeschwindigkeit des Medikaments ein.

Sie hatte keine Ahnung, warum sie sich überhaupt die Mühe machte. Elena hatte das Bewusstsein verloren und würde vermutlich sterben, ohne noch einmal zu sich zu kommen. Trotzdem musste Maya das Gefühl haben, zumindest irgendetwas zu *tun*.

Maya wollte sich gerade neben ihrer Schwester ins Bett legen, als das Fenster hinter ihr mit einem Knall zersplitterte. Maya wirbelte herum. Gleichzeitig ertönte überall im Haus lautes Splittern und Krachen, als weitere Scheiben explodierten.

Sie schrie.

Die Glibber-Wesen drückten nicht mehr länger bloß gegen das Haus – sie ergossen sich durch die kaputten Fenster ins *Innere* des Gebäudes! Die Masse viskoser Humanoider, die wie ein transparenter Oktopus mit unendlich vielen Fangarmen durch die scharfkantigen Öffnungen hereinquoll, war eher dickflüssig als fest. Das Zeug schwappte in den Raum wie eine grausige Quallen-Springflut, die an den Strand schlägt.

Maya wirbelte zu Elena herum. Sie beugte sich vor, um ihre Schwester aus dem Bett zu heben, bis ihr mit einem Mal klar wurde, dass Elena nicht mehr atmete. Auch ihr schwacher Pulsschlag war fort.

Alles in Maya rebellierte gegen den Gedanken, den Leichnam ihrer Schwester einfach liegenzulassen, aber als sich unvermittelt irgendetwas Glattes um ihren Fußknöchel schlang, konnte sie vor Panik keinen vernünftigen Gedanken mehr fassen. Alles, was sie noch tun konnte, war reagieren. Sie warf sich herum und stürmte aus dem Zimmer.

Maya rannte den Flur entlang und lief um die Ecke auf die Küche zu. Sie hatte keinen konkreten Plan, aber ein Teil ihres Bewusstseins war der Ansicht, dass sie in Sicherheit war, wenn sie es in die Garage schaffte. Die Garage hatte keine Fenster, und sowohl die Garagentür als auch das Garagentor waren massiv und solide. Wie lange konnte sie da drinnen wohl durchhalten? Doch so weit dachte sie nicht voraus. Alles, was sie in diesem Augenblick wollte, war, von dieser schwammigen Masse glibberiger Humanoider wegzukommen.

Sie dachte immer, diese Dinger hätten keinen Verstand. Jetzt jedoch fragte sie sich, ob womöglich doch eine konkrete Absicht hinter alldem steckte. Und falls ja, was genau wollten diese Kreaturen?

Maya warf einen Blick in die Küche und rang keuchend nach Atem. Die Küche war voll mit den Dingern. Sie schaute nach links. Das Wohnzimmer auch. Sämtliche Fenster des Hauses waren zertrümmert. Die Vordertür stand sperrangelweit offen, halb aus dem Rahmen gerissen. Die Puppen-Dinger purzelten aus allen Richtungen auf sie zu.

Obwohl keins der individuellen Glibber-Wesen selbst die Initiative ergriff – mal abgesehen davon, immer mehr Glibber-Dinger hervorzubringen –, erzeugte ihre schiere Masse Bewegung. Sie waren wie winzige Krümelchen Erde: Eine dieser Kreaturen mochte harmlos sein, doch zusammengenommen hatten sie genügend Wucht und Gewicht, um sie unter sich zu begraben, wenn sie sich über sie ergossen.

Falls die Dinger irgendeine Absicht verfolgten, dann eine gemeinschaftliche, und es war mit Sicherheit keine gute. Langsam, aber sicher umzingelten sie Maya.

Maya stürmte zu der Tür hinüber, die hinaus in die Garage führte. Sie riss sie auf und hechtete in die Dunkelheit jenseits der Schwelle, bevor sie die Tür hinter sich mit einem Krachen zuschlug.

Schlagartig erkannte sie ihren Fehler.

Als sie früher an diesem Tag das Haus verlassen hatte, um zur Chemo-Ausgabestelle zu fahren, hatte sie das Garagentor nicht schnell genug wieder zugemacht. Offensichtlich waren einige der Kreaturen hineingelangt, bevor sich das Tor vollends geschlossen hatte.

Maya wurde von einer matschigen, kalten, schleimigen, Masse überwältigt. Das Gefühl war ekelerregend – es fühlte sich an, als wäre sie in eine riesige Schüssel pampiger, klebriger Reisnudeln geraten.

Die Glibber-Wesen füllten die gesamte Garage. Und jetzt vereinnahmten sie Maya, als wäre sie ein essenzieller, fehlender Teil ihres Kollektivs. Sie umschlangen sie, bedeckten sie, verschmolzen mit ihr.

Auf der Suche nach Trost und Kraft tastete Maya nach ihrer goldenen Rose. Als ihre Finger sie fanden, schloss sie ihre Faust darum und versuchte, aus der Liebe, für die der Anhänger stand, Hoffnung zu schöpfen. Wäre es doch bloß eine magische Blume gewesen, so ähnlich wie die rubinroten Schuhe im Märchen, die sie zurückbringen konnten nach –

Mayas Mund und ihre Nasenlöcher füllten sich mit der weichen, elastischen Pampe der Kreaturen, die sie umfingen. Sie rang nach Luft und rechnete damit, dass jeder Atemzug ihr letzter sein würde.

Doch ihr letzter Atemzug blieb aus.

Die schwammige, stetig wachsende Last der Glibber-Dinger begrub sie unter sich, und sie war sicher, dass ihr Körper nicht mehr länger imstande sein würde, diesem Druck standzuhalten. Doch er tat es.

Maya konnte nichts sehen. Sie konnte nichts hören und nichts riechen. Und sie hatte auch ihre Gefühle hinter sich gelassen. Alles, was sie wahrnahm, war die unbändige Masse über ihr, und selbst die rational zu erfassen, lag längst außerhalb ihrer psychischen Möglichkeiten.

Warum war sie noch nicht tot?

Wie lange würde dieses Grauen noch dauern?

Maya versuchte, einzuatmen, und konnte es nicht. Hoffentlich war dieser Albtraum bald vorüber.

Er *würde* doch vorübergehen. Oder nicht?

# ÜBER DIE AUTOREN

**Scott Cawthon** ist der Schöpfer der weltweit beliebten Videospielreihe *Five Nights at Freddy's*, und obwohl er sich von Haus aus als Gamedesigner verdingt, ist er im Grunde seines Herzens zuerst und vor allem ein Geschichtenerzähler. Er hat am Art Institute of Houston seinen Abschluss gemacht und lebt mit seiner Familie in Texas, USA.

**Kelly Parra** ist die Verfasserin der Jugendromane *Graffiti Girl, Invisible Touch* und weiterer übernatürlicher Erzählungen. Neben ihren eigenständigen Werken arbeitet Kelly für Kevin Anderson & Associates für eine Vielzahl unterschiedlicher Projekte. Zusammen mit ihrem Mann und ihren zwei Kindern lebt sie in Central Coast, Kalifornien, USA.

**Andrea Rains Waggener** ist Autorin, Ghostwriterin, Essayistin, Kurzgeschichtenverfasserin, Drehbuchautorin, Werbetexterin, Redakteurin, Poetin und ein stolzes Mitglied des Autorenteams von Kevin Anderson & Associates. In ihrer Vergangenheit, an die sie sich nur ungern erinnert, verdiente sie ihre Brötchen u. a. als Schadensreguliererin, mit dem Entgegennehmen von JCPenney-Katalogbestellungen (damals, als es noch keine Computer gab!), als hauptberufliche Gerichtsschreiberin, als Verfasserin von Gesetzestexten und als Anwältin. Wenn sie nicht gerade anspruchslose Frauenliteratur, Bücher über Hundeerziehung, Selbsthilfe-Ratgeber und Horror- oder Mystery-Jugendromane schreibt, verbringt Andrea ihre Zeit am liebsten damit, in den Regen hinauszuschauen und sich mit ihrem Hund, Stricken, Malen und Musik zu beschäftigen. Zusammen mit ihrem Mann und besagtem Hund lebt sie an der Küste des US-Bundesstaates Washington. Wenn sie nicht zu Hause ist, um irgendetwas Neues zu erschaffen, geht sie gern am Strand spazieren.